U0056554

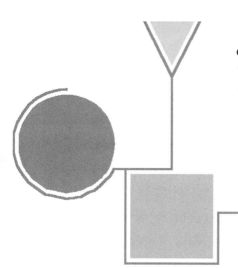

突破學習困難

評量與因應之探討

洪儷瑜、王瓊珠、陳長益　◎主編

作者簡介

王瓊珠　美國伊利諾大學香檳校區哲學博士
　　　　現職：國立高雄師範大學特殊教育學系教授兼系主任

李淑貞　國立高雄師範大學博士班肄業
　　　　現職：高雄市立高雄啟智學校教師

李鴻亮　美國俄亥俄州立大學教育科技博士
　　　　現職：國立台南大學教育學系助理教授

林素貞　美國奧瑞崗大學特殊教育研究所博士
　　　　現職：國立高雄師範大學特殊教育學系教授兼特殊教育中心主任

洪儷瑜　美國維吉尼亞大學哲學博士
　　　　現職：國立台灣師範大學特殊教育學系教授

胡永崇　國立彰化師範大學特殊教育研究所博士
　　　　現職：國立屏東教育大學特殊教育學系教授

侯天麗　國立高雄師範大學教育博士
　　　　現職：國立屏東教育大學幼兒教育學系助理教授

秦麗花　國立高雄師範大學博士
　　　　現職：高雄市鼓山區內惟國民小學教師

陳長益　美國俄亥俄州立大學哲學博士
　　　　現職：台北市立教育大學特殊教育學系副教授

陳淑麗　國立台灣師範大學特殊教育系博士
　　　　現職：國立台東大學教育學系教授

曾世杰　美國俄亥俄州立大學教育哲學博士
　　　　現職：國立台東大學特殊教育學系教授

莊麗娟　國立高雄師範大學教育博士
　　　　現職：國立屏東教育大學幼兒教育學系教授

詹士宜　美國威斯康辛大學博士
　　　　現職：國立台南大學特殊教育學系副教授

序言　突破困難、向上提昇

　　每個人成長過程所做的每一件複雜的事，很少一次就成功的，過程中的失敗常被稱為成功之母，包括學騎腳踏車、游泳、畫畫、彈琴，更何況是學校教育所要求的教育目標或教導的技能，應該更為複雜。因此，不論學生資質如何，學生在學習過程中出現學習困難在所難免，然而，如何有效的解決這些學生的學習困難，不同的學門會出現不同的方法，教育社會學者會以巨觀的角度來思考問題，例如從社會環境因素、家庭環境、學校環境、班級的環境，甚至文化價值觀來解釋；心理學者會以微觀的角度來思考，例如個人特質、學習歷程、教與學的互動機制。邱上真老師以她心理學的背景，進入特殊教育，並擴及到普通教育、幼兒教育、科學教育和語文教育，不外乎以微觀的角度，精緻的探討學生本身與教與學過程的每個細節，以透過增進教學的效能來突破學生先天或後天的不利。

　　本書特地為感念高雄師範大學邱上真老師過去二十五年在教育界的付出與貢獻，特公開徵文，並邀請與邱老師有過學習經驗的學者，以其個人專長的學術著作賜稿，不到四個月的時間，承蒙各界專家學者共襄盛舉，共獲得十一篇文稿，經編輯與編輯支援群審查與挑選共得九篇。邱老師在學術討論一向不限制探討議題的領域、方向與答案，但對於教室內弱勢學生的關注卻是始終如一。因此，本書所得之稿件，作者來自教育學院各學系，除了特殊教育系之外，還包括教育系、初等教育系、幼兒教育系等，且主題幾乎都是以如何突破學習或教學瓶頸為主軸。

　　本書以《突破學習困難》為書名，將九篇文稿分為三部

分，分別為評量、介入和基本理念。第一部分以評量的議題為主，共有三篇文章，分別是語文困難的評量、動態評量的檢討與修正，以及對於學障學生評量的調整。語文是所有學習的基礎，首先洪儷瑜評介利用國內四十二個語文相關的評量工具，藉由這些工具討論語文困難的內涵與三個層次，並期許透過評量工具的編製理念引導讀者對學習困難的更深入了解與運用。莊麗娟則以動態評量的修正模式，試圖針對Campione和Brown的逐漸提示動態評量模式之侷限，結合多媒體建立內容符合學科知識邏輯、提示能激發學習、計分系統可以提供精緻診斷與預測的修正模式，並以物理浮力概念為實例，說明教師如何逐漸系統性進行動態評量，讓動態評量的中介協助更有效，且更精緻的診斷學生的學習。胡永崇則以容易受到一般測驗與教學評量歧視的學習障礙學生為主角，探討其在評量上可能的特殊需求，並從法規的規定、專業學術專業團體的呼應、學者建議的調整方式，以及重要調整策略在研究的效果等主題，討論如何運用評量調整協助學習障礙學生受到合理公平的評量。

第二部份以介入為主，共得五篇文稿，三篇著眼於讀寫障礙學童之教學，包括林素貞統整三年的長期研究結果，對國小低年級讀寫障礙學生教室內學習行為問題提出一套有效的解決模式，以期及早協助讀寫障礙高危險群學童。王瓊珠則係針對多數讀寫障礙學生最感困擾的識字問題，回顧國內近十年左右，二十七篇針對閱讀障礙或國語科低成就學生所做的識字教學研究，歸納其研究結果與限制，並提出未來研究上需要思考的幾個議題。而陳淑麗和曾世杰從教學研究與評量觀察的角度，驗證Wolf等人提出的雙缺陷假說是否能在中文閱讀障礙得到相似的結論，研究中以三位不同亞型的閱讀障礙個案進行詳細的討論。另外兩篇是以數學教學和文本

調整為訴求，包括詹士宜、李鴻亮從數學教育改革趨勢談情境式數學教學，並以錨式教學為實例做說明，其內容將對教師指導語文能力受限的學習障礙學生，學習數學時有若干啟發作用。而秦麗花係以角度單元為例，檢視目前國內數學文本的缺失，進而提出調整方向及緣由，結果也發現調整後的文本有助於學生理解數學概念，此亦說明學科閱讀研究的重要性不亞於純語文的閱讀，值得更多的關注與投入。

　　第三部份基本理念僅有一篇，侯天麗以強調尊重兒童與同時重視成人介入的 Vygotsky 之兒童觀為主題，提供一個心理學者對於未成熟的學習者應該有的認識和尊重之觀點，主要三個觀點包括從幼兒進到學習現場所擁有的文化集體記憶的歷史觀，以及共同互動、遊戲下對幼兒心智能力的啟發效果，最後以「建構文化的小孩」強調幼兒在被啟發的學習過程中的自主與創新性。本文所提供的理念與實例，確實可以啟發教育現場工作者對於學習困難學生由另一個角度思考現象。

　　本書為了增加讀者對於各篇作者的了解，除了文章和作者簡介之外，另在每篇文章之後，加闢一欄介紹作者與邱上真老師學習的經驗，藉此短文提供讀者了解該文在其專業領域學習的社會脈絡之一，正如本書中侯天麗一文所討論的 Vygotsky 的主張，社會脈絡對個人學習的重要，也期待提供讀者了解國內在學習困難與突破之相關議題的學術社群之學習與社交網絡。邱上真老師經常提醒後輩學子，閱讀與接受一位學者的論述之際，應該了解其師承何人，透過這些學術血統的交會與移動，有助於了解學術議題之複雜，就像有人研究台灣住民的血統般，但因為這樣的複雜，才創造出這麼多元的可能性。

　　本書之末由曾（刻）在高師大進修的秦麗花和李淑貞兩

位的「一位特教長青樹的生命情事」壓軸。學術文章提供作者學術思考的結果，但難得一見的生命情事卻可以讓讀者窺見很多學術作品背後的動力。由這些點滴的故事中，可以發現一個終生關心別人的困難的學者，其生活必須是充滿源源不斷的生命力，其興趣與注意力必須是廣泛與多元的，而這豐富的生命力不需假求於外，多源自個人內在的力量，唯有如此，才能讓她面對被放棄的困難者，還能有這麼多的正向思考與力量。

　　由故事中，可以看出邱上真的多元觸角仍有其發展脈絡，邱老師在其碩士論文就以最早記憶探討學習為主題，之後到美國佛羅里達大學修習特殊教育碩士，以長期永久性的學習困難者（智能障礙）為主修對象，之後再度返美伊利諾大學修習特殊教育博士學位，仍以智能障礙、學習障礙為對象，以概念圖為研究肇端。回國後研究主題涵蓋學習策略、課程調整、數學解題、閱讀障礙、補救教學策略、以及評量工具的編製與多元的評量策略等，邱老師以心理學和特殊教育的基底透過合作研究與共同指導學生，深入普通教育、幼兒教育、科學教育、資訊教育，目的多在提昇教學的專業品質，能帶上更多的學生，邱老師指導的學位論文（包括共同指導，擔任口試委員）為數眾多、學系廣泛，但仍亦見多數都建基在學習的基礎上。期待藉此書由邱老師的晚輩們將邱老師的學術興趣擴大延續學術薪火，另外也期待藉由感言與情事的分享，對應邱老師好於分享資訊、不藏私的的風範，做一個具體的表現。

　　本書的出版除了感謝所有來稿的作者之合作與貢獻，以及接受刊登文稿的作者同意捐贈稿酬給即將成立的「台灣學障學會」之外，首先感謝邱上真老師從頭到尾對本書的支持與協助，更感謝台灣學障學會籌備小組的支持與鼓勵。另外

心理出版社的總經理許麗玉女士、總編輯林敬堯先生在編輯與出版上的協助，也表謝意。

　　這幾年來國際的教育改革風潮，全面提昇學生素質已是國際共識，有些國家正面表述教育改革目標，「帶好每一位學生」（台灣）、「學校卓越」（Excellence in Schools, & Excellence for all Children，英國），但有些國家卻積極面對問題，「不讓任何孩子落後」（No Child Left Behind，美國），後者負面表述的作法，也反映出積極面對學生的學習困難之問題。在國內教育充斥著追求卓越、開發潛能的積極聲音時，願本書提供國內教育工作者注意到面對困難，有效的預防和介入困難，也是追求卓越的另一個積極方向。

洪儷瑜、王瓊珠、陳長益　◎主編

目錄

第一部份

評量

1

由語文學習困難的評量工具
談其概念與運用

✎洪儷瑜

摘要

　　基於閱讀能力的重要性，語文學習的困難應該積極預防與介入，又鑑於國內近十年來積極研發相關評量工具，筆者期待由評量工具的目的與功能，討論國語文學習困難的努力方向。綜合國內二十年來以探討語文學習困難為目的所編製的評量工具，共四十二個，不同評量層次的評量，以綜合性成就或能力、特定的語文能力和相關認知能力，分別介紹這四十二個評量工具，特定語文能力分為口語理解、閱讀理解、識字解碼、詞彙、寫作等五項，相關認知能力依據閱讀歷程的成分區分聲韻處理、字形處理、記憶、後設認知等四項。本文據上述各項能力介紹不同的測驗工具的目標、功能與限制。綜合各項評量工具，發現語文學習困難的評量重點各有所異，國語文成就所依據的課程標準，各特定領域能力的評量工具，部分測驗以語言學為依據，測驗成分涵蓋語言基本成分，多數的測驗依據心理學主張之成分的編製。最後，建議了解評量工具的編製之理論與目的，選擇適當的工具，其次是透過評量工具的理論，深入了解語文學習困難的多面向，透過了解可以幫助及早發現語文學習困難與預防，也可以協助設計語文學習困難之有效補救措施。

　　「閱讀不是人類天生的能力」，這是美國兒童衛生與人類發展研究院的兒童發展與行為小組（Child Development and Behavioral Branch of the National Institute of Child Health and Human Development）主持人 G. Reid Lyon 在《教育領導》（Educational Leadership）期刊以〈為何閱讀不是一個自然的歷程〉（Why reading is not a natural process）專文發表小組對閱讀的結論（1998），該研究小組對於閱讀發展與閱讀困難進行三十五年的研究，其間發表超過二千五百篇學術文章、五十本專書、十個縱貫性研究。相較於口語能力的發展，閱讀能力的發展是人為的成果，而非自然成熟的結果，在文明的社會中，閱讀能力可以帶給人機會與希望，因此，對於學習閱讀有困難的人而言，閱讀的失敗不僅是教育的問題，也因閱讀對人的影響之巨，應該牽涉到公共衛生的議題。

　　為何有些人無法習得閱讀能力？美國俄亥俄州大學學者Sandra McCormick把閱讀能力不佳者依據不同成因或重點整理出下列相關名詞[1]：

---

1. 閱讀困難（disabled reader）：指閱讀能力顯著低於其潛能者，只是如何定義閱讀能力低於潛能不同的學者定義不同的方式，引起爭議。
2. 閱讀障礙（reading disability）：特定學習障礙的一類，其在閱讀成就顯著低於應有表現，需要密集補救教學者，有些時候閱讀障礙與閱讀困難被視為同義詞。
3. 讀寫障礙（或譯失讀症，dyslexia）：讀寫障礙是一種嚴重的閱讀障礙，最近國際讀寫字障礙協會（The International Dyslexia Association，簡稱IDA）與美國兒童健康與人類發展中心（National Institute of Child Health & Human Development）於二〇〇三年共同提出定義為「讀寫障礙是起源於神經生理的一種特定的學習障礙。它的特徵在識字的正確和（或）流暢有困難，而且在拼音和解碼能力表現很差。這些困難主要是因為語言中語音聲韻成分的缺陷所導致……。由於語音聲韻成分的缺陷造成繼發性結果，這些結果可能包括閱讀理解困難和減少閱讀經驗，妨礙字彙量和背景知識的增加」。
4. 閱讀缺陷（reading deficiency）：一種輕微的閱讀障礙，只缺乏有效閱讀所需要的某種特定閱讀技能者。
5. 閱讀能力不足（reading retardation）：指閱讀表現低於年級水準，有些會建議第一項的閱讀困難來取代這個名詞。
6. 缺乏閱讀動機者（reluctant readers）：指具有閱讀能力但不喜歡閱讀者。
7. 低成就者（underachievement）：指成就低於智力水準預期的成就水準。

閱讀困難（disabled reader）、閱讀障礙（reading disability）、讀寫障礙
（dyslexia，或譯失讀症）、閱讀缺陷（reading deficiency）、閱讀能力
不足（reading retardation）、缺乏閱讀動機者（reluctant readers）、低成
就者（underachievement）、學習遲緩者（slow learner）、非讀者（non-
reader）、文盲（illiterate），功能性的文盲（functional illiterate）、未受
閱讀教育者（preliterate）等，另外文獻上也常出現弱讀者（poor rea-
der）。由上述名詞可以發現閱讀困難的類型與探討閱讀困難的取向之
多元。上述名詞的的用法也大致可由三方面區分，首先對於閱讀能力不
順利習得者由教育歷程區分，可以區分未受教育、文盲，以及不論是否
接受教育其閱讀能力不足的功能性文盲；其次由困難的成因可區分學習
遲緩或弱讀者、缺乏動機、閱讀能力不足或閱讀障礙；最後由閱讀困難
的表現區分為閱讀缺陷、低成就、讀寫障礙、閱讀困難等。

　　這種不同名詞的使用在國內學術界也出現類似的現象，學術文獻上
常見的名詞包括：國語文低成就（洪碧霞、邱上真，1997；洪儷瑜，
1997；胡永崇，1999；陳美芳，1999）、閱讀低成就（曾世杰，
1996）、閱讀困難（柯華葳、洪儷軒，1999），識字困難（陳慶順，
2000）、寫字困難（李瑩玓，2001）、讀寫困難（陳美文，2002），低
閱讀能力（錡寶香，2001）、閱讀理解困難（吳淑娟，2001）、閱讀障
礙（周台傑、吳金花，2001；陳淑麗、曾世杰，1999；楊憲明，

---

8. 學習遲緩者（slow learner）：指智力低下但不符合智能障礙的學習者，智力約
　在七十六～八十九之間。
9. 非讀者（nonreader）：指具有正常智力和教育之條件，且沒有感官的因素下，
　仍無法閱讀者。
10. 文盲（illiterate）：指無法閱讀者，但多數指未接受教育或未接受適當的教學
　者。
11. 功能性的文盲（functional illiterate）：指雖具有基本的閱讀能力，但其有限的閱
　讀能力仍無法因應生活所需的閱讀功能。
12. 未受閱讀教育者（preliterate）：指不能閱讀是因沒有接受教育之故，經常指學
　前進入正式教育階段者。
13. 弱讀者（poor reader）：指閱讀能力低下，但不限低於其潛力預期水準者。

2001）、讀寫障礙（王瓊珠，2001；林素貞，2002）。這些名詞的區分都在困難的重點取向和範圍不同，在取向上，有的強調成就低下，有的強調能力低下，有的強調有病理依據的障礙；就範圍而言，有的以國語文學科，有的以閱讀、讀寫、識字、理解、寫字等。語文相關能力的成分可以分析如圖1-1，由圖1-1可以看出各名詞強調重點的層次與範圍。

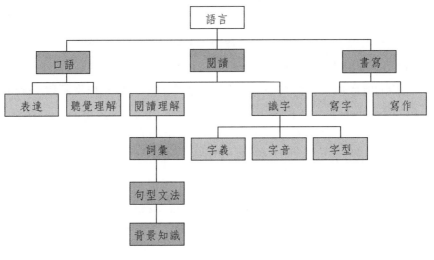

圖 1-1　語文相關能力架構圖

　　閱讀困難的強調各有不同，如何解決學童學習閱讀能力的困難，評量工具則是了解困難現象與成因所憑藉的工具，也是需要探討的課題，語文的評量可以包括正式的評量工具（標準化的測驗）與非正式的評量工具，根據McCormick（1995）和Richek等人（2002）所介紹的標準化測驗，因應評估的目的包括學習閱讀的潛能的智力的評估與聽覺理解的評量，McCormick認為聽覺理解可以提供學生如果可以閱讀之後的理解程度，也引用Stanovich的研究指出以聽覺理解作為閱讀潛能的推估並不亞於智力。其次是基本閱讀能力篩選的工具，包括成就測驗（California Achievement Test—Form C & D）、閱讀能力測驗（Gates-MacGintie Reading Test），其次是診斷式的測驗包括有 Woodcock 閱讀精熟測驗

（Woodcock Reading Master Test-Revised，WRMT-R, 1998）、Woodcock Diagnostic Reading Batter （WDRB, 1997）、BRIGANCE Comprehensive Inventory of Basic Skills-Revised （CIBS-R, 1999），這些診斷測驗所包括的成分也代表診斷閱讀重要的成分，如表1-1所示。標準化的測驗除了使用方便，提供客觀、豐富的參考資料解釋之外，卻有下列四項缺點：(1)只能評量行為樣本（或片段），未能反應全部或真實；(2)只能評量較大範圍的表現或行為，不易反應教學需要；(3)標準化施測程序，不利於特殊學生的表現；(4)編制測驗費時費力，但對使用者卻是省時不費力。因應標準化測驗的限制，非正式評量方式因應而生，非正式評量在閱讀或語文能力的評估，包括教師自編測驗、實作式的評量有檔案評量（portfolio assessment）、歷程評量（動態評量）（process／dynamic assessment）或課程本位評量。在閱讀方面常使用的有非正式閱讀評量（Informal Reading Inventory，簡稱IRI）和課程本位評量（Curriculum-based Assessment），這兩者由於運用廣泛，除了教師自編之外，也有正式出版的標準化形式出版，例如Jennings Informal Reading Assessment和CBM Oral Reading Fluency，Curriculum Referenced Test of Mastery（引自Richek, Caldwell, Jennings, & Lerner, 2002）。

表 1-1　美國三個常用閱讀診斷測驗之分量表

測驗	WRMT-R, 1998	WDRB, 1997	CIBS-R, 1999
分測驗	視聽連結 字母認讀 認字 唸字（word attack） 詞彙理解 篇章理解	整體閱讀 廣泛閱讀 基本閱讀技巧 閱讀理解 聲韻覺識 口語理解	聽覺詞彙理解 聽覺理解 認字 朗讀 閱讀詞彙理解 閱讀理解 拼字 書寫句子 數學理解技巧 數學問題解決

　　本文擬就國內在過去二十年在對於語文學習困難所研發評量工具做一回顧與探討，由於非正式的評量研究在國內文獻尚少，另外對於使用者而言，標準化的測驗工具比較方便容易使用，本文將暫且僅以標準化工具為探討主題，期待由此討論提供了解語文學習困難的介面。本文所使用的文獻都以國內碩博士論文、學術期刊出版的學術論文或國科會的專案研究報告為限，特感謝王瓊殊老師慷慨借出她所蒐集的文獻。根據蒐集的資料大致區分為三個層次介紹，成就與整體能力、特定的語文能力，以及語文相關的認知能力，共計四十二個評量工具，本文以此三個主題，說明國內對於語文學習困難的評量之相關議題。

一、國語文成就

　　綜合國內文獻上，在語文困難的評量工具，國語文成就評量工具最早首推台灣師範大學特教中心吳武典、張正芬（1984）所編的《國語文能力測驗》，該測驗是在成就與綜合能力評量中為唯一的個別測驗，施測與反應方式包括了聽說讀寫，共有七個分測驗，如表1-2，這個測驗在國內早期一直都是學習障礙資源班鑑定學習障礙的主要工具，也是研究篩選語文低成就或探討語文學習困難的主要工具，由於年代的關係，到了八〇年代中後期，因為新的測驗逐漸推出，這個測驗逐漸淡出。續接而起的兩個國語文成就測驗是周台傑所編的《國民小學國語成就測驗》（1993）和洪碧霞、邱上真所編的《國語文成就測驗》（1997），如表1-2，這兩個測驗都在評估國語文的成就，惟後者，編製時未以教科書內容為範圍，而且除了讀寫的評量之外，也包括聽力的評量，另外，在編製選題時考慮學習障礙低成就的特質，在選題難度上稍加調整（通過率在.70以上），反之，前者不僅以當年的教科書和課程綱要為編製依據，也以中難度（.54-.66）為選題標準，且僅限於讀寫的評量，由此可以看出兩個成就測驗在編製的理念，周氏的成就測驗都用於能力與成就差距篩選學習障礙（周台傑、林國花，1991），因此內容符合課程標準，以及選編與能力相符的難度都是必要的條件；反之，洪、邱兩氏所編的工具在開放教科書與能力與成就差距標準大受抨擊的九〇年代

中期，其以基本學習能力以及低難度的編製理念，反應其對於學習困難的篩選看法，異於前者。因此這兩個工具在使用上，前者都用於智力與成就的差距標準，而後者則多以標準分數的切載為多，前者期待篩選閱讀低成就且其成就低於其能力預期的水準，而後者只要篩選語文能力未達年級水準者，可以是弱讀者、閱讀能力不足或缺乏閱讀動機者，或甚至是低成就。

表 1-2　常用於學習障礙的國語文成就測驗

測驗	國語文能力測驗	國民小學國語文成就測驗	國語文成就測驗
編製者（年代）	吳武典、張正芬（1984）	（周台傑，1993）	洪碧霞、邱上真（1997）
內容	聽覺記憶、聽覺理解、注音、閱讀理解、字形義辨別、選詞、語法、修辭	注音、詞彙、字形辨別、語法、閱讀	聽覺：字音辨別、音形、對應、序列記憶、段落理解 書面：形音、形義、詞彙、句子、段落
適用	小一到小六	小一到小六	小一到國一
難度	.75（通過率）	.54-.66	.70-.80（通過率）

二、特定的語文能力

在特定的語文能力層次所編製的測驗可區分為口語、閱讀理解、識字或讀寫字、詞彙，與寫作等五領域，各領域的測驗摘要如表1-3。

㈠口語理解

口語能力被視為學習閱讀的基本條件，也被視為估計閱讀的最佳潛能（McCormick, 1995），在美國三個診斷測驗均包括有口語的理解，另外，口語困難的學習障礙亞型逐漸受到重視（Lerner, 2003；錡寶香，2002），另外研究也發現口語能力是讀寫能力重要基礎，在邱上真和柯華葳主持的整合型研究，發現圖畫詞彙（PPVT）一直是閱讀理解和識字最重要的變項（柯華葳、李俊仁，1999），在國內口語能理解力的評

量除了修訂的《畢保德圖畫詞彙測驗》（簡稱PPVT）以及過去為了篩檢語言障礙所設計的語言障礙評量表（林寶貴，1992）之外，近年來也因應學習障礙或特定語言障礙（SLI）的口語能力評估，編製了《兒童口語理解測驗》（林寶貴、錡寶香，2000a）、聽覺理解和聽覺記憶（陳美芳，1999）和林蕙芬的聽覺理解，其中由於林惠芬的聽覺理解測驗除了專案研究報告之外，並未對其測驗正式發表，本文只好暫時割愛。這些測驗的內容包括有聽覺記憶（林寶貴等，2000a；陳美芳，1999），前者以比較關係詞彙在句型中理解要求受測者選擇作答，而後者以單純的重述語句測量記憶，惟前者與語言的關係不高，但編製者也未報告其與閱讀能力的相關，故不知其與閱讀的關係；陳氏的聽覺記憶與閱讀理解能力在國小二到五年級之間均有穩定的相關（陳美芳，1997），由此可知二者聽覺記憶的測量雖名詞相似，但因重點與方式不同，與閱讀間關係似乎有異。語句理解在陳美芳編製的是聽句子選圖形，林、錡兩氏的語法理解是聽句子回答問題，前者與閱讀理解有顯著相關，林、錡兩氏的口語理解測驗由於未進行口語與閱讀能力的關係，除了比較五年級的資源班與一般學生，發現資源班學生的口語理解能力顯著較低之外，在其他年級並沒有類似的比較，其對閱讀能力的診斷效度仍待進一步驗證。

(二)閱讀理解

在表1-3發現閱讀理解的評量工具很多，包括柯華葳《閱讀理解篩選測驗》（1999）、林寶貴、錡寶香《中文閱讀理解測驗》（2000b）、陳美芳和柯華葳的《語文理解能力測驗》（陳美芳，2003），和周台傑的《閱讀理解測驗》（周台傑，1998），這四個測驗由於編製目的和理念不一，因而有不同的評量方式和內容，柯華葳所編的兩個測驗可以看出一個篩選，其包括部分處理和本文處理，另一個區別診斷閱讀理解能力，試圖驗證Aaron等人所提出的閱讀障礙診斷模式，閱讀理解是解碼和聽力理解的組合，因而編製相同形式的試題但分為二，聽力理解和閱讀理解，這個目的在楊秀文的論文研究（2001）已

經獲得驗證。林、錡兩氏以語言學架構試圖包括所有閱讀的成分，除了比較五年級資源班學生低於一般學生之外，未能提供與閱讀或學習障礙診斷之有關的資訊，可能目的僅在提供完整成分的評估。周台傑以閱讀理解策略的錯誤分析為編製依據，以四、五、六年級的閱讀障礙與一般學生比較，發現閱讀障礙學生在多數的分測驗中都僅在五六年級呈現差異，而一般學生四、五、六年級間已見差異，由此推論閱讀障礙學生在這些理解策略能力約比一般學生晚一個年級，後兩者測量的作業均與真正的閱讀不太一樣，又缺乏與閱讀能力之相關資料，所測得之閱讀理解與真正的閱讀理解之預測性仍有待進一步探討。

表 1-3　國內語文特定能力的評量工具

	測驗名稱	編製者（年代）	內容	適用對象
口語理解	兒童口語理解測驗	林寶貴、錡寶香（2000a）	聽覺記憶、語法理解、語意判斷、短文理解	小一到小六
	聽覺理解	陳美芳（1997）	聽句子選圖形	小二
	聽覺記憶	陳美芳（1997）	聽句子回憶	小三、四、六、國一
閱讀理解	閱讀理解困難篩選測驗	柯華葳（1999）	部份處理：字義搜尋、形成命題、命題組合，本文處理：文義理解、推論	小二到國一
	中文閱讀理解測驗	林寶貴、錡寶香（2000b）	六篇敘述文和六篇說明文音韻處理、語意能力、語法能力、理解文章基本事實、抽取文章重點大意、推論、分析與比較	小二到小六
	語文理解能力測驗	柯華葳、陳美芳（2000）陳美芳（2003）	十篇短文，聽力和閱讀理解各包括原句、釋義句、改義句、誤導句	小二到小六
	閱讀理解測驗	周台傑（1998）	字句增刪、字句修改、回憶基本事實、回憶序列、回憶主題	小四到小六

	中文年級認字量表	黃秀霜（1999、2001）	孤獨字列	小一到國三
識字／解碼	基本讀寫字綜合測驗	洪儷瑜、張郁雯、陳秀芬、陳慶順、李瑩玓（2001）	讀字：看字讀音造詞、看注音選國字、聽選 寫字：看注音寫國字、聽寫、抄寫	小一到小三上，或讀寫字能力在小三以下
	寫字測驗	李瑩玓（2001）	近端抄寫熟悉字、近端抄寫罕見字、遠端抄寫熟悉字、遠端抄寫罕見字、抄短文、自發性書寫測驗	小三
	國小注音符號能力測驗	黃秀霜、鄭美芝（2003）	聽寫和認讀兩個測驗，聽寫包括注音符號聽寫、單音聽寫、語詞聽寫、聲調聽寫， 認讀包括符號認讀、結合韻認讀、拼讀短文	小一
詞彙	國民小學中文詞彙測驗	曾雅瑛、黃秀霜（2002）	語詞填寫、語詞替代、選出適當語詞、判斷合法語詞	小三、五、六
寫作	國小兒童書寫語言評量指標研究	林寶貴、黃瑞珍（1999）	記敘文和說明文各一 建立四種指標，句長、非常用字、相異字、句型	小五
	國小學童書寫語言測驗	林寶貴（2000）	聽寫、國字填寫、筆畫加減、句子結合、詞彙造句	小一到小六
	課程本位測量寫作測驗	黃瑞珍、黃玉凡（2001）	四個故事提示 總字數、錯字、連接詞、成語、非常用字、語句基本功能	小五
	兒童作文能力測驗	葉靖雲（1999） 葉靖雲（2000）	五篇文章和十四題造句，敘述文三篇各以故事開頭、單圖、連環圖呈現，說明文兩篇問題各為解決和比較，分別得總字數、相異字，非常用字、句長	小四到小六
	國民小學兒童書寫語文能力診斷測驗	楊坤堂、李水源、吳純純、張世彗（2001）	圖片故事，測得平均句字數、造句商數和文意層次	小一到小六

13

㈢識字

　　就閱讀能力而言，識字是閱讀的基本解碼能力，但就字形的學習而言，讀寫字的習得是字形發展的延續，美國的閱讀診斷測驗也包括屬於書寫部分的拼字，以及最近的讀寫障礙（dyslexia）定義也明文指出解碼能力的缺陷將影響其拼字（參考註一的名詞釋義），因此在此討論識字的評量將包括寫字。如王瓊珠的回顧（2001）所言，識字在國內學習障礙的研究比閱讀理解來得遲，識字能力除了早期在國語文能力（吳武典、張正芬，1994）被列為分測驗之外，其他均多是被包括國語文成就或閱讀理解測驗之中，很少被單獨測量。晚近的黃秀霜（1999）《中文年級認字量表》可算是首例，以簡單的幾分鐘施測可以獲得與國語文成就中度相關（.48-.67），提供識字困難研究的一扇窗，後來的識字困難的研究幾乎都以此為篩選受試的工具。另一個試圖結合讀寫字的評量的《基本讀寫字綜合測驗》（洪儷瑜、張郁雯等，2001），雖然內容設計多樣但可探討讀寫字的發展與文字符號基本解碼與國字學習的關係，包括識字、寫字不同能力篩選與診斷，該測驗發現基本常用字的識讀在小一、小二階段發展並漸趨成熟，小二下、小三上已經沒有顯著差異，但寫字的發展一直到小三上還有成長的空間，以及小二之後不同的讀寫字能力測量相關高，但對於低能力或小一的學童，各項讀寫字能力尚未統合，相關低或不顯著。其中寫字在李瑩玓的研究（2001）更深入的探討，李氏以沒有識字困難但有寫字困難的學生，以不同熟悉程度與不同距離的字形抄寫、有文章脈絡的抄寫和自發寫等評量，結果發現寫字困難學生對於熟悉字的不同距離的抄寫速度出現差異，寫字困難的學生在所有寫字的表現均低於一般同儕，此困難與語言相關認知能力的關係多於與視覺動作協調之相關。

　　國內國小學童在閱讀的解碼學習，包括特有的注音符號，注音符號對於學前與小一、二學生的提早閱讀與寫作有助益，也扮演類似文字的角色，然而國內唯一單獨測量注音符號的測驗，有黃秀霜、鄭美芝（2003）編製的《國小注音符號能力測驗》，其包括聽寫和認讀兩個測

驗，各分測驗共分七個細項，聽寫包括注音符號聽寫、單音聽寫、語詞聽寫、聲調聽寫，以及認讀包括符號認讀、結合韻認讀、拼讀短文。此與過去以構音評量為主的測驗（毛連塭，1986）目的和方式均有異，由於黃、鄭兩氏的測驗強調注音符號的運用，因此本文將其列為解碼能力，該測驗所得的錯誤類型分析，不僅評估音符的解碼，也可以評估構音能力。不過，李俊仁（2001）曾經對注音符號所測得拼音能力影響閱讀的看法，他強調此能力應該指聲韻處理的拼音能力，而非注音符號的讀寫能力，並提醒教學者能區分注音符號的讀寫與聲韻覺識的二者之差異。

㈣詞彙

　　國內有關詞彙的評估正式測驗僅見黃秀霜老師和她的學生曾雅瑛編製的《國民小學中文詞彙測驗》（2002），他們以詞形、詞義為編製的焦點，再以有無上下文的方式編製，共計語詞填寫、語詞替代、詞彙選擇（選出適當語詞），與判斷合法語詞等四個分測驗，結果發現低中年級的不同能力間的學生在詞彙選擇差異較為明顯，詞彙替代、詞彙選擇與判斷隨年級差距逐漸縮小，到高年級，低能力組逐漸與中、高能力組差距拉大，而中年級組逐漸接近高能力組；惟難度較高的詞彙填寫在高年級的三個能力組間差距拉大。可見各年級學童在各項詞彙表現的發展情形，該測驗與洪碧霞、邱上真的《國語文成就測驗》相關達.62～.74，可以協助診斷閱讀困難的詞彙能力之評量。另外，吳淑娟（2001）在其研究自編詞彙測驗區分閱讀理解困難與一般五年級學生的口語詞彙與書面詞彙之差異，發現兩組口語詞彙與書面詞彙的同義詞和多義詞顯著低於一般同儕。

㈤寫作

　　相較於閱讀，寫作評量幾乎和識字一樣，在國內的發展也算遲了約十五年，寫作可算是閱讀後的產物，也是語文課程中最複雜的表現。在近五年內有四份寫作的評量工具誕生，如表1-3。除了林寶貴編製的

《國小書寫語言測驗》（2000）採書寫語言成分編製測驗之外，其除了
寫作之外還包括了寫字，其他的測驗均是以實際寫作的作業型態評量。
這些寫作評量的研究中提出幾個評量寫作的重要指標，包括總字數、相
異字（葉靖雲，1999、2000）、平均句長、非常用字（林寶貴等，
1998；黃瑞珍等，2001；葉靖雲，2000）、句型（林寶貴等，1998）、
造句商數和文意層次（楊坤堂等，2001），這些都是有效區分的寫作評
量項目。另外，黃瑞珍等（2001）將文獻常用的指標以高中低能力組檢
驗，發現錯字、連接詞、成語的區辨力不佳，非恰當的評量指標。

三、相關的認知能力

　　由上述綜合性成就與特定語文能力的評量工具，可以發現測驗編製
的依據有三，課程綱要所列之教學指標能力、語言學成分，與閱讀相關
心理理論，依據前二者的測驗都為完整涵蓋各成分的評量設計，惟依據
閱讀心理歷程的測驗，為了澄清各成分的影響，各種語文有關的認知能
力評量工具因應而生，現有工具依據認知成分整理如表1-4，包括聲韻
覺識、字形處理、視知覺、記憶和後設認知，各研究結果發現聲韻處理
（有結合注音符號的）（蕭淳元，曾世杰）、字形辨識（洪儷瑜）、字
彙知識（方金雅）、短文的詞距（翁雅琪、黃秀霜，楊憲明）、記憶
（曾世杰，洪儷瑜）、唸名（曾世杰）均是在低閱讀能力（或低國語成
就、閱讀障礙）的學生與一般學生有區別意義的變項，而後設認知除了
紙筆測驗所得的後設認知知識和執行之外，其他利用訪談所得的閱讀理
解策略的區分並不明顯。

㈠聲韻處理歷程

　　聲韻處理歷程是指一種對口語的音素的操作與確認的能力
（McBride-Chang, 1995），聲韻處理與閱讀之間的關係在中英文的研究
均已獲得肯定（McBride-Chang, 1995；柯華葳、李俊仁，1999）。一般
而言包括語音元素切割與組合、語音與音符的連結。McBride-Chang 綜
合英文有關聲韻處理歷程的研究可區分為三，直接探討聲韻覺識（聲韻

表 1-4 語文相關認知能力之評量工具

	測驗或研究者 a	編製者（年代）	內容	適用對象 b
聲韻覺識	蕭淳元	1995	音韻組合、音韻分割、音韻能力	小一、小二
	陳淑麗、曾世杰	1999	聲韻分割、聲韻結合、聲韻覺識、聲韻轉錄	小二到小六
	曾世杰	1999	聲調處理、韻母分類、聲母分類、聲韻母處理	小三到小六
	李俊仁	1999	去音首（國字、非國字）、拼音（國字、非國字）	小三、小五
	唸名	曾世杰（1999）曾世杰、邱上真、林彥同（2003）	語文：數字、注音非語文：物件、顏色語文交錯、非語文交錯、交錯	幼稚園到小三、小四、小六、國一
字形處理	部件辨識	洪儷瑜（1999）	部件辨識、組字規則辨識	小二到小六
	字彙知識	方金雅（1996）	組字規則知識、部首表義、聲旁表音知識	小一到小六
視知覺	詞距	翁雅琪、黃秀霜（1996）	短句和短文的詞距加大	小四
		楊憲明（1998）	詞內和詞間空格	小五
	視覺離心	楊憲明（2001）	中央離心、上下視野	小五
記憶	工作記憶	曾世杰（1999）	詞彙複述，順序或不依順序	小二到小六
	視覺記憶	洪儷瑜（1999）	視覺記憶（廣度）序列記憶	小二到小六
後設認知	閱讀策略	藍慧君（1991）	半結構訪談，難易度選擇、理解策略	小四
		吳訓生（2002）	半結構訪談，釋義、聯想延伸、心像、重讀、形成問題、理解監控、複述	小五
	後設認知能力	胡永崇（1997）	後設認知知識和執行	小三、小四、小六、國一

註：a 由於部份測驗僅見研究，研究者未給與統一名稱，故以研究者為名

　　b.適用對象在部份研究指研究對象

知識）的範圍，聲韻覺識在心理詞彙觸接歷程的角色，以及聲韻覺識在工作記憶中由文字符號觸接心理詞彙的歷程。國內蕭淳元延續他的指導教授黃秀霜的研究，探討聲韻覺識與閱讀能力和國語文成就的關係，李俊仁探討不同聲韻操作能力與識字的關係，陳淑麗和其指導教授的研究，探討不同的聲韻覺識成分與閱讀的關係，除了陳淑麗等人的研究之外，其他研究均肯定聲韻覺識與閱讀或語文成就的關係。

　　探討聲韻處理在心理詞彙觸接的角色，除了聲韻覺識測量之外，經常也使用唸名（naming）測量學童對符號、物件測與口語表徵的觸接（McBride-Chang, 1995），國外形音規則性強的語言的國家所做的研究，發現唸名比聲韻覺識對於閱讀困難的診斷更具區辨效度。國內曾世杰（1999）曾經利用數字、注音、顏色、物件圖形探討唸名與閱讀能力的關係，他和他的學生陸續研究發現幼稚園的唸名可以有效的預測小四的閱讀理解與識字能力（曾世杰、張媛婷、周蘭芳、連芸伶，出版中），而且支持聲韻覺識、唸名的雙缺陷理論來區分閱讀障礙的亞型（曾世杰、陳淑麗，2003）。

表 1-5　聲韻覺識的測量與相關研究重點

研究者（年代）	內容	結果（結論）
蕭淳元（1995）	音韻組合、音韻分割，音韻能力	與國語文成績有中度相關，低成就僅有 15%精熟
陳淑麗、曾世杰（1999）	聲韻分割、聲韻結合、聲韻覺識、聲韻轉錄，	聲韻分割、聲韻結合、聲韻覺識、聲韻轉錄，沒有差異。
曾世杰（1999）	韻母分類、聲母分類、聲韻母處理、聲韻轉錄	聲調、聲母、韻母、聲韻轉錄等低成就組與一般學童有差異
李俊仁（1999）	去音首（國字、非國字）、拼音（國字、非國字）	拼音比分割對於識字有效果，但小三小五間會隨年級增長而消退

(二)字形處理

　　雖然中文字一直被視為形義字，但字形處理與中文閱讀的關係一直不像聲韻處理那麼肯定。初學閱讀者由辨認明顯的字形特徵來認字，例如字首、字長，或字尾，但學愈多字時，將面臨兩個困難需要突破，一個是記憶力的問題，另一個是對新字結構的陌生（Ho & Bryant, 1997），此時形音連結的能力、以及組字基本組形與規則的能力將助於突破上述兩個限制。國內字形處理的測量如表1-6，曾世杰（1996）、洪儷瑜（2000）、方金雅（1996）利用中文基本字形組合單位與規則，包括真假字辨別（曾世杰）、部件辨識、組字規則（洪儷瑜）、部首或聲旁知識（方金雅），除了曾世杰的字形辨別沒有顯著差異之外，其他測量的成分均發現與閱讀能力或國語文成就有穩定的顯著關係，惟部件辨識與組字規則發現與閱讀理解、寫字的關係較為明顯，但與識字並沒有顯著關係。

　　國內研究者對於中文視知覺的處理，除了上述字形方面的研究方面，因應中文的特性，台南大學黃秀霜和她的學生（翁雅琪、黃秀霜，1997）、楊憲明（1998，2001），探討詞距、高低頻率（字形熟悉度）與閱讀視野對於閱讀的影響，結果在小四、小五受試中發現閱讀障礙學生在這些研究變項均見差異，而一般學生不受變項影響，由此可推論中文閱讀障礙學生在閱讀解碼、斷詞等能力仍未成熟，文字空間編排的不利仍會影響他其閱讀。

(三)記憶

　　在中文閱讀相關認知能力中，記憶力也是被很多研究肯定的變項（柯華葳、李俊仁，1999）如表1-7。主要的測量包括曾世杰（1999）利用詞彙讓受試選擇性回憶的的工作記憶，以及洪儷瑜利用希臘字母讓學生指認回憶的回憶序列記憶和視覺記憶廣度，這些測驗在小學均發現能有效區分不同國語文成就程度的學生，可見其與閱讀的關係。

表1-6　字形處理的測量與相關研究重點

研究者（年代）	內容	對象	結果（結論）
曾世杰（1996）	字形辨別（真字或非字判斷異同）	小五弱讀者閱讀理解低於兩個年級	沒有顯著差異
洪儷瑜（2000）	部件辨識、組字規則辨識	小二到小六	部件辨識小二到小六在各成就組間均有差異，組字規則小三到小四、小六有差異
方金雅（1996）	組字規則知識、部首表義、聲旁表音知識	小一到小六	小二到小五的高低成就組有顯著差異，小一和六沒有顯著差異
翁雅琪、黃秀霜（1997）	短文和短句的不同詞距	小四	詞與詞之間增加半個字元的空間，對於短文詞距有助於正確性。
楊憲明（1998）	詞間與詞內的空距	小五	將詞間和詞內空格以4:1 vs 1:1 比率比較，小五閱讀障閱障學生對於加大詞間的閱讀，在單句、段落和篇章均有顯著助益，但對於一般小五學生沒有顯著助益。
楊憲明（2001）	視覺離心、上下視野	小五	小五閱讀障低頻高結構的字才有組間差異（閱障反應高於一般學生），中央辨識最快。

表1-7　記憶的測量與相關研究重點

研究者（年代）	內容	對象	結果（結論）
曾世杰（1999）	工作記憶廣度	小五小二到小六	小二到小五不同成就組有顯著差異
洪儷瑜（2000）	序列記憶、記憶廣度	小二到小六	序列記憶在小二到小六有不同成就組差異，記憶廣度在小四以外，不同成就組均有差異

㈣後設認知

後設認知是指對閱讀歷程的覺知，了解如何閱讀，以及哪種策略比較有效，閱讀的後設認知包括策略的知識與執行。其被肯定為閱讀能力成熟的重要因素，國內對於閱讀困難的學生之後設認知評量多採觀察或半結構式的訪談如表1-8，只有胡永崇（1999）採紙筆式的測量，其內容包括策略的知識和執行，訪談評量包括對文章難易度的覺知、理解策略包括釋義、聯想延伸、心像、重讀、複述、理解監控等（藍慧君，1991；吳訓生，2002），結果發現不同成就組別的後設認知知識與策略執行有顯著差異，而不同閱讀能力對於難易度覺察差異不大，但對於不同難易度讀本使用的策略兩組有差異，其差異在數量或類型因不同研究結果相異。

表 1-8　後設認知的測量與相關研究的重點

研究者（年代）	內容	對象	結果
藍慧君（1991）	半結構訪談，難易度選擇、理解策略	小四	閱讀障礙學生和一般學生對難易覺查差異不大，策略使用差不多，僅是閱障學生在策略使用略少於一般學生。
胡永崇（1997）	後設認知知識和執行	小三、小四、小六、國一	小三到小五，後設認知知識和後設認知執行在不同成就組有顯著差異
吳訓生（2002）	半結構訪談，釋義、聯想延伸、心像、重讀、形成問題、理解監控、複述	小五	高閱讀能力的學生在難易文章使用策略數量有差異，在策略上均以釋義、聯想延伸為多；低閱讀能力在策略使用數量沒有差異，低難度以釋義和重讀策略為多，高難度以釋義和聯想延伸策略為多。

四、結語

綜合上述的評量工具，語文評量分成三個層次，綜合成就或綜合性能力、特定領域和相關認知能力，而特定能力又區分為五項，各依據課程標準或語言學、閱讀心理學等不同的學理，各領域的評量工具因應不同的評量依據理念，而會區分不同成分，少部分測驗以語言學為依據，測驗編製涵蓋所有語言基本成分，部分測驗依據心理學，即強調的成分之間的關係而編製評量各單純成分的工具，如圖1-2所示。因此在上述的測驗同樣的名稱，例如成就測驗或閱讀理解測驗，不同依據，所包含的成分與目的將有所不同，而且不同的的理論依據，選題與計分解釋的取向也有所不同，不同的理論取向，則有編製以涵蓋完整或單純區分之別。因此，使用者在選擇測驗時，應該有下列三點注意事項，首先要了解評量工具的編製之理論與目的，注意各項測驗的不同假設，以免錯誤使用測驗的結果，使用時不妨多留意測驗的效度資料與相關研究結果；其次也應該注意測驗依據的理論，例如依據心理學編製的閱讀成分之評

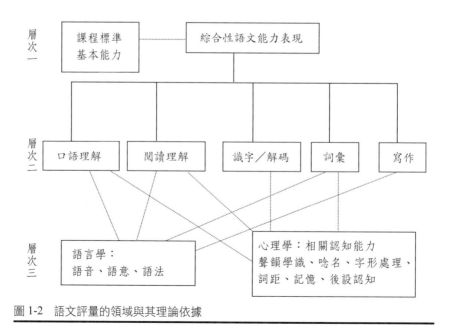

圖1-2　語文評量的領域與其理論依據

量工具，可提供了解閱讀歷程的參考，也提供教學診斷與方法設計之參考，但不宜由字面詮釋方式直接類推到教學的重點，例如注音符號的學習與聲韻覺識的混淆。另外，上述評量多為標準化的測量方式，所測得都是靜態的表現，而非學童在閱讀歷程可能的動態表現，或是如Vygostkey所謂的最大發展區域，這些測驗對於評量或教學情境與學生互動可能的影響，無法提供解釋。

上述工具多數在一九九○年代編製或出版，由此可以看出過去十年國內學界在語文困難的領域研究之努力，也因為很多學者的加入，不同學者有不同研究取向與重點，因應這些差異，產生各式各樣的評量工具，由這些工具可以協助讀者了解閱讀的假說以及評量的取向，由此可以推論不同特質與可能的亞型。而且這些不同的亞型在閱讀歷程中也可能表現出不同的困難與需求，曾世杰在台東大學的指導學生曾利用這些成分大規模進行亞型的研究（李月娥，2003；謝俊明，2003）。

既然如Lyon所說的閱讀能力不是自然成熟的，而且閱讀能力對一個人的繼續學習與生活有重大的影響，上述的評量工具與其代表的理論與結果，期待幫助國內教育工作者以此為介面，了解學習閱讀失敗的可能面貌與背後成因。透過了解可以幫助如何及早發現可能失敗的讀者，不必等待學習失敗才來補救，也不宜由完整的成就評估結果而忽略某些特定問題的學生。透過了解也可以協助設計補救措施，不應只從課程內容表面或重複練習的方式，不應部份失敗就得全部重頭來，透過歷程的假設可以幫助澄清成分間的關係，讓補救教學設計可以根據讀者的核心變項去設計，或是去評量補救教學的成效，唯有有效的掌握閱讀背後的複雜成分與其發展，才能提早預防與補救。

參考文獻

一、中文部份

王瓊珠（2001）：台灣地區讀寫障礙研究回顧與展望。**國家科學委員會研究彙刊：人文及社會科學，11**，331-344。

方金雅（1996）：**國小學生一般字彙知識、認字能力與國語文學業成就之相關研究**。高雄師範大學教育研究所碩士論文。未出版。

毛連塭（1984）：**國語構音測驗**。高雄：復文出版社。

李月娥（2003）：**閱讀障礙學生與一般學生在聽覺語言處理能力上之比較研究**。台東大學教育研究所系教學碩士論文。未出版。

李俊仁（1999）：**聲韻處理能力和閱讀能力的關係**。中正大學心理系博士論文。未出版。

李俊仁（2001）：中文閱讀障礙的認知功能缺陷──視覺空間或聲韻處理。93,12,30檢索於http://www.tmtc.edu.tw/idcen/paper/2-04.pdf。

李瑩玓（2001）：**國小寫字困難學童與普通學童寫字相關認知能力研究**。臺灣師範大學碩士論文。未出版。

呂美娟（1999）：**基本字帶字識字教學法對國小識字困難學生成效之探討**。臺灣師範大學特教研究所碩士論文。未出版。

吳武典、張正芬（1984）：國語文能力測驗之編制極其相關研究。**測驗年刊，31**，37-52。

吳訓生（2002）：國小高低閱讀理解能力學生閱讀理解策略之比較研究。**特殊教育學報，16**，65-103。

吳淑娟（2001）：**國小閱讀理解困難學童之詞彙能力分析研究**。臺灣師範大學特教碩士論文。未出版。

林素貞（2002）：學習策略對國小讀寫障礙學生在普通班學習行為之影響。**特殊教育研究學刊，23**，51-73。

林寶貴（2000）：國小學童書寫語言測驗之編製。**特殊教育復健學報，8**，53-74。

林寶貴、黃瑞珍（1998）：國小兒童書寫語言評量指標研究。**特殊教育研究學刊**，**17**，163-188。

林寶貴、錡寶香（2000a）：兒童口語理解能力測驗之編製。**特殊教育研究學刊**，**19**，105-125。

林寶貴、錡寶香（2000b）：中文閱讀理解能力測驗之編製。**特殊教育研究學刊**，**19**，79-104。

周台傑（1993）：國民小學國語文成就測驗編製報告。**測驗年刊**，**40**，77-90。

周台傑（1998）：**國民小學閱讀障礙學生閱讀錯誤類型分析及有效學習策略之研究（II）**。國科會專題研究報告。彰化師範大學特殊教育系。NSC87-2413-H018-002-F10

周台傑、林國花（1991）：國小閱讀障礙兒童成就與能力差距鑑定方式之研究，**特殊教育學報**，**6**，285-320。

周台傑、吳金花（2001）：國民小學閱讀障礙學生閱讀錯誤類型分析。**特殊教育研究學刊**，**19**，37-58。

胡永崇（1997）：**閱讀障礙兒童的閱讀歷程、類型與追蹤研究：國語文低成就學生之閱讀理解能力研究**。國科會專題研究報告。屏東師範學院特殊教育系。NSC86-2413-H194-002。

柯華葳（1999）閱讀理解困難篩選測驗。**測驗年刊**，**46**，1-11.

柯華葳、李俊仁（1999）：閱讀困難的理論架構驗證。載於柯華葳、洪儷軒編，**學童閱讀困難的鑑定與診斷研討會論文集**（114-127）。嘉義：中正大學心理系。

柯華葳、洪儷軒編（1999）：**學童閱讀困難的鑑定與診斷研討會論文集**。嘉義：中正大學心理系。

洪碧霞、邱上真（1997）：國民小學國語文低成就學童篩選工具系列發展研究。**特殊教育研究學刊**，**15**，83-107。

洪儷瑜（1997）：國小國語文低成就學生之視知覺能力研究。**特殊教育研究學刊**，**15**，275-292。

洪儷瑜（1999）：國小學童之漢字視知覺與語文相關研究。載於柯華

葳、洪儷軒編，**學童閱讀困難的鑑定與診斷研討會論文集**（35-57）。嘉義：中正大學心理系。

洪儷瑜、張郁雯、陳秀芬、陳慶順、李瑩玓（2003）：**基本讀寫字綜合測驗**。台北：心理出版社。

翁雅琪、黃秀霜（1997）：中文詞距對國小閱讀障礙兒童閱讀正確性之影響。**第二屆特殊教育課程與教學學術研討會論文集**。彰化師大特殊教育系。

陳美文（2002）：**國小讀寫困難學生認知能力之分析研究**。台灣師範大學特殊教育系碩士論文。未出版。

陳美芳（1997）：國小學童聽覺理解與聽覺記憶能力之研究——不同國語文程度學生的比較。**特殊教育研究學刊**，**15**，293-305。

陳美芳（1999）：國語文低成就學童口語理解能力的發展。**特殊教育研究學刊**，17，189-203。

陳美芳（2003）：語文理解能力之發展與效度分析。**特殊教育研究學刊**，**24**，1-14。

陳淑麗、曾世杰（1999）：閱讀障礙學童聲韻能力之研究。**特殊教育研究學刊**，**17**，205-223。

陳慶順（2000）：**識字困難學生與普通學生識字認知成分之比較研究**。臺灣師範大學特教系碩士學位論文。未出版。

黃秀霜（1999）：不同國語成就學生認字能力及與其他認知能力之關係。台南師院學報，**32**，27-59。

黃秀霜（2001）：**中文年級認字量表**。台北：心理出版社。

黃秀霜、鄭美芝（2003）：**國小注音符號能力診斷測驗**。台北：心理出版社。

黃瑞珍、黃玉凡（2001）：課程本位測量寫作測驗之顯著性指標研究。**東台灣特殊教育學報**，**3**，225-260。

曾世杰（1996）：**閱讀低成就學童與一般學童的閱讀歷程成分分析之研究**。國科會專案研究計畫報告。台南師範學院特殊教育系。

曾世杰（1999）：國語文低成就學童之工作記憶、聲韻處理能力與唸名

速度之研究。載於柯華葳、洪儷軒編，**學童閱讀困難的鑑定與診斷研討會論文集**（5-28）。嘉義：中正大學心理系。

曾世杰、邱上真、林彥同（2003）：幼稚園至國小三年級學童各類唸名速度能力與閱讀能力的相關。**師大學報，48**（2），261-290。

曾世杰、張媛婷、周蘭芳、連芸伶（出版中）：唸名速度與中文閱讀發展：一個四年的追蹤研究。**特殊教育研究學刊**。

曾世杰、陳淑麗（2003）：**唸名速度及聲韻覺識在中文閱讀障礙亞型分類上的角色（I）**，未出版的國科會專案成果報告，NSC-91-2413-H-143-005。

曾雅瑛、黃秀霜（2002）：國民中小學詞彙閱讀測驗之編製。**測驗年刊，49**，199-216。

葉靖雲（1999）：五種作文能力測驗的效度研究。**特殊教育學報，13**，331-366。

葉靖雲（2000）：以文章寫作和造句測驗評估國小學生作文能力之效度研究。**特殊教育研究學刊，18**，151-172。

楊坤堂、李水源、吳純純、張世彗（2001）：**國小兒童書寫語文能力診斷測驗**。台北：心理出版社。

楊憲明（1998）：中文詞間、詞內空格調整對閱讀的影響。**台南師院學報，31**，303-325。

楊憲明（2001）：閱讀障礙視知覺缺陷之探究：文字辨識與視覺離心作用。**特殊教育研究學刊，21**，189-213。

錡寶香（2001）：國小低閱讀能力學童語言能力之分析。**特殊教育研究學刊，22**，69-96。

錡寶香（2002）：特定型語言障礙兒童鑑定方式之探討。**特殊教育季刊，84**，1-8。

謝俊明（2003）：**閱讀障礙學生與一般學生在唸名速度上之比較研究**。台東大學教育研究所系教學碩士論文。未出版。

藍慧君（1991）：**學習障礙兒童與普通兒童閱讀不同結構文章之閱讀理解與理解策略的比較研究**。台灣師範大學特殊教育系碩士論文。未

出版。

蕭淳元（1995）：**國語低成就學童音韻能力特徵之探討**。台南師範學院
初等教育研究所碩士論文。未出版。

二、英文部份

Ho, C. S., & Bryant, P. (1997). Learning to read Chinese beyond logographic
phase. *Reading Research Quarterly, 32,* 276-289.

McBride-Chang, C. (1995). Phonological processing, speech perception, and
reading disabilities: An integrative review. *Educational Psychologist, 30,*
109-121.

McCormick, S. (1995). *Instructing students who has literacy problem.* Engle-
wood Cliff, NJ: Prentice Hall.

Lerner, J. (2003). *Learning disabilities* (9th ed.). Boston: Allyn and Bacon.

Lyon, R. (1998). Why reading is not a natural process. *Educational Leadership,*
55(6), 1-7.

Richek, M. A., Caldwell, J. S., Jennings, J. H., & Lerner, J. (2002)：*Reading
problems, assessment and teaching strategies.* (4th ed.). Boston: Allyn and
Bacon.

作 者 小 語

洪儷瑜

與邱上真老師合作專案研究、共同製作錄影帶

國內學術討論的場合對於質疑、不一致的反應常見的是沈默、表面
肯定、設法結束或轉移話題、視為攻擊個人，少見的是以不同角度
將爭論加以分類或詮釋，邱上真老師就是國內學界這種少數的典
範。好於質疑的我，回國之後，在適應國內學術界的歷程，感謝亦
師亦友的邱老師一路陪伴，她對我就像一個網球選手的教練，餵球
給我，陪我練習變化球。雖不曾受業於她，但卻受到個別教練般的
訓練，我真是何等的幸運。

2

從學科學習的觀點檢視動態評量的侷限與再建構

✎莊麗娟

摘要

　　本文系統性的綜觀二十餘年來 Campione 和 Brown（1985）的漸進提示模式的理論內涵及實際應用，文中列舉該模式在抽象智能、語文、自然科學、數學等領域的具體設計實例，並較深入檢視其理論模式及實用性上的侷限，並據以調整擴展，提出「動態評量的修正模式」，此模式之「試題內容」具有邏輯性的教材架構、「提示系統」具有激發學習的教學性質、「實施計分」則擴展評量的精緻診斷及預測表現的效果，可謂系統化、同步性的融合教材、教學、評量為一體。

壹 前言

　　「動態評量」這個名詞由 Fuerstein 於一九七九年正式使用，並於八〇年代以後，由認知能力的一般性評估，逐步結合學科領域（如國語、數學、自然科學），進行特定概念的發展。所謂「動態」包含兩層意涵：一是著重採用「測驗－教學－測驗」的實施程序，持續觀察受試者在多個時間點認知能力的「動態蛻變歷程」；二是重視在評量過程中，給與受試者「協助性」的互動，藉之診斷受試者的學習潛能，並試探符合個體所需的協助策略。由於它強調深入、協助性的互動，使得評量功能進一步的擴展，同步具有區辨個別差異、提昇認知能力及預測未來表現等三項功能。

　　一般而言，動態評量的良窳，繫於中介系統（即協助系統）的有效性，此中介系統尤需考量受試者的先前經驗、學習動機、認知發展（含語言、符號、圖示等理解，以及抽象思考等）、解題策略等，才易發揮引導思考、調整概念及激發學習功能。截至今日，動態評量的中介模式，主要概分為六大類型，而應用於學科領域，大多採用 Campione 和 Brown（1985）的漸進提示模式來進行設計。然而多數應用此類型評量於學科領域中，在「理論模式」及「實用性」上，仍有若干疏失，有必要加以調整及擴充。為進一步了解它的內涵，本文擬就「漸進提示動態評量之模式內涵與具體設計」、「學科應用的侷限與省思」、「動態評量的再建構」等三方面進行說明。

貳 Campione 和 Brown「漸進提示」動態之模式內涵與具體設計

一、模式內涵

　　漸進提示模式主要植基於 Vygotsky 的社會認知發展理論，強調評量

中的協助與互動，期藉之評估受試者的ZPD，並提昇其認知能力。

本模式在評量的型式方面，採用「前測—學習—遷移—後測」四個階段的程序進行。在前、後測階段實施靜態評量，用以了解受試者的最初能力及實施動態評量後所能表現的水準；而學習及遷移階段實施動態評量，給與一系列標準化的協助。此外，遷移階段又根據題型的難易程度，分成保持（maintenance）、近遷移（near transfer）、遠遷移（far transfer）及極遠遷移（very far transfer）四種層次，用以評估受試者的遷移效率。

其次，在評量的領域與重點方面，本模式初期透過邏輯推理作業〔如：字母系列完成測驗（letter series completion）、瑞文氏測驗（Raven's-type matrix problems）去評估受試者的一般認知能力〕，而後期逐漸跨入學科領域（數學、閱讀），去探究學生在學科學習上的困難及所需要的協助量，使評量與教學密切結合。本模式評量的重點，有別於其他模式，主要並不在評估受試者的獲益情況（how much improvement takes place），而是在評估欲達到某一個特定標準，受試者需要多少協助量（how much help students need to reach specified criterion）（Campione, 1989），透過標準化的提示系統來分別偵測學習量數（在學習階段時，所需的提示量）及遷移量數（在遷移階段時，所需的提示量）。尤其是遷移量數更是本模式評量的重點，藉之了解學習潛能、區辨個別差異並預測未來的表現。

至於提示系統的建構是依照「由一般、抽象逐漸特定、具體」的順序來排列。提示系統在編製前，需經過作業分析及認知分析，設計出解題的策略與步驟，作為提示時的參考。在評量時，施測量者按照事先預定的提示系統，依循固定序階給與提示，但在必要的情況下，可允許跳階。而在計分時，以提示量的多少來核算，每提示一次計點一次，提示量愈多代表能力愈低。

總之，漸進提示模式透過上述程序與原則，去評估受試者的學習量數及遷移量數，並且以這兩個數值來作為個體間能力差異的指標，提供教學處方的訊息，並預測未來表現。

二、具體設計

　　一般而言，漸進提示模式是所有動態評量模式中，介入方式最系統化，同時也最強調遷移力及學科導向的評量模式。分析其優點有四：第一、採用「標準化」的提示系統，可降低施測時評分者的主觀性，提高評分信度。第二、強調遷移力的評估，而遷移力的高低，是區辨能力差異、預測未來表現的一項重要指標，有助於未來的診斷與處方。第三、提示系統事先分析擬定，其序階井然明確，因此，在施測時較為簡便，毋需太多事前的訓練，有利於普遍採用。第四、著重與學科領域結合，並訓練特定技巧，使評量與教學結為一體。茲將此評量模式之應用實例，例舉如下，見表2-1。

表 2-1　漸進式提示系統設計實例

壹、抽象智能方面

實例一：Ferrara、Brown 和 Campione（1986）字母系列完成

字母系列完成作業含三項規則：1. 同一（identity）（例如：ABABAB＿＿＿，答案為 AB）；2. 依序前進（next）（ABACAD＿＿＿，答案為 AE）；3.依序倒退（backward next）（ADACAB＿＿＿，答案為 AA）。當受試者完成上述三項作業後，則提供遷移性作業（PZUFQZVF＿＿＿＿＿＿），提示內容如下：

(1)「這個問題和你從前做過的問題相似嗎？」「當時你怎麼做的？」
(2)「把這個問題的字母大聲的讀一遍。」
(3)「有字母出現二次以上的嗎？……哪一個？……你想到字母排列的規則了嗎？」
(4)「在兩個 Z 之間有幾個字母？而在兩個 F 之間有幾個字母？你想到字母排列的規則了嗎？」
(5)「有字母是依照順序排列的嗎？……哪一個？……這能幫助你想到答案嗎？」
(6)「在 P 與 Q 之間有幾個字母？而在 U 與 V 之間有幾個字母？……你想到答案嗎？」
(7)「用手指著 P 和 Q，再用手指著 U 和 V，……這能幫助你想到答案嗎？」
(8)施測者取出透明的蜜蜂圖案，「這雙蜜蜂從 P 飛過三格停在 Q 的位置，再飛

過三格停在第一個空格,這個字母該是什麼?」

(9)使用透明的兔子圖片完成下一空格,做類似(8)的提示說明。

(10)使用透明的蝴蝶圖片完成下一空格,做類似(8)的提示說明。

(11)使用透明的小鳥圖片完成下一空格,做類似(8)的提示說明。

(12)施測者在第一格空格填入 R。

(13)施測者在第一格空格填入 Z。

(14)施測者在第一格空格填入 W。

(15)施測者在第一格空格填入 F。

實例二:Swanson(1996)認知處理(工作記憶)

認知處理共含十一個分測驗,以押韻分測驗為例,施測者根據受試者在回憶一組押韻字時,所犯的錯誤類型(含順序錯誤、遺漏某個位置的字或多了某個位置的字),給與適當的提示,基於時近及初始效應,錯誤所在的位置(指結尾、開頭或中間處)是提示建構的重要考量。例如在「car-star-bar-far」一組字中,提示流程如下:

(1)「最後一個字是 far,你能按照順序告訴我所有的字嗎?」

(2)「開頭第一個字是 car,你能按照順序告訴我所有的字嗎?」

(3)「中間的字是 star 和 bar,你能按照順序告訴我所有的字嗎?」

(4)「所有的字是 car-star-bar-far,你能按照順序告訴我所有的字嗎?」

以上序階可跳階進行,如果受試者在最初答題時回答「car-bar-far」,那麼就由提示(3)開始依序提示。

實例三:林秀娟(1993)空間視覺

依據定位、旋轉、確認之處理模式,提示序階為:

(1)提示語文原則:告知解題的重要思考關鍵。

(2)電腦展示平面摺疊成三度空間的立體過程:有多個步驟。

(3)重新作答。

例:第一次提示為語文提示:第六面分別和第一、二、三、四面相接,所以立體圖的三個面不可能同時出現三個有色面,平面中只有一個空白面(第二面),它和哪些面相接?

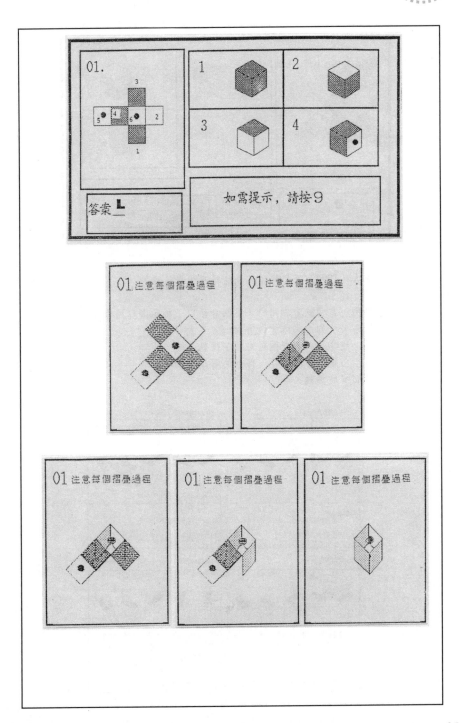

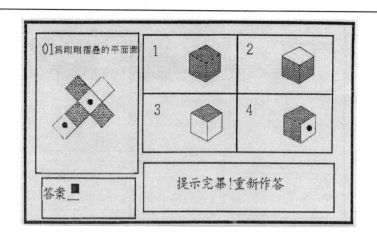

實例四：許家吉（1994）圖形歸類（含旋轉及相對策略）

以旋轉策略為例，當受試者答錯時，電腦會依以下提示流程給與提示：
(1)提供錯誤訊息：告知「你剛才做有些地方不太對」。
(2)較抽象提示：建議受試者把圖形在頭腦裡轉一轉。
(3)較具體提示：由電腦實際操作一部分的解題活動。
(4)完整呈現整個解題活動。

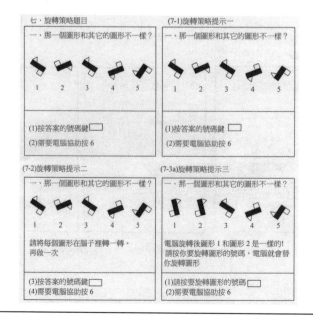

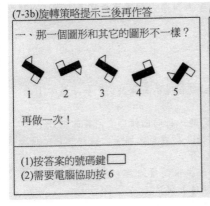

(7-3b)旋轉策略提示三後再作答

一、那一個圖形和其它的圖形不一樣？

1　2　3　4　5

再做一次！

(1)按答案的號碼鍵□
(2)需要電腦協助按6

(7-4a)旋轉策略提示四

一、那一個圖形和其它的圖形不一樣？

1　2　3　4　5

圖形4怎麼轉都不會和其他圖形一樣。
答案就是4。

貳、語文方面

實例五：Spector（1992）音素分節

當受試者無法將一個字正確分節時，施測者依下列提示流程，伺機提示：
(1)施測者以慢速精確的發音。
(2)要求受試者確認該字的第一個音。
(3)施測者提示該字的第一個音。
(4)施測者提示該字的音節數。
(5)採用放置硬幣的方式，來示範音素分節。（硬幣數表分節數）。
(6)如同(5)，但做更多的示範。
(7)重複。

實例六：江秋坪（1995）識字及理解

以語詞理解為例，首先先根據受試者的識字能力分成閱讀式（由受試者自行默讀）及讀題式（由施測者唸題目），而後再回答問題。例如試題如下：

小妹妹「不肯去上學」。「不肯」：
(1)不行(2)不能(3)不對(4)不要

當受試者答錯時，則進行以下提示：
(1)簡單回饋：「剛剛你選的答案不是最好的，還有一個更好的答案」。
(2)提示關鍵點：若試者還是無法回答，則告知：「現在我們一個個的把選項都放進題目中的「　　」中，然後和原來的句子比較，你想想看哪一個句子和原來題目的意思一樣？」

(3)告知答案：這一題的答案是 4「不要」，因為「小妹妹不肯去上學」，就是「小妹妹不要去上學」的意思。

實例七：徐芳立（1998）文章閱讀理解

其提示系統主要含自問及自答兩大類，以自答提示系統為例，其序階如下：

(1)簡單回饋：當受試者回答符合主要概念時，正向回饋：「回答的很好」。
(2)釐清題意：當受試回答不符題意或僅符合次要概念時：「請注意聽，這個題目的意思是⋯⋯，現在你再試著回答看看」。
(3)口頭提示線索：受試者仍無法回答時，提供間接線索：「在文章中，作者已經告訴我們什麼？」「你認為⋯⋯的關係如何？」。
(4)口頭提示線索並呈現文意概念圖及語意關係圖。
(5)直接說明答案或提供經驗。

參、自然科學方面

實例八：Ferretti 和 Butterfield（1992）槓桿解題

在訓練作業中，給與一系列法則二至法則四的策略訓練，使該生逐步依據「重量」及「距離」來判斷槓桿的平衡狀況。提示流程如下：
(1)訓練者說明該項試驗的目標。
(2)訓練者陳述該問題所涉的法則。
(3)兒童複述該法則。
(4)訓練者在槓桿的一端懸掛物體，並說明解題的限制。
(5)兒童在書面中提出解答，並檢核是否符合法則及限制。
(6)兒童實際操作槓桿，觀察結果，並指出法則與結果的關聯。
(7)若兒童無法達成預期目標，訓練者指出錯誤，兒童重試，直到正確為止。

實例九：江文慈（1993）槓桿解題

(1)簡單回饋。
(2)提示思考方向。
(3)提示解題的重要關鍵：提示「重量」及「距離」兩向度。
(4)將問題予以表徵化：填入數值。
(5)提供策略知識：提示重量和距離相乘。
(6)協助執行策略知識：引導計算。
(7)提示解題特殊技巧：教逆算法。
(8)示範整個解題步驟。

實例十：莊麗娟（1996）浮力概念

為了使推理流暢、工作記憶負荷量降低，因此在提示中適時提供提示卡，並在必要時配合實物操作，以協助理解及推理。其提示系統可跳階進行，序階如下。

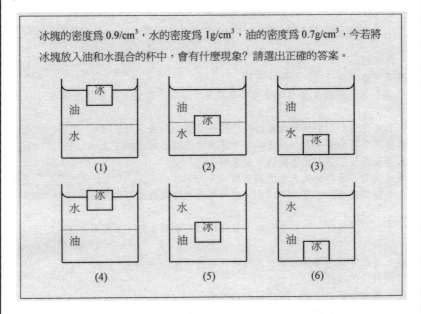

冰塊的密度為 $0.9/cm^3$，水的密度為 $1g/cm^3$，油的密度為 $0.7g/cm^3$，今若將冰塊放入油和水混合的杯中，會有什麼現象？請選出正確的答案。

(1)簡單回饋：「答案對嗎？要不要再檢查一遍？」讓受試者再重新作答。
(2)題意說明：「了解題目的意思嗎？」，受試者若不明題意則說明題意。
(3)關鍵提示：a.「判斷浮沈要比較什麼？」
　　　　　　　b.「密度愈大，愈在（　）層，密度愈小，愈在（　）層」
　　　　　　　c.「水的密度最大，在（　）層，冰的密度第二，在（　）層，油的密度最小，在（　）層」
(4)直接教學：「水的密度最大，在下層，冰的密度第二在中層，油的密度最小，在上層，所以答案是2。」

肆、數學方面

實例十一：Gerber、Semmel 和 Semmel（1994）電腦化多位數乘法

當受試者做錯時，電腦依據解題狀況，給下列四層次提示：
(1)用聲音警示，並用圖示方式指出錯誤處，引起注意。
(2)當警示提示（alerting prompt）無效時，電腦更細步地依據解題的認知歷程，

系列性指出錯誤處（如數值、operator、重組記憶等）。

(3)當內部刺激提示（within-stimulus prompts）無效時，電腦則將解題的相關部分移出，加以修改，另開新視窗在原試題旁，以動態序列解說所需的運算程序。之後再引導受試者注意原題。

(4)當外在示範無效時，則以圖形動畫實際示範解題。

實例十二：Jitendra 和 Kameenui（1993）加減法文字題

提示序階為：

(1)簡單回饋：讓受試者自行校正。

(2)問題聚焦：引導注意「要解決什麼問題？」、「問題中提供什麼訊息可供解題？」。

(3)工作記憶協助：實驗者透過讀題來提醒問題中所提供的訊息。

(4)計算策略提示：一系列教導如何計算及各種修正錯誤的方法。

(5)示範及原理引導：記述說明解題策略。

(6)策略定向：激發受試者使用解題策略。

(7)無效解題策略的捨棄：建議受試者以所學策略取代既有的無效策略。

實例十三：吳國銘、洪碧霞和邱上真（1995）重新分配、推算未知量

本提示系統著重序階精簡性，其提示流程如下：

(1)提供對錯之回饋。

(2)提供題意理解之協助：提供解題的策略。

(3)提供平行題目教學：提供數值較小的平行題目教學。

(4)提供與提示三對映連結的原題目教學：揭示完整的原題解題過程。

實例十四：陳進福（1997）加減法文字題

依不明題意、加減運算錯誤、加減概念不清、其他反應等錯誤類型進行分析提示，每一錯誤類型，均有四階提示。以加減概念不清為例，其提示為：

(1)簡單回饋：告知錯誤，自行思考。

(2)教具教學：以積木教學，使了解錯誤原因（知道該用加法還是減法）。

(3)簡單題教學：以簡單類似題教學。

(4)原題目教學。

實例十五：林素微（1997）數學彈性思考解題

以多元解題方式來激發受試者的彈性思考能力。而其訓練主要有兩類：一是在測驗中提供「不同解題法」的書面資料，讓學生用文字說明各種解法的意義，以激發思考。二是在測驗後進行小組討論，說明不同解法的意義並運用面積、

線段來表徵試題。該研究提示的內容主要是在「呈現各式解法」上，屬於團體書面式動態評量。例：

陵南高中每星期安排練習賽 6 場，湘北高中每星期安排練習賽的場數比陵南高中多 2 場，海南隊為了要了解湘北和陵南的實力，準備將兩隊各自練習的情形錄影下來，請問 4 個星期海南隊要觀看幾場關於陵南及湘北的練習賽？

櫻木：	流川：	赤木：	晴子：
6 ×4 = 24	6 ×2 ×4 = 48	6 + 6 + 2 = 14	6 + 2 = 8
(6 + 2) ×4 = 32	2 ×4 = 8	14 ×4 = 56	(8 + 6) ×4 =56
24 + 32 = 56	48 + 8 =56		

以上的做法都對，請說明這四位同學答案中每一個算式所代表的意義。

在測驗後教學討論時，其提示流程為：
(1)請學生看題目。
(2)請學生重述題意。
(3)圖示題意。
(4)四種作法討論。

實例十六：歐瑞賢（1997）比例推理（調配不同量的兩液體）

依受試者的認知層次，分層次採用團體式漸進提示，在不同階段的提示後，不立即給與對錯回饋，使每個受試者都接受相同程度的提示。其提示序階為：
(1)題目特徵明顯化提示：引導受試者注意符合該認知層次的相關變項。
(2)擴大特徵差別提示：使特徵更加明顯化，減少學習中的記憶量。
(3)完全示範：以色彩具體操作引導對概念的了解及推理，使學生感到所教策略的有效性。
(4)無效策略的自我檢視：教師公布正確答案，讓學生自行核對並思考答錯的原因，使學生感到其所使用的策略是無效的。
註：本研究主題略涉及簡易加減乘除法及比大小概念

實例十七：簡月梅（1998）數學（含六年級各式數學題共二十題）

提示類型有簡化試題、提示解法、利用圖形將試題具體化、提供解題公式及知識、舉例等五種，依試題類型而有不同的提示，一般而言，每一試題的提示序階有二，均為該試題最關鍵性的解題概念。茲舉二例說明。

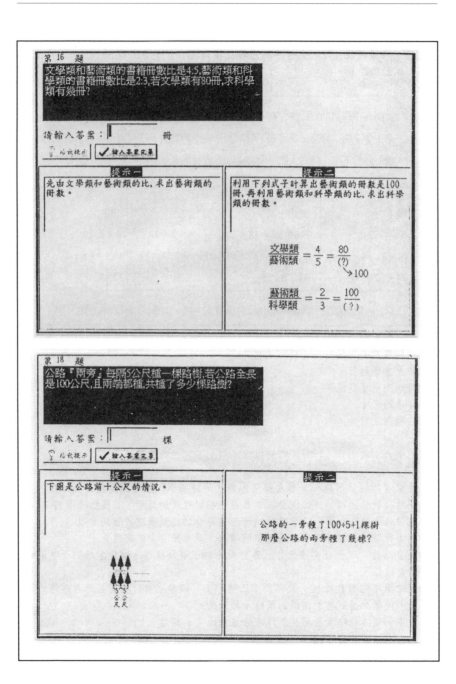

第 16 題

文學類和藝術類的書籍冊數比是4:5,藝術類和科學類的書籍冊數比是2:3,若文學類有80冊,求科學類有幾冊?

請輸入答案：[   ] 冊

給我提示　✓輸入答案完畢

提示一

先由文學類和藝術類的比,求出藝術類的冊數。

提示二

利用下列式子計算出藝術類的冊數是100冊,再利用藝術類和科學類的比,求出科學類的冊數。

$$\frac{文學類}{藝術類} = \frac{4}{5} = \frac{80}{(?)} \to 100$$

$$\frac{藝術類}{科學類} = \frac{2}{3} = \frac{100}{(?)}$$

第 18 題

公路『兩旁』每隔5公尺種一棵路樹,若公路全長是100公尺,且兩端都種,共種了多少棵路樹?

請輸入答案：[   ] 棵

給我提示　✓輸入答案完畢

提示一

下圖是公路前十公尺的情況。

提示二

公路的一旁種了100÷5+1棵樹

那麼公路的兩旁種了幾棵?

參 學科應用的侷限與省思

　　動態評量兼重歷程與結果的評量，能評量最佳的發展水準及認知改變的可能性，因此，對於教學與評量頗具啟示性。然而，若應用於學科領域，此類型評量在「理論模式」及「實用性」上，仍有調整及擴充的必要性，理由說明如下。

一、理論模式方面

　　茲分別從「提示系統」設計及「試題」編製兩方面，來說明動態評量理論模式的缺失。

㈠提示系統的認知與學科邏輯－參酌學科課程的分析理念

　1.對學科概念核心的深入度

　　動態評量模式的發展，主要源於對「智力」的新詮釋，即使到九○年代末期，仍是以「智力的評估」為主軸，因此其理論模式往往是針對某類型認知能力測驗（如《瑞文氏測驗》、《字母系列完成測驗》、《空間推理測驗》來規畫「協助系統」，基於此，與多元多樣的學科知識相比，其協助系統的架構常過於簡化。以Budoff和Corman（1974）學習潛能評量、Carlson和Wiedl（1978）上限評量及Embretson（1987a）心理計量動態評量為例，其協助系統架構，不外乎兩大類別，即「測驗熟悉度的增加」（主要為：確切說明測驗的要求、性質，以及具體操作實物）及「自我規範力的提昇」（主要為：引導注意力、讚美、要求檢查並說明選答的理由），此類型協助系統架構，對學科解題而言，不免流於浮泛，未能深入學科的概念核心。此外，這種針對普遍抽象智能所規畫的提示系統，即使能透過結構性的方式讓受試者學會解題策略，其對學業成就的影響力，仍然有限。（請參閱表2-1：實例一F）。

　2.對概念學習的引導性

　　動態評量實際應用於學科領域大致起自於八○年代中葉，在六大模

式中僅Campione和Brown（1985）的漸進提示模式較為後進者援用，且大多應用於數學科，少數用於閱讀，至於自然科學就微乎其微，除莊麗娟（1996）探討浮力概念之外，均以槓桿為主題。在這些為數不算多的學科領域動態評量的研究之中，很遺憾的產生下列幾種現象。

首先是「學科主題過於簡單」。為了較精密的設計提示系統，許多研究者往往只能選擇難度淺、解題步驟單純的單元作為研究主題，如：語文科Spector（1992）音素分節、自然科學Ferritte和Butterfield（1992）槓桿解題、數學科Gerber、Semmel和Semmel（1994）多位數乘法計算題、Jitendra和Kammeenui（1993）、陳進福（1997）加減法文字題、歐瑞賢（1997）比例推理等（請參閱表2-1：實例五、八、十一、十二、十四、十六），從這些主題所發展出來的提示序階，也許比較精緻流暢，但由於策略淺易、推理性低，可能無法適用於其他難度高的學習主題。

其次，如果研究主題難度較高，提示系統又產生了另一種缺失，那就是過度簡化提示序階，如簡月梅（1998）只採用二階提示，而吳國銘等（1995）採用四階提示，若扣除簡單回饋（告知對與錯）及直接教學，真正具引導性的提示還是只有兩階，至於林素微（1996）為了精簡施測的時間及人力的花費，採用書面式團體動態評量，立意雖然不錯，但若仔細分析，其評量中的提示性偏向於提供一個思考機會（提供四種解題法，讓受試者思考並說明它的意義），然後依據受試者回答的完整性分段計分，這種方法在區辨個別差異上可能還好，但受試者並不容易單從評量中就提昇解題能力，尤其是低程度者更不適用，嚴格說來，這種提示屬於一階式。這類型「試題難但提示序階反而少」的情況，受試者能在其中產生意義性學習（真正理解，而非記憶學習）的可能性，應該不會太高（請參閱表2-1：實例十三、十五、十七）。

提示系統的引導性不足，教學與評量就不易「同步」進行。Taylor、Hrris、Pearson和Garcoa（1995）主張好的評量應該可以讓學生的學習、老師的教學與評量（包含診斷）同步進行（引自邱上真，1999）。Puckett和Black（1994）將教學、學習與評量視為三條互相交織的繩索

（見圖2-1），認為三者之間是息息相關，密不可分的。在學科領域的
動態評量中，由於作業分析、認知成分分析、錯誤類型分析的不足，其
提示系統似乎失去原先起自於智力測驗分析的細步及引導性，嚴格的
講，提示系統幾乎只是評量「分段計分」的代名詞，受試者對它的感受
還是認為它是一種「考試」，甚至有人會排斥。例如：簡月梅（1998）
所設計的多點計分提示系統，就有受試者表示：「不能一直有提示，否
則幹嘛考試？」。除非有事前的教學或事後的補救教學，單從評量中，
想要從「概念缺乏到概念發展」、從「概念偏差到概念調整」，幾乎現
有動評量模式均未能有效達成。然而評量中「同步學習」的重要性，是
不容忽視的，林敏慧（1992）的研究就支持「測驗中訓練」的協助效果
高於「測驗－訓練－後測」。

圖 2-1　教學、學習與評量的關係圖（資料來源：Puckett & Black, 1994: 34）

　　動態評量欲完整、同步的進行教學、學習與評量，除了應重視認知
能力及認知歷程的分析外，更應強化課程內容結構的邏輯分析，這一點
是未來發展的重點之一。一旦兼顧此二者，鷹架式解題策略的融入也就
不難。基本上，解題策略包含兩種特質，一是解題的最佳思考路徑，二
者是工作記憶的協助。關於此，Krulik和Rudnick（1989）的解題歷程模
式，可以提供我們相當不錯的參考。

　　在諸多子技巧中，筆者認為「圖示」及「簡化」是二項可以跨領域
使用的技巧，它們對理解、推理及工作記憶均會產生極大的協助性。一
般而言，學生對文字敘述的理解力比較薄弱，例如莊雅如（1997）的研
究中，就指出單用文字界面形式的CAL學習成效最差。而工作記憶是個

別差異的重要元素（Swanson, 1996），Ferretti 和 Buttrfield（1992）指出，智能不足者無法有效學習槓桿法則三與法則四的原因，就在於他們的工作記憶不足。也就因為如此，圖示與簡化複雜性是設計解題策略的重要考量（愛因斯坦曾說過一句話：「一個科學的解釋應該儘可能的簡單，簡單到不能再簡單為止」）。

　　提示系統究竟要安排哪些序階？在細節上不易有定論，但可規畫出大原則。其中「簡單回饋」（告知對錯，或給與再次的作答機會）是必須的。不少受試者在簡單回饋中，會有效的修正選答，Hansen（1975）的研究中曾指出，教師只要提示「再讀一遍」，學生就能自動修正其40%的口語閱讀錯誤（引自胡永崇，1993）。此外，一旦學生選答錯誤，有不少情況是來自於不明題意，因此，「題意說明」也是提示系統所必須包含的序階，鄭富森（1999）多元評量評判標準的公平標準中，就指出：「評量應探討學生對題意的了解程度」。再者，隨著學科領域的不同，單元主題的不同，提示系統應有符合該主題知識邏輯及認知歷程的「關鍵提示」，其中可較細步地分成數個流暢性的次階，這裡面就必須富含上一部分所提及的解題策略。最後，提示系統可安排「直接教學」，將整個解題過程做完整的示範。

　　總之，筆者認為參酌採用學科課程的知識邏輯分析，可提昇提示系統的精緻性，進而擴建教學評量的理論模式。

(二)試題設計的理念架構──融入情境取向評量的真實性內容

1.試題的序列性與意義度

　　一般而言，動態評量模式在針對學科領域進行設計時，其規畫重點常在於如何因應試題來設計協助系統，至於試題的建構，往往較缺乏「概念的引導性」、「認知的統整性」及「情境的遷移性」。換言之，動態評量的理論模式強調協助系統的規畫，卻忽略縝密試題建構的理念架構，而此缺失，將影響其教學診斷的實質效益。

　　目前學科領域動態評量的試題編製，大致仍採用雙向細目的理念來進行，同一概念主題，會依據類別來加以分割，不可否認的，這是編製

測驗必要的步驟，但卻非充足的步驟。甚少動態評量模式，在提示系統的規畫之餘，也同步周詳的去考慮用細步進階的方式來安排試題，讓試題本身就具有引導性，能夠一題、一題的擴展思考，促進概念發展，並歸納原則。雖然許多實徵研究指出經過動態評量後，受試者的能力有所增長，但這種增長，其實有不少比例是來自於同題型的機械式練習（因為幾乎所有的模式，都會對同一題型設計多題，來進行評量），而這種能力的增長是真的理解？還是記憶？有待商榷。

　　動態評量在學科試題編製上除了以「類別」來主導架構，忽略依「學習的關聯性」來排序試題以激發學習外，還有一項共同的缺失，那就是忽略與真實生活情境的結合。Budoff（1987）指出沒有明顯證據顯示：受試者會自發的將動態評量中所學的技巧應用到真實生活脈絡中。造成這種現象的可能性之一是動態評量的試題絕少深入日常生活中的真實事例。雖然在數學科方面，試題中會出現「三枝鋼筆的價錢和十枝原子筆的價錢相等，如果鋼筆一枝二十元，那麼原子筆一枝多少元？」（引自吳國銘，1994）、在自然科學中會出現「弟弟的體重是二十公斤，他坐在翹翹板的左邊離支點一公尺的地方」（引自江文慈，1993），但事實上這些試題並沒有涉入真實生活，抽象運算的成分太多。就槓桿而言，如果能引發學生去思考「牛奶罐的蓋子如果打不開怎麼辦？」「用湯匙柄撬開」，這就是情境化的試題。缺乏與真實生活聯結的試題，在意義度上就不夠。即使是公式運算，也必須注意到公式所表達的意義，以對應於物理現象（徐順益，1996），學生的日常概念應和學校概念結合（Gallimore & Tharp, 1990），才能產生有意義的學習。

2.前導分析的脈絡性與介入性

　　概念的調整與認知的發展，需要對學生的先前認知提出不斷的衝擊，亦即要引發認知衝突，可惜的是這也是一般動態評量模式所缺乏的。在科學教育中，「迷思概念的調整」是極受重視的一環，因為國內外許許多多的研究都指出學生的迷思概念相當普遍而固著，不容易調整。Driver和Oldham（1986）提出一個不錯的概念改變教學模式〔確定探討方向→引出學生想法→學生重組想法（澄清、交換、置於衝突情

境、建構新想法、評鑑）→應用新想法→回顧想法的改變〕。這個模式的精髓就在於不斷的誘發、衝擊、澄清與建構，筆者認為如果一個評量模式能透過巧妙的試題及提示系統的安排，而產生這種效果，那將是多麼美妙的事。

巧妙的試題安排，必須進行事前縝密的「知識結構」及「迷思概念脈絡網」的追蹤分析，並尋找有效的介入點，而後根據分析網及介入點，設計系列性、豐富多樣化的試題，以激發思考並突破學生頑強的迷思。關於這一點是當前所有評量模式未能正式著力的地方，也是未來開展評量的多元效益，極需努力的一環。

總之，筆者認為完善的評量模式需強化試題的建構，依循知識脈絡與認知邏輯的軌跡，系列性、多元性的安排試題，並應強化與真實生活情境的聯結，以開展評量的多元效益。

二、實用性方面──結合電腦本位評量的資訊科技

茲分別從「人力時間的耗損」、「計分診斷功能」及「信效度」三方面來說明動態評量在實用性的缺失。

(一)人力時間的耗損

動態評量的實施隨提示系統的設計而有別。一般而言，愈精密的提示序階，在區辨力、助益力及預測力上可能較好。然而，一旦提示分階精細，其評量實施的複雜度及人力時間的花費量必然可觀。從某個角度來看，目前學科領域動態評量的存在價值並不太高，因為它的效率及經濟性未能達到理想的境界。

(二)計分診斷的功能

由於動態評量的實施程序複雜，以有限的人力並無法精確的記錄受試者在解題歷程中的各項反應，因此，目前學科領域動態評量對於受試者能力的評估，最常採用的方式就是計數提示量。提示量的累計固然比傳統「對─錯」兩段式的計分來得精確，但由於目前所有的動態評量模

式對於提示序階的等距性，都沒有把握，該類問題即使有辦法透過試題反應理論、潛在特質模式來解決，但提示「量」一樣，也未必表示提示「質」相等，由於不同的受試者可能會有不同提示類型的需求（如題意不明、粗心、不會運算、不知思考方向），在這種情形下，欲以提示總量來區辨受試能力的差異，並診斷受試者認知的缺陷，可能無法充分達成。

㈢信度與效度

雖然 Embretson（1987a、b）、Swanson（1995、1996）的實證中指出：動態評量可以提昇內部一致性、建構效度及預測效度，Ferrara、Brown和Campione（1986）指出該類評量具有跨作業的信度（字母系列完成作業與補充圖形作業），Thorpe（1999）也指出：若採用階層線性模式分析可提高動態評量的信度，但動態評量在施測時的主觀性，對評量信效度所造成的影響，仍是不爭的事實；雖然，目前學科動態評量在實施的過程中，會儘量採用標準化的提示序階，並建立檢核表提昇客觀性，但採用人工施測總無法去除評量者認知、技術及情緒的不當介入。在此之際，評量的精準性與信效度仍受到質疑與批判。

筆者認為結合電腦化測驗的科技資源將有助於上述問題的解決。雖然目前電腦化測驗在適性化、智慧化與遠距化上仍未成熟，但其多媒體的使用，對於評量效益的提昇卻有絕對性的功能。所謂多媒體（Multimedia）即是結合多種媒體，例如：文字（Text）、圖形（Graphics）、靜態影像（Still Image）、光碟音樂（CD）、聲音（Sound）、電子合成樂（MIDI）、動畫（Animation）、動態視訊影像（Video）和一些特殊效果（Special Effects）等多種（Multiple）媒體（Media），並用電腦加以整合的系統（見圖2-2）。

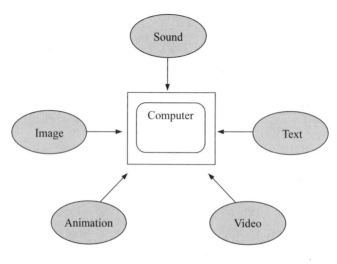

圖 2-2　多媒體系統圖

一般而言，多媒體的最大特點在於：a. 整合性（將各種型態的資料和資訊統合在一起）。b. 交談性（讓資料的表達方式和使用者更能溝通）。c. 親和性（跳脫傳統媒體的單一性和電腦刻板的介面模式，讓使用者使用起來感到親切、一目了然）。d. 非循序性（非循序存放資料的方式，讓資料蒐集更為方便、迅速）（劉瀅清、蔡浚松，1996）。基於此，若能運用這種科技，來規畫設計評量模式，透過文字、圖片、聲音、影像等多種型式來進行中介互動，將可能在以下三方面提昇評量的效益。

首先，在「問題的呈現」方面運用多媒體來呈現問題，將比傳統的「書面試題」更具有趣味性及具體性，受試者可透過聲音、文字、甚至是動態影像來了解題意，使解題能力較不受語文能力的干擾。此外，此種問題呈現型式也比「實物展示」來得簡便，評量者在進行評量之際不需要煩雜的事前準備，也較不用擔心評量器材遭到破壞，或因外在條件控制不當造成展示的偏差。

其次，在「中介提示」方面。採用多媒體來進行中介提示，由於文字、聲音、圖片及動態影像的多重整合，將可大幅提昇提示系統的明確

性，對受試者理解的增進及印象的加深，頗有助益。此外，此種評量方式，將有助於使中介提示的主控權由評量者身上轉移到受試者身上。在傳統動態評量模式中，評量者的判斷常常是決定是否給與提示的唯一依據，而這種判斷有時候難免流於主觀，造成提示過多或過少的現象，進而影響評量的精準性與信效度。然而，一旦結合多媒體資訊科技，受試者可取得部分主控權，依照自己的學習速度及能力水準，自行操弄按鍵來決定是否接受提示，或接受何種類型的提示，如此一來，提示系統將更能發揮因應個別需求以及精緻診斷的功能。

最後，在「反應紀錄」方面。多媒體動態評量系統，在評量的過程中，除了可記錄解題的「正確率」外，對於受試者的「解題歷程」及「反應時間」也能完整的記錄。據此，評量者可進行錯誤類型分析、建立個案資料，以作為未來教學的參考。此外，由於在評量的過程中，一切均委由電腦來運作，無形中將節省人力及時間的耗損，進而提昇評量的簡便性與實用性。

總之，筆者認為結合電腦科技發展多媒體評量系統，對於評量效益的提昇，將有實質的助益。無論在問題呈現的明確性、解題過程的反應記錄、提示系統的多樣化及學生接受提示的主動性上，均能展現不容忽視的優勢，而這種優勢將促使評量更具區辨性、協助性、預測性與實用性。

肆 動態評量的修正模式

筆者以學科「概念學習」的角度檢視動態評量的侷限，並提動態評量再建構的理念，提出動態評量的修正模式，在本質上著重知識學習取向，其評量方式單一，但卻融合多種評量精神（結合課程導向、情境取向、電腦本位評量三者）；其評量設計單一，但卻同步兼具多元性質（教材－教學－評量）；其評量程序單一，但卻達成多元效益（區辨、助益、預測）。期待以另一角度重新建構動態評量的模式，強化課程的理念，透過逐步的提示引導來精緻診斷，並激發學生「概念調整」及「認知發展」的精緻學習。茲將此評量模式的基本內涵統整如圖2-3所

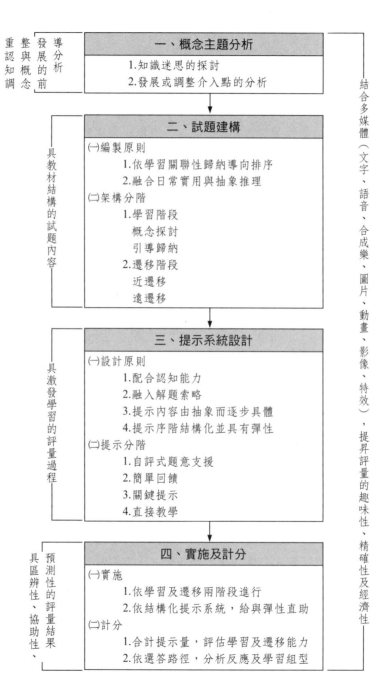

圖 2-3　動態評量的修正模式

示，並分別敘述如下。

一、概念主題分析

本評量模式最大訴求，在於針對數理學科中，難度高、迷思多的主題，進行缺陷診斷、認知調整及概念發展，因此在概念主題分析上，除了採用傳統評量模式的雙向細目表，進行學科知識結構的分析外，更強調「知識迷思的探討」及「介入點的分析」。

㈠知識迷思的探討

在數理學科中，凡是困難的主題，常有許多迷思概念。一般而言，周密的試探、了解學生有哪些錯誤推理及概念，是探討知識迷思不可或缺的一環。然而更重要的是，須將諸多迷思概念進行脈絡的追尋，研判其結構網絡，並繪製迷思概念圖。如此可化繁為簡，較精準的建構試題，發揮以一馭繁的診斷性。

㈡介入點的分析

迷思概念圖確立之後，接下來須配合知識的結構及學生的生活經驗，分析出激發認知調整及概念發展的介入點。此介入點常聚焦於學生最欠缺、最關鍵性的概念或能力，以引導「學習階段」試題的建構，試圖透過認知衝突及概念調整來建立既有概念（舊經驗）及新概念間的聯結，以促成認知發展。

二、試題建構

概念主題分析後，即開始進行試題的建構，本模式為強化評量本身的診斷性、協助性及預測性，在試題的編製上，其編製原則及試題架構分階，如下說明。

(一)編製原則

1.依學習關聯性，歸納導向排序

本模式以社會中介（即外在的協助性）為理念主軸，著重試題本身的試探、搭橋及引導的功能。對於傳統測驗或教科書過於理論化、演繹化的編製型態，本模式均加以調整，強調依照學習的關聯性，將試題進行邏輯性的排序。尤其在概念形成階段（學習階段），所有試題均緊密相扣。每一試題須承繼前一試題的概念加以發展，以促使受試者經由解題歷程，逐步歸納出原理原則，發揮評量本身的診斷及引導學習的功能。

2.兼容生活實用及抽象推理

為了較精確的鑑知受試者對於新概念的理解程度，以及在生活情境的具體實用能力，並提昇本模式在引導學習上的豐富性、應用性及遷移性，本模式在試題規畫上，除了重視抽象推理能力的評估之外，亦融入情境學習理念，著重透過日常生活實例來檢視概念的理解度，並提昇學習的意義度及應用性，期能較完整的區辨受試者的能力、活化知識並激發高層思考。

(二)架構分階

本模式參考Campione和Brown（1985）漸進提示動態評量模式，將評量試題分成「學習」及「遷移」兩大階段，期能評估受試者的學習能力及遷移能力。學習階段及遷移階段的內涵，說明如下。

1.學習階段

本階段主要任務在於評估受試者對於新概念或新原理的學習能力。此外，為了了解受試者的認知缺陷、解題障礙、迷思概念（另有架構），並提昇其對正確概念的理解及遷移應用，本階段在評量流程的安排上主要包含二類次階：

(1)概念試探

以一個具體問題或現象，來檢視受試者對此問題的基本認知或詮

釋，藉之了解其認知能力或迷思所在。一般而言，概念試探試題的選項，係依據學生迷思或錯誤類型加以規畫，據此可作為進階教學的依據。

(2)引導、歸納

概念試探後，以結構性的試題逐步引導推論，協助學習者歸納出原理原則。一般而言，引導歸納階段的試題，需具有逐步修正迷思概念或錯誤類型的特性，在安排上除了需顧及學科本身的邏輯性之外，亦需考量個體推論的認知能力及舊有經驗，尤其應避免繁複的推理，以力求簡化為宜。此外，由於數理科教育本身常有定義性知識，因此在評量及引導過程中，需伺機給與迷你的定義教學，以引發深層的學習。而在此系列性、引導性的評量過程中，依據受試者解題反應，可評估其學習能力。

2.遷移階段

本階段主要任務在於評估受試者應用基本原理的遷移能力。在此階段試題本身理論邏輯的比例可以稍高，以檢視受試者對主題概念的整體性認知。此外，依照試題的性質及難度，遷移階段又可分成二大次階：

(1)近遷移

延伸學習階段的試題，改變其數字（數量）及題目呈現的方式。此類遷移仍可依循學習階段所學的基本原則來解題，不涉及其他重要概念，亦毋需轉換公式。受試者在近遷移題中的表現，反映其近遷移能力。

(2)遠遷移

與近遷移不同之處，在於其題目呈現的方式做較大幅度的變化，學習者無法直接援用基本原則，需經轉換，進行分析，或援用其他重要原理，方可解題。受試者在遠遷移題中的表現，反映其遠遷移能力。

三、提示系統設計

本評量模式採用Vygotsky（1978）的「近側發展區」概念，除了想了解受試者目前的成就水準之外，更希望透過提示系統，進一步的評估

其潛在的成就水準。本模式的提示系統大部分由逐步具體化的問句系列組成，形同另一套較細步化的子試題。由於逐步具體化，無形中具有引導解題、激發學習的功能。提示系統與評量試題二者相互依存而發揮較高的診斷效果。一般而言，本模式的評量試題（含學習及遷移題）只有一套，試題難度偏高，並不適合中下程度的學生，然而在提示系統上卻有較大彈性的變化，不同程度的受試者，會分枝式的接受協助性的子試題，最後引導其成功的解題。因此，本評量模式在提示系統的規畫上，展現其因應個別差異，適性診斷、積極協助的功能。茲將其設計內涵說明如下。

㈠設計原則

提示系統的安排設計，有下列重要原則：

1.需事先經過作業分析及認知成分分析。

2.需結合解題策略加以建構，透過鷹架式教學，使學習者逐漸熟嫻解題技巧。

3.提示系統採漸進提示的方式，其建構序階係配合解題程序，「由一般、抽象而逐漸特定具體」。

4.為提昇介入系統的靈敏性及有效性，提示系統須依照解題的錯誤類型，進行分枝式的建構，並允許跳階提示。

㈡提示分階

承前所述，提示序階的建構需係配合解題程序，「由一般、抽象而逐步特定具體」。其主要序階有四：

1.自評式的題意支援

由受試者自評其是否了解題意？是否需要進一步的題意說明？題意支援之後，受試者即可進行解題並選答。

2.簡單回饋

當受試者選答錯誤時，暗示其再檢查一遍。此類提示的目的在於規範受試者細心解題，並了解其解題錯誤是否由粗心造成？

3.關鍵提示

當受試者在簡單回饋之後，仍然無法正確解題時，則配合解題策略進行一系列的關鍵性提示，本序階依解題步驟又分成多個次階。

4.直接教學

當受試者在一系列提示後仍無法成功解題，則給與直接教學。

此外，為提昇評量過程的趣味性、助益性、診斷性及評量時間人力的經濟性，本模式結合多媒體進行規畫。一者，以實景動態影像及音效呈現，增益提示的明確性；再者，以互動按鈕進行評量，提昇受試者的主動性，並助於題解過程的反應紀錄（含答案及反應時間）；三者，智慧型判斷，立即回饋，發揮增強效果，引發學習動興趣（提示系統詳細流程，另參閱伍、實例舉隅）。

四、實施及計分方式

㈠實施

本模式的實施方式，依學習、遷移兩大階段進行，試題呈現後，受試者若在解題過程中遭遇困難，即可依據事先建構的提示系統，配合受試者的需要，給與彈性提示，以協助其成功解題，必要時受試者亦可自行決定是否接受提示，保有若干程度的自主性。

㈡計分

至於計分方式則依據提示序階的配分，予以合計，提示量愈多表示受試者的能力愈低。學習階段所需的提示量代表受試者的學習能力，而遷移階段所需的提示量則代表受試者的遷移能力，藉之區辨個別差異並預測未來表現。此外，由於受試者在各試題或提示問題中的選答及反應時間，電腦均加以記錄，據此可進一步做錯誤類型及學習組型分析，提供進階教學的參考。

綜言之，本模式之「試題內容」具有邏輯性的教材架構，「提示系統」具有激發學習的教學性質，「實施計分」則擴展評量的精緻診斷及

預測表現的效果,可謂系統化、同步性的融合教材、教學、評量為一體。由於本評量模式兼具教材及引導學習的性質,受試者在學習新概念前即可進行評量,透過試題的檢核及提示系統的試探引導,即可同步完成學習與評量。此外,由於每一試題、每一提示均能取得受試者的「動態能力量數」,此動態能力量數就進行下一試題而言,為起始能力;就該試題而言,可檢視其能力發展的狀況並診斷其認知缺陷;而就上一試題而言,為總結性的成就水準;易言之,本模式無形中同步完成起始性、形成性、診斷性及總結性評量,同時兼具多元性質與多元效益。

伍 實例舉隅

筆者以上述理念架構,設計浮力概念多元評量光碟,進行概念學習的引導與評量。基於上述理念架構,試舉一浮力概念之「近遷移日常生活實例」題作說明,協助讀者理解。如下所示。

呈現試題
提示序階一：詢問受試者需不需要說明題意。

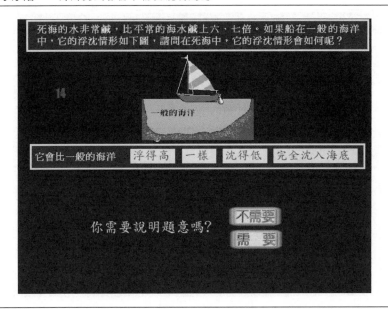

提示序階二：當受試者選答錯誤時，會提示再檢查一遍。若答對亦會檢核其是否是猜測？

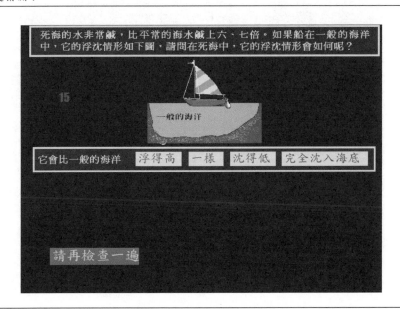

提示序階三：重新檢查仍答對，則出現解題的關鍵提示（提示卡一～三）

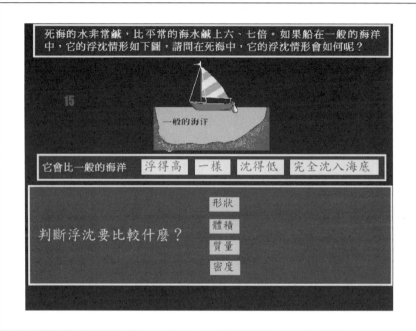

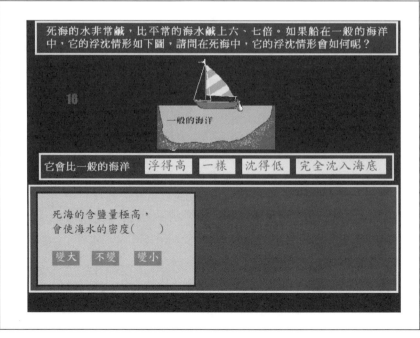

提示卡二若答錯，會以實際畫面比較鹽水與清水的密度大小

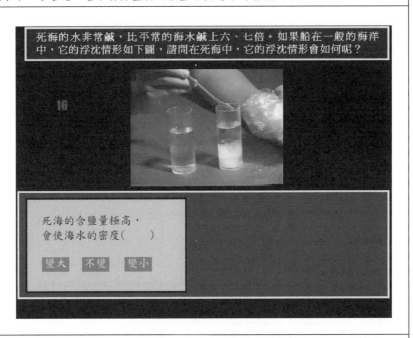

死海的水非常鹹，比平常的海水鹹上六、七倍。如果船在一般的海洋中，它的浮沈情形如下圖，請問在死海中，它的浮沈情形會如何呢？

16

死海的含鹽量極高，
會使海水的密度（　　）

變大　不變　變小

死海的水非常鹹，比平常的海水鹹上六、七倍。如果船在一般的海洋中，它的浮沈情形如下圖，請問在死海中，它的浮沈情形會如何呢？

16

死海的含鹽量極高，
會使海水的密度（變大）

變大　不變　變小

再讓受試者就原試題重新選答，若答錯，出現提示卡三

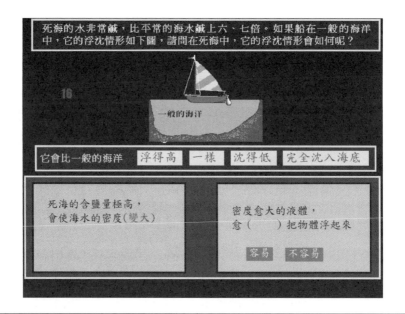

死海的水非常鹹，比平常的海水鹹上六、七倍。如果船在一般的海洋中，它的浮沈情形如下圖，請問在死海中，它的浮沈情形會如何呢？

16

一般的海洋

它會比一般的海洋 | 浮得高 | 一樣 | 沈得低 | 完全沈入海底

死海的含鹽量極高，
會使海水的密度(變大)

密度愈大的液體，
愈(　　)把物體浮起來

容易　不容易

提示卡三若答錯，則出現實際畫面說明鹽水與清水的浮力問題。

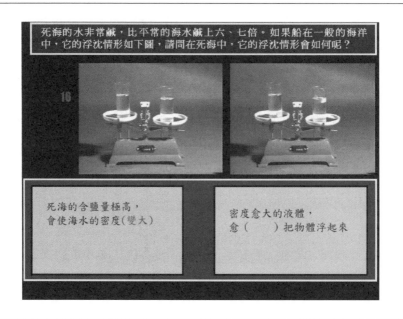

死海的水非常鹹，比平常的海水鹹上六、七倍。如果船在一般的海洋中，它的浮沈情形如下圖，請問在死海中，它的浮沈情形會如何呢？

16

死海的含鹽量極高，
會使海水的密度(變大)

密度愈大的液體，
愈(　　)把物體浮起來

再讓受試者重新選答。

提示序階四：若答錯對則進行直接教學，並補充相關資訊（死海的浮力畫面）。

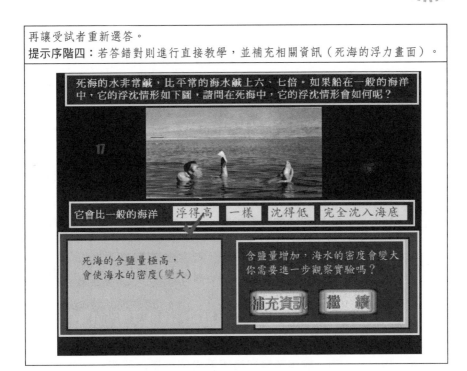

陸 結語

基於動態評量應用於學科領域的侷限，筆者發展另一修正式的動態評量模式，以擴展其效益。該模式經過四十五名受試者的具體實證（含效益分析、錯誤類型檢視）及專家的後置評核，支持其「構念取向」的獨特性，「具體設計」的適切性及「理論模式」的功能性。不論是「概念主題分析」、「試題建構」、「提示系統設計」或「實施及計分」，全體評核者（含教學、心理學、測驗、物理教育、科學教育哲學學者四人及實務工作者二人）均肯定此模式在「概念主題分析」上能「促發認知調整及概念發展」、在「試題建構」上具有「教材的結構性」、在「提示系統設計」上能激發學習、而其「實施與計分」的方式能「擴展評量的多元效果」，為符合學科需求的評量模式。

參考文獻

一、中文部份

江文慈（1993）：**槓桿認知能力發展的評量與學遷移歷程的分析─動態評量的應用**。國立台灣師範大學教育心理與輔導研究所碩士論文。

江秋坪（1995）：**動態評量對國語資源班學童鑑別與協助效益之探討**。國立台南師範學院初等教育研究所碩士論文。

邱上真（1999）：**認知取向的教育診斷：多元評量觀**。發表於學習落後學生的補救教學與輔導研討會。

林秀娟（1993）：**動態評量結合試題反應理論在空間視覺學習潛能評量之研究**。國立台灣師範大學教育心理與輔導研究所碩士論文。

林素微（1996）：**國小六年級學童數學解題彈性思考動態測量之研究**。國立台南師範學院國民教育研究所碩士論文。

林敏慧（1992）：**國小輕度智障兒童學習潛能評量之研究**。國立台灣師範大學特殊教育研究所碩士論文。

吳國銘（1994）：**國小學童在動態評量中數學解題學習歷程與遷移效益之探討**。國立台南師範學院初等教育研究所碩士論文。

吳國銘、洪碧霞、邱上真（1995）：國小學童在動態評量中數學解題學習歷程與遷移效益之探討。**中國測驗學會測驗年刊，42**，61-84。

胡永崇（1993）：動態性評量及其對特殊教育的啟示。**初等教育研究，5**, 24-63。

徐芳立（1998）：**提示系統對增進國中一年級學生自問自答策略與閱讀理解能力之成效分析**。國立高雄師範大學特殊教育學系碩士論文。

徐順益（1996）：**類比解題策略之研究：國中物理力學（II）**。NSC85-2511-S018-007。

莊雅茹（1997）：**不同學生特質在探究式CAL環境中對動畫研究II：CAL軟體動畫界面設計學習成效與情意效用研究**。國科會專題研究報告：NSC86-2511-030-002-CL。

莊麗娟（1996）：國小六年級浮力概念動態評量的效益分析。國立高雄師範大學教育學系碩士論文。

許家吉（1994）：電腦化動態圖形歸類測驗發展之研究。國立台南師範學院初等教育研究所碩士論文。

陳進福（1997）：國小輕度智障學童數學解題動態評量之研究。國立嘉義師範學院國民教育研究所碩士論文。

歐瑞賢（1997）：國小學生比例推理能力動態評量之效益分析。國立台南師範學院國民教育研究所碩士論文。

劉瀅清，蔡浚松（1996）：認識多媒體。全欣訊圖書。

鄭富森（1999）：目前教學評量之省思與改進之道。教師天地，99，18-24。

簡月梅（1998）：互動式提示多點計分電腦化適性測驗。國立台灣師範資訊教育研究所碩士論文。

二、英文部份

Budoff, M., & Corman, L. (1974). Demographic and psychometric factors related to improved performance on the Kohs learning potential procedure. *American Journal of Mental Deficiency, 78,* 578-585.

Budoff, M. (1987). The validity of learning potential assessment. In C. S. Lidz (Ed.), *Dynamic assessment: An interactional approach to evaluation learning potential* (pp. 52-81). New York: Guiford Press.

Campione, J. C. (1989). Assisted assessment: A taxonomy of approaches and an outline of strengths and weaknesses. *Journal of Learning Disabilities, 22* (3), 151-65.

Campione, J. C., & Brown, A. L. (1985). *Dynamic assessment: One approach and some initial data.* Teachnical report No.361. Nation Inst. of Child Health and Human Development, Washington, DC. (ERIC Document Reproduction Service No.ED 26973).

Carlson, J. S., & Wiedl, K. H. (1978). Use of testing-the-limits procedures in the assessment of intellectual capabilities in children with learning difficulties. *American Journal of Deficiency, 82,* 559-564.

Driver, R., & Oldham, V. (1986). A constructivist approach to curriculum development in science. *Studies in Science Education, 13,* 105-122.

Embretson, S. E. (1987a). Toward development of a psychometric approach. In C. S. Lidz (Ed.), *Dynamic assessment: An interactional approach to evaluation learning potential* (pp. 141-170). New York: Guiford Press.

Embretson, S. E. (1987b). Improving the measurement of spatial aptitude by dynamic testing. *Intelligence, 11,* 333-358.

Ferrara, R. A., Brown, A. L., & Campione, J. C. (1986). Children's learning and transfer of inductive reasoning rules: Studies of proximal development. *Child Development, 57,* 1087-1099.

Ferretiti, R. P., & Butterfield, E. C. (1992). Intelligence-related differences in the learning, maintenance, and transfer of problem-solving strategies. *Intelligence, 16,* 207-224.

Feuerstein, R. (1979). *The dynamic assessment of retarded performers: The learning potential assessment device, theory, instrument, and techniques.* Baltimore, MD: University Park Press.

Gallomore, R. & Tharp, R. (1990). Tearching mind in society: Teaching, schooling, and literate discourse. In L. C. Moll (Ed.), *Vygotsky and Education.* (pp. 175-205). Cambridge University Press.

Gerber, M. M., Semmel, D. S., & Semmel, M. I. (1994). Computer-based dynamic assessment of multidigit multiplication. *Exceptional Children, 61*(2), 114-125.

Jitendra, A. K., & Kameenui, E. J. (1993). An exploratory study of dynamic assessment involving two instructional strategies on experts and novices' performance in solving part-whole mathematical word problems. *Diagnostique,* 18(4), 305-25.

Krulik, S. K., & Rudnick, J. A. (1989). *Problem solving: A handbook for senior high school teachers.* Boston, MA: Allyn & Bacon.

Puckett, Margaret B., & Black, Janet K. (1994). *Authentic Assessment of the young child.* New York: Macmillan College Publishing Company.

Spector, J. E. (1992). Predicting progress in beginning reading: Dynamic assessment of phonemic awareness. *Journal of Educational Psychology, 84,* 353-363.

Swanson, H. L. (1996). Classification and dynamic assessment of children with learning disabilities. *Focus on Exceptional children, 28,* 1-19.

Thorpe, Pamela K. (1999). *A hierarchical linear modeling approach towards the dynamic assessment of mathematical conceptual learning.* [CD-ROM]. Abstract from: ProQuest File: Dissertation Abstracts Item: 9835543.

Vygotsky, L. S. (1978). *Mind in society: The development of higher psychological processes.* Cambridge: Harvard University Press.

作者小語

莊麗娟

邱上真老師在高雄師範大學指導的碩士班與博士班學生

邱老師是我碩士與博士論文的指導教授，我非常感謝多年來她對我的提攜與鼓勵，由於二度參與她的專案研究（多媒體動態評量、多層次文本），使我對於科學教育、閱讀與科技媒體應用，有了初步的涉獵與理解。

3

評量調整在學習障礙學生之運用

✎胡永崇

摘要

　　評量調整係對於正式測驗及學校學習表現之評量所做的調整或改變。基於學習障礙學生接受評量時所呈現的障礙與接受一般標準化測驗時可能造成的歧視作用，採取適當之評量調整措施，是具有法源基礎之必要措施。本文以評量調整在學習障礙學生的運用為主題，討論評量調整的意義、相關法規之規範、專業團體之呼應、學校實施評量調整之困難、評量調整之實施方式及應用原則、評量調整之影響的實徵研究結果等主題。

壹 前言

效度（validity）是指該測驗能否測得其所欲測量之特質的程度，效度也是任何測驗或評量之關鍵性要素。一般標準化測驗或常模參照測驗，由於主要功能為了解受試者之測驗結果在常模團體中的相對地位，因此，不管測驗內容或施測過程，大都以一般學生為設計範圍，常模樣本之取樣對象也易忽略障礙學生，或僅納入少數象徵性的障礙者樣本。

為了確保參照常模的意義，標準化測驗的施測過程也非常強調「標準化」，此種標準化之施測過程，對一般學生而言，其適用性與測驗結果之正確性較少受到質疑，但對大部分的學習障礙學生（students with learning disabilities，簡稱學障）而言，卻常因其障礙而無法接受測驗的正確評量，使得測驗效度受到很大的限制。例如一位閱讀障礙學生，若施以一個需要閱讀測驗內容才可作答的人格測驗，受試者將因其閱讀能力之缺陷，而難以正確測得其人格特質，且導致原來測驗的效度受到扭曲。又如閱讀障礙學生若施以需要閱讀試題內容的數學應用問題，施測時若未能因應學生的閱讀困難做適度調整，則其測驗結果反應出來的可能是學生之閱讀障礙，而非其真正的數學解題能力，此一數學解題測驗亦將失去原測驗應有之效度。因此，評量調整之主要目的，就是在不損及評量效度的情況下，因應障礙學生之身心特質，適度調整施測過程，使障礙學生公平的參與測驗，使評量結果能充分反應該評量之效度，而非反應學生之障礙或障礙之嚴重程度（Fuchs & Fuchs, 2001）。

評量調整對於身心障礙受試者之應用已久，尤其是視覺障礙、聽覺障礙、肢體障礙等顯性障礙者，因其障礙性質明確，教育工作者通常較能採取測驗或評量之調整措施（accommodations and modifications for assessment）。但對學習障礙這類隱性障礙者（invisible disability），則許多教育工作者因不易了解其困難，而容易忽略或否定其接受測驗所需之調整措施。事實上，根據教育部的定義，學習障礙是因神經心理功能異常而顯現出注意、記憶、理解、推理、表達、知覺或知覺動作協調等能

力有顯著問題，以致在聽、說、讀、寫、算等學習上有顯著困難者。另外，多數學障學生也常具有動機低、預期失敗、缺乏堅忍態度、缺乏自我監控等不利之學習特徵，因此，接受正式評量或教學評量時，所得之基本心理功能、基本學業技能、人格特徵等結果，皆可能錯估或低估。若未能因應學障學生之障礙採取適當的評量調整措施，不但使測驗失去效度，對於學障學生也是一種歧視作用（discrimination）。

基於此，本文將以評量調整的意義、支持的法規、專業團體之呼應、學校實施評量調整可能遭遇之困難、評量調整之實施方式與應用原則、實徵研究結果等主題，探討評量調整在學障學生之應用。

貳 評量調整之意義

評量調整之「調整」，一般常用的名詞有：調整（accommodation）、因應（adaptation）、改變（modification）與變通（alternation）。Cohen及Spenciner（2003）認為，「調整與改變」二者皆指評量方式之調整，而非評量內容之改變，只是後者所作之改變方式更為明顯，更可能改變評量所預設之構念效度（construct validity）。「調整」是指施測方式的調整，但測驗本身並未做任何更改。例如在一個比較不受干擾的情境中接受測驗；「改變」則不但施測過程改變，且測驗本身亦做更改。例如將文字的測驗材料改為點字材料。Elliott、McKevitt及Kettler（2002）認為「調整」指施測方式之更改；「改變」則指測驗內容之更改。例如刪除某些對受試者不適合之測驗內容，或將問答題改為選擇題等。

類似的區分，Bolt及Thurlow（2004）對於調整與改變，提出更具體且層次性的區分，他們認為，「調整」的作法是改變評量內容之呈現方式、評量情境、評量時間安排、使用輔助設施或設備（器材）、受試者反應方式等，使身心障礙學生不致因其特定身心條件之限制，而使評量結果無法反應該項評量工具預設之構念效度。因此，「調整」之目的為在不影響評量工具效度的原則下，藉由施測方式之調整，確保評量對身心障礙學生所得評量結果之正確性。例如將一個默讀的閱讀理解測驗改

為由主試者朗讀評量內容,則已改變該測驗對「閱讀理解」之構念效度,就不是正確的評量調整措施;「改變」是指受試者即使經由評量調整,仍難以進行測驗,而需進一步對測驗的實施採取變通(test alternations),而此一變通可能改變該項評量工具所預設之構念效度。例如對閱讀困難的受試者實施數學解題測驗時,採取主試者口述試題內容及解釋詞義的施測方式。

類似的層次性區分也出現於美國特殊教育法案(Individuals with Disabilities Education Act,簡稱 IDEA)。此一法案規定各州政府必須將身心障礙學生納為各州、地方及學校所舉行之學業成就測驗的受試對象,並應提供必要的、適當的測驗調整(testing accommodations)。無法參加此類測驗者,則必須採取變通的評量(alternative assessments),以了解身心障礙學生之學習成效。McLoughlin及Lewis(2005)指出,「變通的評量」指的是採取檔案評量(portfolio assessment)、課程本位評量(curriculum-based assessment)、觀察或觀察量表、訪談、相關學習記錄檢核、真實評量(authentic assessment)、實作評量(performance assessment)等評量方式。亦即採取非標準化的、非正式的、非團體施測的、非紙筆測驗的、非語文數字或抽象符號的等變通的評量內容及評量方式,評估受試者之學習表現。

異於上述對於評量調整類型區分性的說法,Goh(2004)卻認為調整(accommodation)、因應(adaptation)、改變(modification)等三者可以互用,若需區分,則「調整」指評量環境及設備之改變,例如提供不同的施測地點(例如個別測驗室)或提供輔助器材(例如特殊之照明設備);「改變」與「因應」則指評量形式或評量內容之改變。例如將某一文字材料之測驗改變為手語(sign language)呈現,或對語文能力限制者提供題目口述及解釋等。「因應」則常應用於因應不同文化所做之測驗形式(以符合特定文化之語文呈現)與測驗內容(修改不符特定文化之題目內容)之改變。

綜合而言,一般所謂測驗或評量之調整,大都指正式測驗或標準化測驗之測驗方式的調整而非測驗內容之改變。亦即為避免身心障礙學生

接受大型團體測驗或標準化測驗時，因某些身心條件限制而使測驗無法評得所欲評量之認知、成就或人格特質，所採取之評量方式的調整。「變通的評量」則除評量方式之改變外，也可能代表評量內容與一般學生不同。例如對中度或重度智能障礙者實施一般學生的學業成就測驗，則測驗形式及測驗內容皆不適當。此類學生較適當之評量方式，則為配合實際教學內容所實施之課程本位評量、實作評量或觀察等。

此外，雖然有些學者也對調整、改變、變通等做了一些區分，但實際上皆未明確指出，哪些調整屬於內容，哪些屬於方式，何種程度的更改屬於「調整」，什麼樣的程度屬於「改變」。而且學者間對同一名詞之界定亦有不同，例如將測驗的文字材料改為點字，Cohen及Spenciner（2003）認為屬於「改變」，但Goh（2004）則認為屬於「調整」。因此，多數情況下，學者大都調整與改變互用，且不做明確之區分。本文所指的評量調整包括學障學生接受一般正式測驗及學校學習成就評量，所做之調整或改變。除施測方式之調整外，亦涉及若干測驗內容之調整或選擇適當之評量工具，使學障學生之評量結果較不致被低估或錯估。

參 相關法規對評量調整措施的規定

美國及我國的相關法規皆對身心障礙學生的評量調整措施提出許多條款支持與規範，美國主要有IDEA和「不讓任何學生落後法案」（The No Child Left Behind Act，NCLB），我國則有特殊教育法及其相關法規與身心障礙保護法，各法規對於評量調整所提出的規定分別介紹如下。

一、美國部分

(一) IDEA 對於調整與避免歧視的規定

美國IDEA規定，身心障礙學生亦需參加州及地方所舉辦之學科能力測驗，且需提供身心障礙學生參加測驗必要之調整與改變等措施。學校並應將身心障礙學生參加此一學科成就測驗所需之個別化調整措施明

定於個別化教育計畫（Individualized Education Program，簡稱IEP）之中。若個別化教育計畫團隊評估後決定，學生不適合參加此一學科成就測驗，則IEP應說明學生無法參加之原因及所採取之其他變通的評量方式。

此外，IDEA對於避免評量工具及評量過程對學生產生歧視作用並做出以下規定（McLoughlin & Lewis, 2005）：⑴測驗不可對學生具有種族及文化之歧視作用；⑵不可僅以單一測驗的結果作為確定學生法定資格及教育計畫的唯一依據；⑶除非確有困難，否則測驗材料及指導語必須符合學生的母語（native language）或主要的溝通方式（例如點字或手語）；⑷除非測驗之目的在於評量學生某一缺陷技能之發展狀況，否則測驗必須充分反應身心障礙學生之能力而非其缺陷（例如除非評量目的為了解學生之視力狀況，否則評量視覺障礙學生之智力，即不應因文字呈現方式而使學生因視力因素而限制其智力測驗表現）；⑸評量結果必須反應兒童之教育需求及其加入普通教育與學習之進步狀況，而非僅在於獲得智商或了解障礙情形。

㈡「不讓任何學生落後法案」對於全國學習績效評量調整的規定

美國「不讓任何學生落後法案」（NCLB）也規定，為確保學校對基本學科之教學績效，二〇〇五～二〇〇六學年之前，各州必須每年為所有三～八年級學生實施閱讀及數學評量，且對身心障礙學生則需提供必要之調整及變通的評量（accommodations and alternate assessments）。

二、我國部分

我國相關法規對於身心障礙學生評量之調整措施也有以下重要規定：

㈠特殊教育法規

特殊教育法與相關子法在特殊需求之鑑定、學習評量與升學甄試等評量調整之保障，以及其明列於IEP均有條文規定如下：

1.「特殊教育法施行細則」第十八條：將「適合學生之評量方式」列為個別化教育計畫的內容之一。

2.「特殊教育法施行細則」第二十條：依本法第二十九條第二項鑑定身心障礙之資賦優異學生及社經文化地位不利之資賦優異學生時，應選擇適用該學生之評量工具與程序，得不同於一般資賦優異學生。

3.「身心障礙及資賦優異學生鑑定標準」第二條：各類特殊教育學生之鑑定，應採多元評量之原則，依學生個別狀況，採取標準化評量、直接觀察、晤談、醫學檢查等方式，或參考身心障礙手冊記載蒐集個案資料，綜合研判之。

4.「各級主管教育行政機關提供普通學校輔導特殊教育學生支援服務辦法」第十一條：各級主管教育行政機關對就讀高級中等以下學校之特殊教育學生，應依普通班學生成績考查規定，衡酌學生之學習優勢管道，彈性調整其評量方式。必要時得提供點字、錄音、報讀及其他輔助工具，並得延長考試時間。

5.「完成國民教育身心障礙學生升學輔導辦法」第八條：為保障身心障礙學生升學權益，各項升學甄試或考試招生委員會應遴聘特殊教育相關人員，專責處理各類身心障礙學生入學事宜。

6.「完成國民教育身心障礙學生升學輔導辦法」第九條：各項升學甄試或考試招生委員會應依考生障礙類型及障礙程度之需要，規畫考試適當服務措施。身心障礙學生得於各項升學甄試或考試報名時，向各該招生委員會提出甄試或考試適當服務措施之申請。

㈡「身心障礙者保護法」保障無歧視與公平的考試

第二十三條：各級教育主管機關辦理身心障礙者教育及入學考試時，應依其障礙情況及學習需要，提供各項必需之專業人員、特殊教材與各種教育輔助器材、無障礙校園環境、點字讀物及相關教育資源，以符公平合理接受教育之機會與應考條件。

雖然評量調整措施已具備法源基礎，但未必表示即可落實執行。Shriner及Destefano（2003）的研究即發現，經由研習訓練，固然有助於

教師將學生之評量調整措施列入個別化教育計畫中，但即使學生之個別化教育計畫已具體列出評量之調整措施，其實際接受美國州政府舉辦之大型學科能力測驗時，試務單位卻未必可提供這些調整措施。因此，法令規定之更加周全、相關教育人員之共識與執行、充分之研究證據支持、專業人員之整合等，都是法令規範之外必要的配合措施。

肆 專業團體具體的呼應

在法的基礎下，學術專業團體的約束也是推動評量調整的重要後盾，美國教育研究學會（American Educational Research Association）、心理學會（American Psychological Association）、教育測驗學會（National Council on Measurement in Education）等相關學術團體（1999）發行之「教育與心理測驗準則」（standards for educational and psychological testing），也針對身心障礙者施測的正確性與適當性而提出編製測驗與施測之以下建議。

1.對身心障礙者施測，測驗之編製者、施測者、應用者，應採取措施以確保測驗結果能正確反應該測驗所欲測量之構念（construct），而非反應受試者之任何障礙及測驗所欲評量之構念以外的相關身心特質。

2.對身心障礙者施測，當決定採取調整及改變措施時，對於此一調整措施對身心障礙者測驗表現之影響的現有研究應做充分了解。測驗調整者亦需具備心理計量之專業素養。

3.對身心障礙者施測所做之測驗調整措施，應對具有相同障礙之受試者作預試，以了解此一調整措施之適當性與可行性。

4.測驗若包含相關調整措施，則測驗編製者應盡可能於測驗指導手冊中詳細說明調整措施之做法、理由及效度證據。除非測驗已有證據支持對身心障礙者之施測具有效度，否則測驗編製者應於指導手冊中提醒測驗使用者注意，或提供輔助性資料，協助解釋採取調整施措施後之測驗結果。

5.測驗調整措施所附之技術性資料及指導手冊，應詳細說調整之步

驟，以提醒測驗使用者哪些調整措施可能影響測驗效度。

6.測驗編製者應盡可能使用實徵性之資料，來設定身心障礙者接受具有時間限制之測驗的施測時限，而非僅將標準化測驗之施測時間加倍。若延長測驗時限，則應探討受試者之疲勞對測驗結果的影響。

7.若常模樣本適合，則對各類身心障礙者施測所做之測驗調整，其對測驗之信效度的影響，應加以探討並提出報告。報告內容應包括標準化施測過程及採取調整措施，對各類身心障礙者測驗得分之影響。

8.應用測驗調整之相關人員應該：(1)具有選擇適當測量工具之各種相關資訊；(2)了解目前有哪些已包含調整措施的測驗適用於身心障礙者；(3)若適合，則應告知受試者即將採取之測驗調整措施；(4)提供具體之測驗調整措施，以便主試者在適當情境得以採用。

9.依賴常模解釋身心障礙者之測驗結果，必須依不同目的選擇不同的對照常模。當測驗目的在於了解身心障礙學生在一般學生之相對地位時，則可對照一般學生之常模；當測驗目的在了解身心障礙學生在相同障礙類別或相同障礙程度之團體的相對地位時，則可對照以身心障礙學生所建立之常模。

10.任何測驗調整措施必須適合個別受試者。測驗專業人員必須具有適當資訊，以了解受試者之經驗、特徵、能力等可能影響測驗表現的因素，以作為測驗調整方式之基礎。

11.除非可信之證據顯示，有無採取測驗調整不致影響測驗得分，否則採取調整措施之測驗得分須加註說明，並陳述測驗之調整措施，且應協助測驗使用者在符合法令規範的條件下，適當的解釋及應用測驗結果。

12.對身心障礙學生施測，以作為診斷及教學輔導依據時，必須使用多重訊息資源，不可僅依單一測驗結果。

伍 一般學校對學障學生採取教學評量調整措施之困難

雖然，對學障學生採取適當之評量調整措施，具有法源基礎，也獲得學界共識，但實際推動評量調整時，一般學校卻常出現執行上的困難及執行適當性之問題。

一、對於採取調整措施的態度方面

一般學校對於學障學生的學習評量採取調整通常遭遇幾個執行態度與執行過程之問題：

1.因不知道應該要採取調整措施而未調整；

2.因不知道評量調整是法令的規定措施而未調整；

3.因未獲學校行政主管或學校之正式同意而未調整；

4.因學生之「學習障礙」法定資格未獲正式確認而未調整；

5.因不知調整措施之具體作法而未調整；

6.因怕麻煩而未調整；

7.因沒有適當人力或情境而未調整（例如沒有人從事施測報讀之服務或無個別評量之適當場所）；

8.因怕對其他學生不公平而未調整；

9.因擔心採取評量調整措施將使學生放棄對基本學業技能之學習動機或養成依賴心理而未調整。

事實上，對學障學生做教學及評量之適度調整，不但應該、合法，而且是保障學障學生「公平」之學習權益的必要作法。

二、調整措施之執行及適當性方面

除採取調整措施外，要發揮評量調整的功能，亦應注意調整措施之適當性。一般學校可能對於學障學生的身心特質及測驗內容與施測過程缺乏充分認識，使得採取之評量調整措施可能具有以下問題：

1.調整方式未充分反應學生之個別化需求；

2.調整措施之執行過程不當而限制調整措施之效果。例如個別施測場地不當、報讀者報讀速度過快或發音不標準等；

3.只做單一之調整措施未採取多元的統整性調整措施；

4.缺乏調整措施之計畫負責人或計畫執行者；

5.調整措施未制度化及未及時主動提供；

6.調整措施僵化，缺乏彈性。例如延長評量時間固定為各科皆延長十分鐘，即使學生仍未完成作答，亦不再延長；

7.調整措施不當，破壞測驗效度；

8.僅做評量之調整，但平日之課程及教學未做調整，仍影響學生之學習成效，即使採取評量調整措施，學障學生依然無法正確反應。

陸 評量調整之實施方式

一般而言，評量調整措施可由測驗工具之選擇與結果解釋、施測情境、輔助器具應用、施測時間、測驗內容呈現方式、受試者反應方式等方面來實施（Cohen & Spenciner, 2003；Erickson, Ysseldyke, Thurlow, & Elliott, 1998；Elliott, Kratochwill, & Schulte, 1998）。以下分別說明之。

一、測驗工具的選擇與結果解釋

施測者應依學障學生之障礙性質，選擇適當之評量工具。例如受試者具閱讀之困難，則可選擇非語文或圖形式之智力測驗，作為其認知能力之評估工具。受試者若具書寫之困難，則可選擇採取口述反應之測驗工具。此外，有些測驗包含許多分量表，則可採計其中對學障學生較不致造成低估之分量表或分測驗，代表受試者之測驗表現。例如Kaufman（1994）即曾指出，「知覺組織」此一因素智商是WISC-III四個因素智商中，對學障學生較不致造成低估者。當然測驗結果之解釋也需特別注意施測過程是否受到測驗誤差之影響，並參考相關資訊再做綜合研判，測驗結果亦需注意再評估（reevaluation）或再測驗（retest）之應用。

二、施測情境之調整

　　施測情境之調整主要目的在於避免學障學生因其注意力、動機及基本認知能力之缺陷，而導致測驗結果之誤差。因此，評量前，主試者即應充分了解學障學生接受測驗之不利身心條件，以作為施測因應之參考。不管原測驗是否為個別測驗，皆應盡可能採取個別方式施測，若難以配合，則至少亦應採小組的方式施測。施測過程應全程監控受試者之作答反應，並給與適當之即時協助。施測過程中，亦應與受試者建立適當的關係，緩和其情緒，減低其焦慮與退縮，並給與持續之鼓勵。測驗情境則應盡可能選擇有利於受試者集中注意力之場所，或盡可能排除施測情境之干擾刺激。

三、輔助器具之應用

　　輔助器具應用對一般視覺障礙、聽覺障礙或肢體障礙學生而言，指的是助聽器、放大鏡、擴視機、照明設備、特殊設計之作答桌椅、握筆輔具等等，對學障學生而言，則在不違反測驗效度之原則下，對計算困難的學生，可提供計算機；對九九乘法表記憶困難的學生，可提供九九乘法表供其查閱；對書寫困難的學生，可提供字典、電腦輸入、錄音機、拼字及文法正確性檢核之輔助工具等。

四、時間安排之調整

　　學障學生常有反應速度較慢、注意力與動機較低等問題，因此，施測時間需做適度因應。主試者可選擇受試者較易集中注意力的時段施測，若受試者注意力持續時間較短，則可將施測時間或施測內容做適度的分段施測，避免因施測時間過長或施測內容過多而不利於學生之維持專注及受測動機。若測驗主要目的並非評量作答速度，則可適度延長施測時間，因應受試者可能具有反應速度較慢的問題。

五、測驗內容呈現方式之調整

測驗內容呈現方式之調整，主要目的在於避免學障學生因閱讀能力、注意力、動機等方面的缺陷，而影響測驗表現。施測過程中，主試者可要求受試者看清題目、朗讀題目、仔細讀題、看清作答要求、畫出關鍵字等。對於重要之作答方式或注意事項，亦可加畫底線或以螢光筆畫記等方式，提醒學生注意遵守。說明作答方法及呈現測驗內容前，也應喚起受試者之注意，及隨時維持其受測之專注態度。測驗之作答方式則應做更充分、更多次之說明、示範及練習。

試題呈現方面，亦可逐題呈現，暫時遮住未施測之試題，以協助學障學生專注作答及避免因過多試題而產生預期失敗的心理。若原測驗字體較小，排版較密，則可將之影印放大。非評量受試者之記憶能力，亦非計時性之試題，若判斷學生之答錯可能因注意力或不了解作答方法所致，則可重行施測。

對於閱讀困難的學生，若測驗主要目的並非評量受試者之閱讀能力，則可採取主試者全程或部分口述試題之方式施測，亦可適度解釋部分詞彙或題意。對於受試者所提出之題意疑問也可作適當之說明。

六、受試者反應方式之調整

對於具有書寫困難的學障學生，若仍要求其採取書寫作答之反應方式，則評量結果將反應受試者之書寫能力而非測驗之效度。因此，書寫困難之受試者可採取受試者口述反應之作答方式取代書寫反應。此外，對於注意力及短期記憶力有困難之學障學生，則盡量選取「直接在題本上作答」之測驗，若原測驗採用答案卡之作答方式，則對於作答畫記有困難者，可由受試者指出或說出答案，再由主試者協助答案卡之畫記。

柒 評量調整對於學障學生之應用原則

雖然適度的評量調整措施可增進學障學生測驗結果之正確性，但任

意之調整卻可能危及測驗之效度，導致錯誤之測驗結果。因此，對於學障學生的評量調整措施也應注意以下應用原則（Bolt & Thurlow, 2004；Goh, 2004）：

1.注意個別化之原則，充分考慮每位學生對測驗調整之需求。不同測驗目的、不同測驗內容或材料、不同受試者，則調整措施的類別及程度也可能互異。

2.制度化的實施。目前測驗調整措施已具有法源基礎，學校應經由IEP會議討論每位學生所需之評量調整措施，具體列在學生的IEP之中，並落實執行，避免教師或家長在執行評量調整時所遭遇之壓力及阻力。

3.涉及學生權益或學校績效責任之正式測驗，則調整措施之適當性更須審慎，調整措施之申請與核准須由特殊教育與測驗專業人員，共同討論調整措施之適當性。若家長或教師所申請之某一調整措施未獲核准，亦應說明其未獲核准之理由。

4.教育人員應避免「公平」之迷思，切勿因顧及對其他學生之公平而損及學障學生本身之公平權益。事實上，適度之評量調整措施才是保障學障學生「公平」參與測驗之權益的適當作法。

5.調整措施是否適當需作持續之評估與修正。教育人員可經由觀察、比較調整前後之測驗表現、比較調整措施對學障及非學障學生之不同影響、訪談相關人員等方式，了解調整措施之適當性及調整措施對測驗效度的影響。

6.避免因調整措施而損及測驗之效度。事實上，並非只要經由調整措施可增進學障學生之測驗表現，即代表此一調整措施具有效度。不當之調整可能違反測驗效度。理論上，若測驗調整僅對學障學生有利，但對一般學生無增進效果，或調整措施對學障學生之促進作用明顯優於對一般學生之促進作用，則顯示此一調整措施應較無損於測驗效度。

7.若測驗的目的即在於確認學生是否具有某項認知或學業能力之缺陷，則此一基本能力即不可列為調整項目，但其他相關調整措施仍應配合。例如主要目的在於了解學生之「書寫能力」，則不可因學生具有書寫困難而採取「口述反應」，否則反而造成誤判而使書寫障礙學生失去

接受特殊教育之機會，但其他不影響測驗效度之調整措施（例如將團體施測改為個別施測等），仍應配合執行。

8.評量調整無法取代教學，因此，除評量調整之外，平日之教學及課程也須配合做適當的調整，亦須採取有效之教學措施，以增進學障學生之學習成效。若學生並未習得，則即使採取評量之調整措施，亦無助於增進學生之學習表現。

9.調整措施也應符合學生平常之學習經驗，新奇的、與學生既有經驗不符的調整措施未必能達到預期目標，例如以錄音機口述之方式呈現測驗內容，若學生平常缺乏此一經驗，則其應用效果即可能受限。

10.調整措施之執行方式或執行過程也應同時注意，例如口述測驗內容，若口述者發音不標準、口述速度過快或聲音太小、不允許重述等，則即使採用口述方式呈現測驗內容的調整措施，但其效果仍將受限。

11.調整措施也應保持適度之彈性，例如發現某一預定之個別施測情境不當時，得臨時更改施測地點，又如發現某一延長施測時間不足時，得臨時增加施測時間。

12.配合學障學生之需求，相關之評量調整措施須做同時之統整應用，例如測驗延長時間、口述測驗內容、選擇適合施測場所等皆應同時配合實施，而非僅限單一調整措施之應用。

13.發展適用於學習障礙學生之標準化測驗工具，及持續探討測驗調整對標準化測驗的信效度之影響。

捌 調整措施對評量結果之影響

許多學者曾研究評量調整對學障學生測驗表現之影響，以協助建立評量調整措施之資料本位證據（data-based evidence）。通常研究重點除探討調整措施對學障學生測驗表現是否具有促進作用外，更進一步探討調整措施對學障生與非學障生之測驗表現是否具有交互作用，亦即調整措施是否僅對學障學生具有明顯促進作用，而對一般學生則否。一般認

為，若評量調整僅對學障學生有利，對一般學生並無明顯作用，則顯示調整措施對二類學生具有差別作用（differential effects）或差別促進作用（differential boost），亦代表此一調整措施具有效度或不違背原測驗之效度。例如將測驗題項的字體放大對弱視學生有利，但對一般視力正常的學生則無作用；又如將數學之文字應用問題改採主試者口述之方式施測，若對閱讀障礙者之解題表現具有促進作用，但對一般閱讀能力正常者並無明顯作用，則顯示閱讀障礙者可能因閱讀能力之限制而抑制其對數學文字應用問題之測驗表現，採取主試者口述試題之施測方式應是適當的，是不影響測驗效度之評量調整措施（Fuchs & Fuchs, 2001；McKevitt & Elliott, 2003）。

以下分別由延長評量時間、主試者口述評量內容、受試者口述反應等三項最常使用之評量調整措施，介紹此類探討調整措施對評量結果之影響的相關研究結果。

一、延長評量時間

Elliott及Marquart（2004）以輕度障礙、數學學習困難及一般學生為研究對象，發現雖然三類學生皆有60%以上的受試者支持延長時間（extended time），但延長時間對三類學生之數學成就測驗得分皆僅稍有增加（平均增加.43至1.04），且三類學生之增加幅度並無明顯差異。

Fuchs、Fuchs、Eaton、Hamlett及Karns（2000）比較延長測驗時間對國小四年級學障學生及非學障學生在數學成就測驗得分之影響。結果發現，延長測驗時間對二類學生之計算、概念與應用等二項分測驗之得分皆具有明顯之促進作用，但促進作用與學生類別之間並無交互作用。數學解題分測驗方面，延長時間對二類學生之測驗得分的促進作用較少，但其促進作用卻與學生類別之間具有交互作用，亦即數學解題方面，學障學生經由延長測驗時間之助益高於一般學生。此外，本研究尚發現，對於僅具閱讀困難但數學能力並無明顯缺陷之學障學生，則延長時間對測驗結果之促進作用更為明顯。

Fuchs等人（2000）以國小四、五年級學障及非學障學生為研究對

象，結果發現，就一般教師自編之閱讀測驗而言，延長測驗時間對二類學生之得分皆有明顯促進作用，但促進作用與學生類別之間並無明顯交作用。在標準化之閱讀理解測驗的得分方面，則延長測驗時間對二類學生之得分亦有明顯促進作用，且促進作用與學生類別間亦具有交互作用，不過，卻是對一般學生之得分促進作用較對學障學生更為明顯。因此，標準化之閱讀測驗，延長施測時間可能加大學障學生與一般學生間之差距。

Calhoon、Fuchs及Hamlett（2000）以九～十二年級接受閱讀及數學個別化教育計畫之學障學生為對象，探討採用未調整之標準化施測過程及教師口述測驗、電腦口述測驗、電腦口述測驗加上題意影像呈現等三種調整之施測情境，對學生數學成就測驗得分之影響。結果顯示，測驗調整措施對學生之數學測驗得分皆有明顯促進效果，但三種調整措施彼此間並無明顯差異。此外，雖然所有受試對象皆具有閱讀障礙，但若再將其閱讀表現分為高中低等三個層次，則發現閱讀能力愈高者，由調整措施之獲益亦愈多。

Centra（1986）及Perlman等人（1996）之研究則皆發現（引自Goh, 2004），延長時間對學障學生之學業性向測驗或標準化閱讀測驗之得分皆有明顯增進作用，Perlman等人（1996）並發現，即使延長時間組其實際作答時間與非延長時間組一樣，但延長時間組之得分仍高於未延長時間組，該研究者推測，延長時間之真正效益可能來自學生之焦慮感降低而非延長時間本身。

就上述相關研究結果而言，延長時間對學障學生測驗表現之影響似乎並無一致性之結論。不過，多數研究皆發現延長時間對學障生及非學障生皆具有促進作用。在數學解題方面，延長時間對學障學生之促進作用大於非學障學生；且閱讀能力愈佳之學障學生，由延長時間之獲益亦愈大。在標準化之閱讀測驗方面，則延長時間對非學障學生之促進作用卻大於學障學生。此外，延長評量時間之作用，可能來自學生測驗焦慮感之降低而非延長時間本身。

二、主試者口述評量內容

McKevitt及Elliott（2003）以接受閱讀或語文補救教學的障礙學生及一般學生為對象，發現採用主試者朗讀測驗內容的施測方式（read-aloud accommodation），對二類學生之標準化閱讀成就測驗得分皆有明顯增加，但促進作用與學生類別之間並無交互作用。

Meloy、Devill及Frisbie（2002）以六～八年級之閱讀障礙學生及非障礙學生為對象，發現二類學生在Iowa Tests of Basic Skills之科學概念、概念應用與表達、數學解題與資料解釋、閱讀理解等四個分測驗，由主試者口述測驗內容的施測方式，受試者之得分皆高於標準化施測方式，且閱讀障礙學生增加之分數高於一般學生，不過，調整措施之促進作用與學生類別間之交互作用未達統計之顯著水準。

Fuchs、Fuchs、Eaton、Hamlett及Karns（2000）的研究發現，主試者口述試題對學障與非學障學生之數學概念與應用的測驗項目，皆具有明顯促進作用，但促進作用與學生類別之間並無交互作用。

Helwig、Rozek-Tedesco、Tindal、Heath及Almond（1999）的研究將學生依其閱讀及數學二項能力高低分為不同組別，結果發現，口述測驗內容對各組之標準化數學能力測驗得分的增加極其有限（增加之平均數皆少於1分），且只有低數學能力組之得分增加達統計.05之顯著水準。不過，進一步檢討該測驗其中六題語文負荷較重之試題答對率，則發現採用口述呈現測驗內容的施測方式，對數學能力高，但閱讀能力低的學生，其答對率才有明顯之促進效果。

Tindal、Heath、Hollenbeck、Almond及Harniss（1998）以國小四年級接受語文、數學、行為輔導之個別化教育計畫的障礙學生及非障礙學生為對象之研究則發現，主試者口述試題對障礙學生之數學測驗成績具有明顯之增進作用，但對普通學生則無明顯增進效果。此外，此一研究也發現，採用直接在試卷作答及試卷與答案卡分離二種方式，對障礙學生及非障礙學生之語文及數學測驗成績，皆無增進作用。

上述主試者口述試題內容之評量調整措施，對學障及非學障學生可

能皆具有促進作用，但對學障學生之促進作用更為明顯。就數學測驗而言，低閱讀能力但數學能力較佳者，則由主試者口述試題之評量調整措施的獲益亦最大。

三、受試者口述作答反應

Bolt及Thurlow（2004）綜合十一篇研究對象包括學障學生在內之測驗調整的相關研究指出，受試者口述反應（dictated response）、放大字體（large print）、以點字呈現（Braille）、延長作答時間（extended time）、手語翻譯（interpreter for instructions）等五種測驗調整方式，只有受試者口述反應此一調整方式對正式之學業成就評量的得分有明顯之提昇影響，其餘方式則效果不明顯。

Schulte、Elliott及Kratochwill（2001）以四年級輕度障礙學生及非障礙學生為對象，探討依學生個別化教育計畫所設定之評量調整方案（accommodation package）對數學能力測驗表現之影響。這些調整措施包括延長測驗時間、主試者口述測驗內容、受試者口述反應、詞彙解釋、分段施測、小團體施測、鼓勵作答等等。結果發現，調整措施對二類學生皆有促進作用，在選擇題方面，障礙學生較一般學生獲得更大的促進作用，但在問答題方面，二類學生之促進作用並無差異。

就上述受試者口述反應之相關研究而言，口述反應之評量調整措施，對學障學生之測驗表現應具有促進作用。在題型方式，則學障學生在選擇題之測驗表現應優於在問答題之測驗表現。

四、評量調整措施之相關研究的檢討

截至目前為止，採取嚴謹之實驗控制的相關實徵研究仍不足，因此，許多調整措施之確切效益及對測驗效度之影響仍不明確。此外，以往研究大都採用測驗調整前與調整後之測驗表現的平均數比較，或有否採取測驗調整措施之二組團體平均數的差異比較，不過，此種方式並不符合評量調整之「個別化」原則，即使調整後之團體平均數並無明顯變化，亦不表示「個人」之調整後評量表現沒有增加，團體研究的結果也

未必適用於個別學生。事實上，學習障礙本身為異質性的障礙團體，每位學生之缺陷性質不同，每一學科或測驗性質不同，所需之測驗調整也可能互異，不應有一套固定的調整措施，美國學者McLoughlin和Lewis（2005）也認為沒有一套固定的評量調整可以適用於所有身心障礙學生，同一評量調整措施未必適用於所有障礙學生，即使同一障礙學生，不同評量內容與評量方式，所需之調整措施也可能不同。無論如何，調整措施必須以「個別學生」在特定評量之需求為考量的基礎，而非以「障礙」類別為基礎，更不應以團體之平均表現為依據（Fuchs & Fuchs, 2001）。換言之，適性的、個別化的評量調整措施才可能讓障礙學生之評量表現獲得具有效度的評量表現之促進作用。

學障學生的評量調整受益在團體平均數的結果與個別需求間之差異，Fuchs、Fuchs、Eaton、Hamlett及Karns（2000）等人的研究可作說明。Fuchs等人曾以一般學生藉由調整措施後所增加的測驗分數之平均數再加上一個標準差，作為「獲益明顯優於非學障生」（profiting substantially more than students without LD）之判斷標準（例如一般學生增加分數之平均數為6.36，增加分數之標準差為7.25，則判斷標準為13.61），亦即學障學生若經由調整措施後增加之測驗分數高於此一數值，則代表其獲益明顯高於一般學生，亦即調整措施對學障學生具有適當效度。依此標準，他們發現，即使二類學生藉由調整措施後所增加之測驗分數的平均數並無明顯差異，但就延長施測時間的調整措施而言，在閱讀測驗方面有23%的學障學生，在數學計算方面有10%的學障學生，在數學概念與應用方面有5%的學障學生，皆達上述獲益明顯優於一般學生之判斷標準。就數學測驗之其他調整措施而言，在放大測驗字體方面有6%的學障學生，在使用計算機方面有5%的學障學生，在主試者口述試題方面有12%的學障學生，亦達到上述判斷標準。因此，調整措施促進作用之團體平均數似乎無法完全說明每位學障學生對測驗調整措施之獲益情形。

事實上，不同研究其研究對象不同、學生需求不同、調整措施不同，研究結果也不盡一致，評量調整措施之確切效果仍有待學者繼續探

討（Goh, 2004）。如其他教育需求般，評量之調整措施強調以個別學生為考量，如國內特殊教育施行細則規定應列入學生的IEP，不過，此種個別化之調整措施其缺乏一致性的調整程序，卻也增加調整措施對測驗信效度之威脅（Elliott, McKevitt, & Kettler, 2002）。

未來之研究或許可針對具有特定障礙條件或某一亞型（subtype）之學習障礙學生為對象，探討特定評量調整措施對該特定學習障礙學生、其他類型學習障礙及對非學習障礙學生之助益比較，一方面了解評量調整措施之助益，另方面探討此一調整措施是否違反原測驗之效度。在各種調整措施之統整應用方面，以往多數研究皆僅考驗單一調整措施對測驗結果之影響，但多數學障學生卻可能同時有多方面評量調整措施之需求，因此，探討依學生個別化需求所做之統整式評量調整對評量結果之影響，也值得學者再做進一步研究。

玖 結論

一般而言，學習障礙學生之評量應注意以下原則：(1)多重評量方式的；(2)多重情境的；(3)多重時程的（非一試定奪的）；(4)多重領域的；(5)重視學生優勢能力的；(6)重視學生缺陷能力之彈性因應的；(7)重視協助式及互動式之評量；(8)重視真實情境下的表現之評量；(9)重視學生問題解決過程的評量；(10)重視學生在有效教學下之學習表現，而非侷限於靜態評量下之現有能力；(11)以再教育之態度而非以缺陷論定學生；(12)重視指導學生有效之學習策略；(13)激勵學生專注、努力與堅持而非放任。

不過，學障學生之評量調整措施也可能遭遇幾個困難：(1)許多學習障礙者可能因未被篩選推薦、因測驗誤差、因鑑定標準不一等因素而未被鑑定確認，而影響其接受評量時享有調整措施之權益；(2)學習障礙定義不夠明確，各地鑑定標準不一，各縣市可能產生對學習障礙資格交互承認之困難；(3)學習障礙屬於隱性障礙，若無明確之評量調整措施的制定實施，一般教師較易忽略此類學生對評量調整措施之需求；(4)學習障礙者之缺陷性質常與學科能力（例如閱讀障礙）或認知領域（例如記憶

障礙）有關，而這些能力卻常是測驗之主旨，因此，其調整措施較易遭到拒絕；(5)學習障礙本身為異質障礙團體，每位學障學生所需要之調整措施的類別與程度可能不盡相同；(6)許多研究未做嚴謹之實驗控制，研究結果之推論應用可能具有限制；(7)許多研究皆以團體平均數作為調整措施有效性之考驗依據，不過，團體平均數卻未必適用於特定個案；(8)調整措施之效度的相關研究仍明顯不足，多數調整措施皆憑主試者或教師之主觀認定，而非充分實徵證據的支持；(9)包含調整措施之完整技術資料的評量工具明顯不足，增加測驗選用之困難；(10)有些教育人員易將學障學生之學習困難簡化為評量調整，忽略平日有效教學及課程調整之重要性。

評量調整的主要目的在於經由適度之施測調整，使評量結果更能反應對學障學生之測驗效度，而非反應其障礙或障礙程度。面對學障學生之學習困難，我們固然不應過度樂觀的將之簡化為採取評量調整措施即可克服，但亦不可以違反「公平」或各種理由，拒絕採取評量調整措施，而使學障學生之評量表現受到低估。目前我國對障礙學生接受評量之調整的法令規定大致具備，不過，如何落實執行則仍有賴教育人員及相關專業人員之努力。此外，調整措施如何與學障學生之特定身心特徵結合，及調整措施對測驗或評量本身之信度與效度的影響，開發適用於學習障礙學生之正式評量工具等，亦皆有待後續研究。

參考文獻

American Educational Research Association(1999). *Standards for educational and psychological testing.* Washington, DC: American Educational Research Association.

Bolt, S. E., & Thurlow, M. L. (2004). Five of the frequently allowed testing accommodations in state policy. *Remedial and Special Education, 25,* 141-152.

Calhoon, M. B., Fuchs, L. S., & Hamlett, C. L. (2000). Effects of computer-based test accommodations on mathematics performance assessments for secondary students with learning disabilities. *Learning Disability Quarterly, 23,* 271-282.

Cohen, L. G., & Spenciner, L. J. (2003). *Assessment of children and youth with special needs.* Boston, MA: Pearson Education.

Elliott, S. N., Kratochwill, T. R. & Schulte, A. G. (1998). The assessment accommodation checklist. *Teaching Exceptional Children, 31,* 10-14.

Elliott, S. N., McKevitt, B. C., & Kettler, R. J. (2002). Testing accommodations research and decision making: The case of "good" scores being highly valued but difficult to achieve all students. *Measurement and Evaluation in Counseling and Development, 35,* 153-199.

Elliott, S. N., & Marquart, A. M. (2004). Extended time as a testing accommodation: Its effects and perceived consequences. *Exceptional Children, 70,* 349-367.

Erickson, R., Ysseldyke, J., Thurlow, M. & Elliott, J. (1998). Inclusive assessments and accountability system. *Teaching Exceptional Children, 31,* 4-9.

Fuchs, L. S., Fuchs, D., Eaton, S., Hamlett, C. L., Binkley, M. E., & Crouch, R. (2000). Using objective data sources to supplement teacher judgment about reading test accommodations. *Exceptional Children, 67,* 67-82.

Fuchs, L. S., Fuchs, D., Eaton, S., Hamlett, C. L., & Karns, K. (2000). Supple-
menting teachers' judgments of mathematics test accommodations with ob-
jective data sources. *School Psychology Review, 29,* 65-85.

Fuchs, L. S., & Fuchs, D. (2001). Helping teachers formulate sound test accom-
modation decisions for students with learning disabilities. *LearningDisabil-
ities Research & Practice, 16,* 174-181.

Goh, D. S. (2004). *Assessment accommodations for diverse learners.* Boston,
MA: Pearson Education.

Helwig, R., Rozek-Tedesco, M. A., Tindal, G., Heath, B., & Almond, P. J.(1999).
Reading as an access to mathematics problem solving on multiple-choice
tests for sixth-grade students. *The Journal of Educational Research, 93,*
113-125.

Kaufman, A. S. (1994). *Intelligence testing with the WISC-III.* New York: John
Wiley & Sons.

McKevitt, B. C., & Elliott, S. N. (2003). Effects and perceived consequences of
using read-aloud and teacher-recommended testing accommodations on a
reading achievement test. *School Psychology Review, 32,* 583-600.

McLoughlin, J. A., & Lewis, R. B. (2005). *Assessing students with special needs.*
Upper Saddle River, NJ: Prentice-Hall.

Meloy, L. L., Devill, C., & Frisbie, D. A. (2002). The effects of a read aloud ac-
commodation on test scores of students with and without a learning disabili-
ties in reading. *Remedial and Special Education, 23,* 248-255.

Munger, G. F., & Loyd, B. H. (1991). Effects of speededness on test performance
of handicapped *examinees. Journal of Educational Research, 85,* 53-57.

Schulte, A. A. G., Elliott, S. N., Kratochwill, T. R. (2001). Effects of testing ac-
commodations on standardized mathematics test scores: An experimental
analysis of the performances of students with and without disabilities.
School Psychology Review, 30, 527-547.

Shriner, J. G., & Destefano, L. (2003). Participation and accommodation in state assessment: The role of Individualized Education Programs. *Exceptional Children, 69*, 147-161.

Tindal, G., Heath, B., Hollenbeck, K., Almond, O., & Harniss, M. (1998). Accommodating students with disabilities on large scale tests: An empirical study. *Exceptional Children, 64*, 439-450.

作者小語

胡永崇

邱上真老師在彰化師大的學生

我第一次受教於邱上真老師是民國七十年，我於彰化師大前身之國立臺灣教育學院進修部特教系就讀時，距今已二十餘年。其後於彰化師大特教研究所博士班進修時，又有幸再度受業於邱老師。長期以來，老師對我的寬容、照顧、提攜與指導，一直讓我的心裡充滿無限感恩。老師可以說是經師與人師之典範。在老師退休之際，我內心裡有說不出之不捨，真的要很誠摯的向老師說一聲「老師，非常謝謝您！」。

第二部份

介入

4

國小低年級讀寫障礙學生教室內
學習行為問題解決模式

✎林素貞

摘要

　　此國小低年級讀寫障礙學生教室內學習行為問題解決模式乃為一項三年期研究計畫之結論，此研究先蒐集國小低年級讀寫障礙學生在國語課堂中的學習行為特徵，再據此些行為特徵建立學習行為特徵檢核表，透過教室觀察記錄與檢核，可以協助教師區辨哪些學生可能有讀寫障礙的困難，從而儘早實施有效教學介入策略，以協助讀寫障礙或學習困難學生克服其國語文學習的挫折。此學習行為問題解決模式可與現行各縣市特殊教育學生鑑定及就學輔導委員會之鑑定作業相結合，以協助疑似讀寫障礙學生的篩選工作；此外此模式亦強調普通教師和資源教師的互動過程，以因應不同教室生態、教師教學風格、以及學習者的特質等影響有效教學介入之成功因素。

壹 研究背景與架構

任何一本英文有關學習障礙（learning disabilities）或閱讀障礙（reading disabilities）的教科書，都對使用英文之閱讀障礙學童的閱讀行為特徵有實證研究後的敘述，以及後續針對此些學習問題的課程和教學上的建議（Bender, 2001；Hallahan, Kauffman, & Lloyd, 1999；Lerner, 2003；Miles & Miles, 1996；Ott, 1997）。然而，我們使用中文的讀寫障礙學生的學習行為特徵究竟為何？又，後續的教學當如何導入？凡此種種問題都有賴於第一手的基礎資料和實證研究結果。

根據我國教育部二〇〇四年所公布之特殊教育統計年報之資料，九十二年度特殊教育之學前到高中職階段，學習障礙學生共計有11,446人，疑似學習障礙學生共計有7,079人，學習障礙加上疑似學習障礙學生總人數則占全體身心障礙學生總人數的25.7％，低於智能障礙學生之33.5％比例，居全部身心障礙學生出現率的第二位（教育部特殊教育工作小組，2004）。又依據教育部於一九九三年所公布之全國特殊兒童普查結果，學習障礙兒童之出現率，在國小三年級（九歲組）以後有遞減以至流失之現象（教育部特殊兒童普查執行小組，1993），這是指學習障礙或中文讀寫障礙學生，必須在國小四年級以前完成鑑定及安置之工作，否則此類之特殊教育學生，極易可能因為學科學習之嚴重障礙而中途輟學，甚至被鑑定為智能障礙學生，可能被安置於自足式特殊班。

因此，本研究乃以國小一年級至三年級學生為研究對象的主要目的，一方面基於中文之基本讀寫能力之培訓乃起始於小學一年級，本研究期能從基本讀寫課程學習之初期，即能適時掌握到讀寫障礙學生或疑似個案的困難所在；另一方面則是希望藉由普通教育教師和特殊教育教師的早期介入，能在普通教育國語文課堂中隨時提供有效的學習協助，以預防他們的讀寫困難繼續惡化。基於上述研究動機，乃設計從基礎性研究的探索學習行為特徵出發，終止於實驗有效學習策略的介入，完成一系列三年期的研究計畫，此整體研究設計如圖4-1，逐年之研究計畫

亦簡述如下。

　　此三年期研究計畫之第一年的研究目的為探討中文讀寫障礙學生在國語文的學習行為特徵，有兩所學校參與實驗，主要研究對象共計有二十三名國小一年級讀寫障礙學生，以及九百九十六位國小一年級學生作為篩選母群對象，經過一整學年的進入二十三位個案的國語課教室內做教室觀察紀錄以及個案訪談，本研究得以整理出國小一年級讀寫障礙學生的穩定性共同學習行為特徵。

　　第二年的研究目的為編製國小低年級讀寫障礙學生國語課學習行為特徵檢核表。本研究先分析比較一九八〇年以來我國主要的閱讀障礙相關行為特徵檢核表，再依據本研究第一年發現的的描述性行為特徵，整理發展成一份量化的檢核表。此學習行為特徵檢核表計有十三個教師對全體學生的教學指令和二十八個學生的相對反應，評估者主要是以學生反應做評估標準和劃記，並以切截點七分區辨讀寫障礙學生和非讀寫障礙學生，得分愈高表示被評估者的學習行為問題愈嚴重。

　　第三年的研究目的為實驗介入普通班國語文課堂的學習行為有效學習策略，參與實驗教學的讀寫障礙學生共有三位，而持續追蹤研究的對象計有兩校共二十名學生。此年度研究乃結合前兩年的研究結果，例如運用教室觀察和檢核表以發現三位個案的學習行為問題，再依據不同教師的教學風格和教室生態，研究者和三位普通班教師共同商討出不同個案的問題解決策略，此即本研究所欲強調的互動式問題解決模式。

　　以下將就三年的研究結果做摘要與討論，它們分別為：㈠中文讀寫障礙學生在國語文的學習行為特徵，㈡國小低年級讀寫障礙學生國語課學習行為特徵檢核表之編製，以及㈢普通班國語文課堂的學習行為有效學習策略介入。最後，提出綜合上述研究結果之國小低年級讀寫障礙學生教室內學習行為問題解決模式的介紹說明。

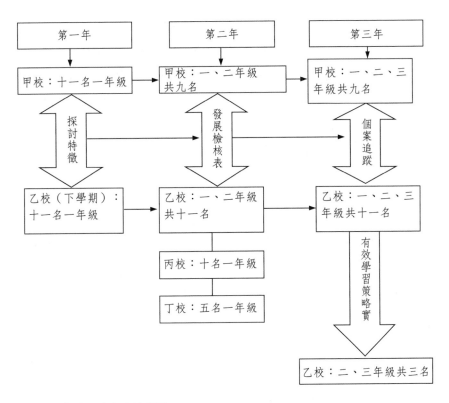

圖 4-1　三年之研究程序流程圖

貳 第一年研究結果摘要與討論

從教室內（含普通班與資源班）對二十三位國小低年級讀寫障礙學生在國語課堂和考試情境中的自然觀察，以及相關的評量資料發現，有以下七項發現及討論：

一、不同教學內容階段之比較

本研究從注音符號教學階段到中文字教學階段的研究對象之更迭，發現注音符號的學習狀況對於學生未來中文字的學習成效，並未能產生有效的預測指標。本研究結果發現在前十週之注音符號教學階段，總共

選取了九位學習有困難的學生；然而在進入第十一週左右之中文字教學階段，有四位學生已不再顯現有學習困難狀況，從而不再列入本研究之第二階段的研究對象。亦即注音符號的學習困難會延續至中文字的學習困擾的學生，僅占有原注音符號教學階段研究對象的55%。反之，第十一週以後之中文字教學階段，總共有十二位研究對象，有七位並未在注音符號教學階段，被其國語科教師兼導師發現其有學習異常狀況，而推薦給研究者；但是此七位學生的確在中文字的初始學習上呈現了嚴重的困擾狀況。

此現象形成之原因，或可說是注音符號的學習與中文字的學習並未有絕對的相屬關係。中文字的學習必須涵蓋字形、字音和字義，而注音符號則是使用三十七個表音符號來教導學生中文字的發音和拼寫，中文字和注音符號的學習或可說是並行而各自獨立的學習歷程，故未能產生前後因果之預測關係；另外，注音符號的學習困難亦極有可能牽涉於學生入小學前的學習經驗等。若如是受先前經驗影響，十週的教學期已經足以縮短此類學生與其他同儕團體的成就差異。

二、不同教室情境所得資料之比較

本研究對象在資源教室之學習情境中，其產生的困擾行為的項目與數量，皆顯著的少於普通班之教學情境。此項發現的證據，主要來自於比較教室自然觀察紀錄在第一步驟至第三步驟的完整轉譯成文字紀錄時所發現；下學期在資源教室學習情境中，所有研究對象的困擾行為之紀錄，明顯的少於上學期在普通班學習困擾紀錄。研究者探討此現象的產生，主要乃由於資源教室教學情境中，師生的比率約在1:2至1:6之間，教師比較能注意到學生的學習狀況，適時和高頻率的給於必要的提示和協助；相較於大班級教學，教師要面對約四十位學生時，無法兼顧每一個學生之需求。所以在大班級教學情境學習時，研究對象會產生困擾行為特徵的機率自然高於資源教室情境。

三、對教師之教學活動的回應

研究對象在教室中對教師的教學指令常出現十六大項共通行為特徵，包括：

1. 教師要全體學生拿出課本／習作／作業本／空白紙張／家庭聯絡簿／鉛筆時，

   ❏先看看別人在做什麼，再拿出老師要求的東西，所以其動作或速度已經比其他同學慢了一些。

   ❏還在繼續做其他的活動，對老師的要求沒有反應，並未照著做。

   ❏對老師要求的東西要找一找，有時還是找不到；或是找到時，其他同學已經進行下一個活動有一段時間了。

2. 教師要全體學生將黑板上的資料抄到課本／習作／作業本／家庭聯絡簿時，

   ❏先看看別人怎麼做，再開始寫，所以都比較慢才開始進行此活動，而且寫的過程中，常常寫寫停停，或是停下來再看看別人做到哪。

   ❏抄寫的過程中常常是分解一個字的注音符號，看黑板幾次地個別抄上，而非一個完整字的注音符號一次抄完；中文字形亦是一筆一畫的分解，看黑板幾次地抄完，而非一個字形一次就全部抄完；也因此抄寫的速度很慢，也容易出錯。

   ❏抄寫的過程會自己喃喃自語。

3. 教師要全體學生翻開課本／習作之某一頁時，

   ❏看看別人翻到哪，再找到自己的那一頁。

   ❏需要老師或是其他同學的協助才會找到自己的那一頁。

   ❏認真找但是還是沒有找到教師指定的那一頁。

   ❏根本沒有照著教師的要求執行，在發呆或是做著自己的事。

4. 教師要全體學生一起唸課本／習作／黑板／投影片上的文句時，

   ❏還在做上一個活動，沒有跟著唸。

   ❏根本不知道要唸那裡，所以沒有唸；目光飄移不定、遲疑、發呆

或不知所措。

❑跟不上團體唸的速度，所以嘴巴有跟著動，但是並沒有發出聲音；或是唸得含含糊糊的。

❑食指會指著課本上的文句，但是是一行一行的滑行，而非一個字一個字的移動。

❑唸著唸著會不知道大家唸到哪裡了，食指會不知道要放哪裡，會再參考別人的動作。

❑食指一開始就指錯了地方，所以沒有跟著大家一起唸，或是唸得含含糊糊的；或是嘴巴動但是不出聲音。

5. 教師要全體學生一起舉起手，練習生字之書空時，

❑沒有跟著大家一起做動作。

❑會舉起手，但是有時跟著大家一起做動作，有時又沒有。

❑先舉左手，但是又常會替換右手。

❑隨便跟著大家一起比畫，但是筆畫或筆順不正確。

❑跟不上大家的節奏或速度。

6. 教師要全體學生各自在其課本／習作上找到老師唸出的語詞，再圈詞時，

❑找不到老師提到的語詞，會站起來看看別人的課本。

❑需要老師或鄰座同學的協助。

7. 教師對全體學生講解課文相關內容、說明事項時，

❑沒有注意聽老師的講解或說明，會做其他的事、發呆或是動來動去。

8. 教師問全體（個別）學生問題時，

❑沒有參與、沒有舉手要主動回答問題。

❑主動反應的狀況比其他同學少。

9. 教師問全體學生問題，要求知道答案的學生舉手時，

❑較少舉手或是沒有反應。

10.教師要全體學生用食指指著課本上文句的位置，同時唸出字音時，

❑跟不上其他同學的速度，所以會唸得很含糊。

❏手指移動的方式是一行一行的滑動，而非一個字一個字的移動。

11.教師要全體學生自行訂正「習作」，檢討考卷時，

❏需要參考看看其他的同學怎麼做。

12.教師唸一個字，一句／一段文句，要全體學生一起唸一個字，一句／一段文句時，

❏沒有注意到老師的示範，沒有跟著做，或是動來動去。

❏有跟著一起唸，但是唸錯的狀況大於唸對的狀況。

❏唸得含含糊糊或是斷斷續續。

13.當教室呈現吵鬧現象時，教師會做一肢體動作或一口訣時，

❏無法馬上注意到老師的指令，所以會比較晚才跟著大家一起做動作。

❏沒有注意到老師的指令，還是繼續做著其他的活動，因此沒有做反應。

14.教師要全體學生結束上一階段的活動，而欲進行下一階段的教學活動時，

❏通常研究對象都會繼續進行著上一個活動，或是做著其他的事，而不能在老師的要求時限內展開新一階段的活動。

15.教師給學生幾分鐘以完成獨立作業，例如寫習作、抄課文語詞時，

❏不知道要做什麼事，會發呆或是不知所措。

❏不會寫或是容易做出錯誤的答案。

❏寫寫改改，會參考看看其他同學的答案。

16.教師叫某一學生起來獨自進行某一活動；例如唸課文、句子、回答問題時，

❏繼續做著自己的事，沒有注意某一同學正在做的活動。

四、考試情境中之共同性行為特徵

㈠考「聽寫」部份

當老師大約唸到第三題時，本研究對象聽題目的速度就有明顯跟不

上的傾向；亦即是他們可能還在想第二題的答案時，老師已經開始唸第三題的題目了。依此類推，後面接下來的問題，大部份本研究對象自然無法按照老師唸出的詞語回答，而是自己想寫什麼就寫什麼，答案自然無法正確。此外老師會要求學生先將答案題數寫好，再開始唸題目；本研究對象常會發生將答案寫在錯誤題號上之情形；例如將第二題答案寫在第三題題號之下等情形。還有部份本研究對象會出現一邊唸題目一邊寫答案的情形；亦即是不知為何原因，他們會重複再唸一遍老師唸的題目，再寫答案，所以考試情境中會出現喃喃自語的現象。在「聽寫」測驗上，由於本研究對象大部份無法回答正確的答案，有時他們會索性就放棄不寫了，而玩其他的東西，或是動來動去；甚至會偷看課本找答案，或是偷看別人的答案。

㈡考「紙筆測驗」部份

若是老師將題目寫在黑板上，要求學生抄到自己本子上，再回答問題時，本研究對象在抄題目時就會呈現速度很慢或是抄錯題目的狀況，因為他們是一筆一畫的複寫，而非一個字一個字的抄寫。此外大部份的題目，本研究對象都無法寫出正確的答案；有時候是有些研究對象似乎看不懂「題目」的意思；也就是他們可能不知道題目在問什麼？由於寫不出答案，偷看課本、本子或是其他同學答案的情形，在考紙筆測驗時還是經常會發生。

五、個人獨特性之行為特徵

本研究共有四位研究對象在教室學習情境中出現個人非常獨特性之行為特徵，分述如下：

1.學生在上課中常出現幾秒至幾十秒發呆的現象；然後會出現很累的樣子；或是面無表情，好像可以不受周遭發生的刺激影響。

2.學生常會無意識的舉手在空中筆畫；或是咬手指頭、玩手指頭。

3.學生必須看文句的上下文才能回答老師的問題，當字或語詞單獨出現時，此學生則無法正確的唸出此字詞之字形、字音或字義。

4.學生常錯誤使用同音異義字。

六、語言認知發展能力評估資料

根據本研究對象在語言認知發展能力評估的結果顯示，七個研究對象在認知、語言、聽寫、和社交能力的發展頗富一致性，且根據施測者的意見，此些研究對象在上述發展與同年齡組學生並無特殊差異狀況。而本研究對象表現可能有所不足的項目是僅認識少量的色彩的名稱；表達缺乏連慣性；或是少用連接詞；常用「是」、「否」、或簡單詞來回答「為什麼」的問題，而不能說出理由；邏輯序列問題都需要示範引導才能回答問題；以及七個研究對象當中有二個有構音障礙問題等。

七、書寫中文字之表現

在國小一年級階段，必須從考試情境之手寫筆跡方能顯著的對照出研究對象在中文字書寫表現的困擾特徵。此結論乃是研究者在整理研究對象之相關習作、回家作業或考卷時，發現研究對象在習作或回家作業本子上，由於比較沒有時間壓力，以及大都經過老師或父母的協助與訂正，在重複練習與訂正下，出現狀況的機率幾乎微乎其微。但是當本研究對象在作答考試卷時，上述的優勢盡失，再與對照組學生一比較，研究對象在中文字書寫的困境，例如寫錯字（包括同音異義字、相似字形字、不相干字等）、寫不出來、增減筆畫、筆畫數正確但空間位置不當等問題，就一覽無遺。

上述之發現乃可應證前述國內曾做過之相關研究，相似的結果正如郭為藩（1978）所指其研究對象有字跡凌亂和錯別字出現率高等現象；又如蘇淑貞、宋維村和徐澄清（1984）之閱讀障礙個案所呈現的三種錯誤類型：字形混淆、筆畫增減和語音混淆，但是蘇淑貞等人所謂的字形寫成上下或左右顛倒，以及部份鏡形反寫現象等，則並未在本研究中發現。此外陳玉英（1994）整理分析出十種錯別字的錯誤類型：(1)完全寫不出字(2)同音替代(3)音近形異(4)同音形異(5)音異形近(6)字義混淆(7)筆畫增減(8)左右顛倒(9)注音誤讀(10)破音字誤讀之中，前七項錯誤類型本研究

也出現相似狀況，最後三項在本研究結果則鮮見發生。誠如陳玉英所提出的，約50%受訪者的學習態度屬嚴重被動，且做回家功課所需時間都較一般學童為長，其理由是在中文字書寫時，是一筆一畫的分解式抄寫，其速度自然有別於一字一詞整體式書寫的正常發展學生。

此外，本研究更發現在國小一年級階段，不同研究對象在中文字書寫字形障礙的特徵上，異質性乃高於同質性。本研究比較了十五位研究對象之中文字書寫筆跡，發現各有各之特徵，實在很難找出其共通性。此乃意謂此階段之中文書寫障礙學生，在中文字之書寫筆跡特徵上，尚未能建立一致之共同性特徵。

參 第二年研究結果摘要與討論

第二年的研究係以編製國小低年級讀寫障礙學生學習行為特徵檢核表為主軸，編製過程除參考英文（如：Aaron & Joshi, 1992; Bond, Tinker, Wasson , & Wasson, 1994; Hinshewood , 1917; Orton , 1925，引自Torgesen, 1991）和中文的相關文獻或觀察（如：白可，1997；蘇淑貞、宋維村、徐澄清，1984；陳玉英，1994；郭為藩，1978），也參考了林國花於一九八〇所發展之「閱讀障礙特徵檢核表」，施高密特博士（Dr. Schmitt）（朱乃長譯，1996）所提出之「閱讀障礙症狀調查表」，其他如貝特門博士（Bateman, 1993）、林幸台（1992）和孟瑛如、陳麗如（2001）所提出之檢核表則可泛用於學習障礙學生，當然其中也包含閱讀障礙學生之讀寫方面的特徵；洪儷瑜（2000）的「特殊需求學生轉介表」其中包含了學習障礙的行為特徵描述，亦可作為參考。此外亦參考蕭金土（1995）所設計之「數學學習障礙特徵評量表」，其主要目的乃為參酌其評量方式之選用。茲將上述相關之檢核表的比較分析呈現在表4-1。

「閱讀障礙特徵檢核表」是林國花（1980）在其碩士學位論文所發展使用的研究工具之一，其適用於國小四年級具有閱讀障礙之學生，此量表共分為十個分項目（說話、讀音、寫字、作文、注意力、記憶力、

表 4-1　閱讀障礙相關行為特徵檢核表之分析比較

檢核表名稱	內容類別	適用對象	記分方式	常模
「閱讀障礙特徵檢核表」 林國花 （1980）	・說話 ・讀音 ・寫字 ・作文 ・注意力 ・記憶力 ・知覺—動作技能 ・定向能力 ・社會適應能力 ・情緒	國小四年級	「是」或「否」	T 分數常模對照
「閱讀障礙症狀調查表」 Schmitt （1996）	・先天性障礙症狀 ・發展性障礙症狀 ・情感性問題 ・補償性能力	不限	六點量表： 1. 從不 2. 難得如此 3. 有時候 4. 相當頻繁 5. 非常頻繁 6. 與之正好相反	無常模參照，僅供參考
「學習行為檢核表」 林幸台等 （1992）	・讀寫障礙 ・數學障礙 ・發展性障礙	國小一年級—國中三年級	勾選「很少」計1 分勾選「偶而」計2分勾選「經常」計3分	以切截點分數區分正常、輕度異常、中度異常和重度異常
「學習障礙學生常見特徵檢核表」 Bateman （1993）	・注意力缺陷及過動 ・知動或歷程缺陷 ・認知歷程困擾 ・不當的情緒或社會行為 ・動作協調能力差 ・衝動 ・語言問題 ・學業問題	不限	0 ＝沒有問題 1 ＝輕微問題 2 ＝有問題 3 ＝嚴重問題	無常模參照，僅做疑似個案和正常學生之比較

（接下頁）

（續表）

「數學學習障礙特徵評量表」 蕭金土 （1995）	• 數學發展能力──注意力、記憶力、知覺動作、思考能力、說話能力 • 數學學業能力、閱讀能力、書寫能力、算數能力、寫作能力	國小五年級	五點量表： 大多時候 常常 偶而 從未 無法評量	百分等級和 T 分數常模對照
「特殊需求學生轉介資料表」 洪儷瑜 （2000）	• 身體病弱 • 感官障礙或動作問題 • 智能障礙 • 學習障礙 • 情緒障礙 • 自閉症	無年齡限制	對描述的行為勾選「是」或「否」	無常模參照，做篩選特殊需求學生之用
「國民中小學學習行為特徵檢核表」 孟瑛如、陳麗如（2001）	• 注意與記憶 • 理解與表達 • 知動協調 • 社會適應 • 情緒表現	小一至國三	五點量表： 總是如此 經常如此 有時如此 很少如此 從不如此	百分等級常模對照表

知覺─動作技能、定向能力、社會適應能力、情緒），共三十四題；評估者以「是」或「否」勾選受評量者的行為特徵，勾選一題「是」算一分，此原始分數可以再對照 T 分數常模，以決定受評估者是否具有閱讀障礙之特質。

「閱讀障礙症狀調查表」則來自一位閱讀障礙者，施高密特博士（Dr. Abraham Schmitt）的自傳《聰明的笨蛋──一個閱讀障礙患者的故事》（朱乃長譯，1996）。施高密特博士本身是一位閱讀障礙者，他將其本身之經驗整理成一特徵檢核表；這份調查表總共有七十一題題目，以六等分方式評估之；1：從不，2：難得如此，3：有時候，4：相當頻繁，5：非常頻繁，6：與之正好相反。作者強調閱讀障礙者是一個高異質性的團體，每一位閱讀障礙者所呈現的特徵或現象皆不盡相同，

甚至完全相反。使用者以圈選最接近被評估者或自己本人的狀況作答，以驗證被評估者是否為閱讀障礙者。

　　林幸台等（1992）所發展之「學習行為檢核表」，乃為配合教育部第二次全國特殊兒童普查工作而設計，適用於全國國中、小的學齡階段兒童之學習行為特徵檢核，可以作為學業性（閱讀能力、書寫能力、數學能力）以及發展性（注意力、記憶力、視動協調能力、知覺能力）學習障礙的初步篩選之參考。此量表的實施方式是經由導師或任課老師的平日觀察，在檢核表上勾出符合某生的學習行為特徵。全量表總共有四十八題，其中十四題屬於讀寫障礙的學習行為敘述，十四題是數學障礙，二十六題是發展性障礙。施測的方式是三點量表的評估：「很少」、「偶而」和「經常」。「很少」是指受評估者在大約十次的相關狀況中只有兩次以下類似的行為，劃計一次計1分。「偶而」指受評估者在大約十次的相關狀況中只有三次到六次類似的行為，劃計一次計2分；「經常」是指受評估者在大約十次的相關狀況中只有七次以上類似的行為，劃計一次計3分。此檢核表的評估結果分數，需要再依照性別和年級別（國中、國小四～六年級、國小一～三年級）做切截點的常模參照，判別受評估者屬於正常、輕度異常、中度異常或重度異常之哪一種程度，以確定此學生是否需要進一步之學習障礙的診斷和評估。

　　美國貝特門博士（Bateman，1993）乃根據其三十多年來接觸學習障礙學生的經驗，以及參考有關研究文獻資料，而發展出一份「學習障礙學生常見特徵檢核表」，提供給教師及特殊教育相關服務人員，作為學習障礙學生篩選及教學或治療時的參考。此特徵檢核表以四等分方式作評分標準；0：指無不尋常的困難或無此項資料；1：指可能或有輕微的困難；2：指有問題；3：則是有嚴重問題。這份檢核表共計有八個分項目：⑴注意力缺陷及過度活動，⑵知覺動作協調或知覺動作歷程缺陷，⑶認知歷程困難，⑷不當、變化性大的情緒或社會行為⑸動作協調能力差⑹容易衝動⑺有語言表達問題⑻有學業表現障礙；合計有五十五題。此特徵檢核表使用的方式分為兩個階段，第一個階段是讓評估者對學習障礙學生和非學習障礙學生的表現特徵建立對照比較架構；第二階

段則再對疑似學習障礙學生作相同程序之評估，以確認其是否為學習障礙學生。首先是請老師或其他專業人員，先選擇印象中五位非學習障礙學生，對每一位學生根據檢核表的項目逐一評分，而得到每一位學生的分項目得分和全部總分，再選擇印象中二至三位真正是學習障礙學生，並對每一位學生根據檢核表的項目逐一評分，而得到每一位學生的分項目得分和全部總分，最後對此兩類學生的分數做比較；此階段作法主要是讓評估者能對學習障礙者有一明確的概念與認識，第二階段則運用相同檢核表，對疑似學習障礙學生做確定評估。

「數學學習障礙特徵評量表」乃蕭金土（1995）用以做台灣地區國小五年級數學學習障礙學生的診斷和鑑定參考，此量表計有A量表（發展能力）─分為五個分量表，計有四十二題，以及B量表（學業能力）─分為四個分量表，計有三十題。評估者必須與受評估者有八週以上的相處時間，評估方式為五點量表：T─**大多時候**受評者的行為表現與題意相符，t─受評者的行為表現**常常**與題意相符，f─**偶而**受評者的行為與題意相符，F─受評者的行為**從未如題意所述**，？─**無法評分或題意不適合**。此評量表常模仍採「地區」及「性別」，以分組建立原始分數與百分等級、T分數對照表。

洪儷瑜（2000）的「特殊需求學生轉介資料表」，乃是一整合型研究計畫結果：學習障礙學生鑑定與診斷指導手冊的部分工具，其功能是藉以篩檢出高危險群的類別，包含身體病弱，感官障礙或動作問題、智能障礙、學習障礙、情緒障礙和自閉症。在此份轉介資料表中學習障礙的行為敘述總共有四十四題號，只要其中有一題被勾選，即可懷疑此個案有學習障礙之可能。

孟瑛如、陳麗如（2001）的「國民中小學學習行為特徵檢核表」，乃用於評估學生的學習行為特徵，以藉此篩選出學習障礙及具有學習困難的學生。本檢核表共有八十題，分為五個量表，每一個行為敘述用五等量表評估，再轉換成一至五分，最後將八十題進行加總分，得分愈高表示此個案的學習問題行為愈嚴重。此檢核表又提供常模參照，以了解各案在團體的比較後的相對位置。

　　綜論之，上述七份檢核表，在內容類別上，有特定為閱讀障礙或數學障礙，也有適用於涵蓋所有學習障礙之亞型者；在適用對象方面，有僅適用於國小四年級或五年級，也有從國小至國中都適用者，以及不限年齡的檢核表；在計分方面，上述五份檢核表有採「是」與「否」量表至六點量表的方式紀錄；而在常模方面，上述七份檢核表，有三份採用常模參照，三份無常模參照，一份則參照切截點分數。

　　而本研究之「國小中文讀寫障礙學生國語課學習行為特徵檢核表」（見附錄一）係分析參考上述檢核表之優、缺點，再結合本研究第一年之發現，在內容類別上，特定為中文讀寫障礙學生在國語科教室情境之學習行為表現，該檢核表的內容類別乃比先前之檢核表更特定於適用對象和單一情境，此構想乃是希望評估者在此特定情境中，可以針對中文讀寫障礙學生，做更具體的比較和分析被評估者的行為表現。在適用年級方面，前述之檢核表，僅林幸台等人的檢核表可以適用於國小一年級學生，其餘則不限定年齡或限用於國小中、高年級；本研究之適用對象為國小一至三年級學生，一為希望能儘早協助鑑定出中文讀寫障礙學生，二則本研究主要探討中文字讀寫問題，而國小一至三年級的國語科教學亦偏重於識字的教學，因此希望藉由國小一至三年級的學習行為評估，以便及早反映出疑似個案在中文字讀寫上的困難。上述五份評估表之計分方式，主要是要求評估者根據對被評估者的了解，以回溯記憶方式做出「是」與「否」研判或六點量表的評估，而本研究為協助評估者能對被評估者做更正確的決斷，乃要求評估者先進入教室做直接的觀察記錄，再根據觀察紀錄結果做「是」與「否」的評估。此外，又參考貝特門博士（Bateman, 1993）之檢核表的評估方式，設計出疑似個案和非中文讀寫障礙之對照學生的觀察記錄，以協助評估者做兩者行為反應的比較參考後再做評斷，如此乃可以增加評估者做行為特徵評估的正確性。在常模方面，上述之兩份國外檢核表，皆無常模參照，而國內之檢核表，有兩份採T分數常模參照，而林幸台等人之檢核表則採切截點分數區分；本研究即參考林幸台等人之切截點分數參照方式，不同的是，本研究僅以切截點分數區分被評估者是否為中文讀寫障礙學生，且對是

否為中文讀寫障礙學生的學習行為特徵具有區辨性。而林幸台等人則以切截點區別出正常、輕度異常、中度異常、和重度異常之四種程度類別。

此檢核表的使用時機是針對由普通班老師轉介出來的疑似中文讀寫障礙學生，先進行一至三節課的國語課學習行為教室觀察紀錄，再依據紀錄結果做檢核表的項目評估，其特色有二：㈠檢核表內之行為項目乃基於長期對我國中文讀寫障礙學生之教室內學習行為特徵研究的觀察結果，故可作為相關之本土化研究參考；㈡評估者乃依據學生的行為觀察紀錄再做檢核表之評核，是為直接且較客觀的行為評量方式，可減低評估者須運用回溯記憶的行為評量方式之誤差，增加行為評估之可信度。

肆 第三年研究結果摘要與討論

第三年的研究主要是驗證國小讀寫障礙學生教室內學習行為問題之有效解決策略。根據本研究第一年的研究結果，發現在普通班教師團體教學情境的十六項教學指令之下，讀寫障礙學生的相對應學習反應問題行為約可分為三項；一為無法遵循老師的教學指令，或是對老師的指引有延遲反應現象，因而耽誤了其學習成效；二是研究對象對教師的教學指令偏向被動式或無反應，而不像其他同儕主動而積極的參與於教室內的學習活動；三為大都無法自己訂正作業、自己做練習、或是自己完成老師指定作業。此發現乃與國外之研究結果相雷同，Lloyd、Kauffman、Landrum和Roe（1991）分析普通班教師轉介個案至特殊教育的理由，發現當學生無法專注於老師的教學活動、無法獨自完成作業，就是普通班老師所認定的學習問題行為，而且覺得可能需要接受特殊教育的學生。此外，Logan、Bakeman、和 Keefe（1997）與 Logan 和 Malone（1998）比較在大班級團體教學、小組教學和一對一等三種教學情境中，身心障礙學生在大班級團體教學情境下，參與團體學習活動、對老師的指令有反應、專心做課堂內的事等行為，其出現率都遠比其他兩種情境低落很多，而在一對一教學情境之下，通常他們的專注學習行為的

表現最好。亦有多位研究者指出學生能遵循教師的指令、完成作業、具備良好的學習習慣等,皆是普通班教師所強調的有效學習的重要特質,而這些技能也正是身心障礙學生最常出現困難之處,所以亦有人稱上述能力為「學校求生技能」(School Survival Skills)(Henley, Ramsey, & Algozzine, 1993;Platt & Olson, 1997)。

　　Kameenui 和 Simmons(1990)指出成功的教學必須涵蓋三要素:教學者、學習者和課程教材。當學生在教室中,無法跟上老師的教學步驟、無法參與團體的互動或獨立完成作業,其學習成效自然大受影響;此時教學者之適時協助,應該對有困難的學習者有所助益。所以,教學者的教學技巧運用和學習者的學習策略能力訓練,即是本研究所欲探討的兩項實驗處理設計,以檢驗其對學習成效之影響效果。實驗處理一為教師的「教學中」技巧運用,以協助研究對象得以跟上教師的教學流程。Kameenui 和 Simmons(1990)將教學流程區分為教學前、教學中和教學後三步驟;相關研究者指出教師在「教學中」所應注意的教學技巧應包含:(1)流程節奏的適當控制(pacing);(2)清楚明確且一致性的訊號指示(signals),讓學生知道何時且如何作反應;(3)給學生有足夠的時間進行思考(thinking time),以回答出正確的答案;(4)隨時的督導(monitoring),以確定學生確實學會了教學者欲傳授的知識或技能;(5)遵循:示範－引導－測驗－辨別答案－再測驗的步驟,以訂正學生的錯誤答案(correcting)(國立台灣師範大學特殊教育中心,1980;Bateman, 1993;Engelmann & Carnine, 1991;Kameenui & Simmons, 1990)。而這些教學過程中教師之技巧運用,即為本研究普通班教師對研究對象之特定學習指引的參考依據。

　　此外,Wood(1992)分析歸納出普通班級中的特殊教育學生所容易發生的學習行為問題,以及教師在教學過程中可對應的解決之道,以下三項為與本研究對象相似的學習困擾行為,以及Wood所建議教師可採用之解決策略。第一項:當學生無法跟上班級團體學習的流程或速度時,教師的解決策略有——1. 提供一位同學當這位學生的小老師;2. 儘量縮小團體教學的人數;3. 提供學生一份教師的教學活動流程或清單,

讓學生預先知道老師將做什麼，以及學生本身必須完成哪些活動或作業等；4. 對學生進行針對其獨特狀況之個別訓練計畫。第二項：當學生無法在限定時間完成教師指定的作業或活動時，教師的解決策略有——1. 教師必須體認，並非所有的學生都能完成相同份量的工作；2. 教師必須檢討此作業或活動的性質，是否超出此學生的能力負荷；3. 允許此學生有較長的完成時間；4. 針對此學生，減少此作業或活動的份量。第三項：當學生老是忘了帶課本、回家功課、筆、本子等來學校時，教師的解決策略有——1. 請學生準備一個資料袋，將上課必須用的資料、用具放在裡面；2. 為學生準備一張常用書本和用具檢核表，要求學生每天上學前做檢查。本研究實驗處理在普通班教師所提供的學習指引介入時，即參考上述解決策略，再依據不同研究對象之特質，發展出個別化的教師學習指引介入策略。

從一般性的教學技巧到解決特定狀況之教學策略，可知若欲協助讀寫障礙學生，克服其在普通班級團體教學情境中之學習困擾，乃需從普通班教師的全體性教學技巧當中，加入對身心障礙學生的某些特定協助，方能協助這些學生跟上教師的教學步驟與速度，達成學習成效。因此，本研究乃將普通班教師對讀寫障礙學生之特定學習指引列為實驗處理一。

實驗處理二為「自我督導」能力訓練，自我督導（self-monitoring or self-recording）又可稱為自我觀察、自我評量或自我記錄（鄭日昌等譯，1994），自我督導是增進學習者專注於應做的事的一種自我督促的方法，經常被廣泛運用於身心障礙學生的學科學習和社交技巧發展（Kneedler, Wissick, & Lloyd, 1998；Platt & Olson, 1997）。隨著特殊教育融合理念的推廣和執行，如何協助身心障礙學生能在普通班級中達到成功的學習、能參與同儕的學習活動、表現出適當的行為等，已經逐漸成為特殊教育的教學重心之一；其中，「自我督導」能力訓練，即是特殊教育教師所最常用以訓練身心障礙學生學習策略的方法之一。特殊教育學生的「自我督導」能力訓練，常見有下列三種形式：訪談、做筆記和做表格紀錄。訪談學生和訓練學生自己做筆記的目的，都是藉以讓學生

「意識」到他們有哪些問題，以及如何來解決這些問題；訓練學生運用表格紀錄他們自己的行為，功能和做筆記相似，都是用以讓學生得以監控自己的問題行為，從而增進適當的行為表現（Deshler, Ellis, & Lenz, 1996）。

Kneedler、Wissick和Lloyd（1998）運用自我督導能力訓練於兩位國小五年級學生的教室情境參與行為，其訓練的方式是利用錄音機，每四十五秒出現一個音響，以提醒研究對象問自己：我是否正在認真做和用心想？然後研究對象要在紀錄紙上填上「有」或「沒有」的記錄；此研究發現由特殊教育教師在特殊班訓練的自我督導能力訓練，確實可以幫助二位身心障礙學生在普通班語文課的學習行為，這些行為包含：專心聽老師的講解、坐好和站好、以及拿好鉛筆或課本。此外，Alber、Heward和Hippler（1999）則運用一百分鐘的教學錄影帶，訓練四位學習障礙國中生在普通班的適當學習習慣，例如舉手，等老師回應再發言、發問的問題要有關於上課的主題等；研究者發現上述的訓練，確實可以增加學習障礙國中生在普通班的學習適應和獲得老師的好評等成效。因此，誠如Logan、Bakeman和Keefe（1997）以及Logan和Malone（1998）所強調，特殊教育教師對身心障礙學生的學習能力訓練，確實有其重要性與必要性。

基於上述理由，第三年的研究採用單一受試之多重處理設計，實驗設計之階段順序為：A1—B1—A2—B2—BC—C—F。A1和A2指基線期未有實驗處理介入，B1和B2指三位研究對象的不同老師對其所擬訂的特定學習指引介入，BC指教師之特定學習指引介入和研究對象的「自我督導」策略運用共同實施，C指僅研究對象運用「自我督導」策略，教師不再介入協助，F指追蹤期，乃撤除所有實驗介入。實驗處理強調從教師的學習指引之外在因素介入，以及從研究對象本身自我督導能力之內在因素著手，此二項實驗處理採用分別輪流實施或是雙管齊下，以尋求解決讀寫障礙學生學習困擾行為的最有效策略；綜合上述針對個案在三種情境的目標行為資料分析，可得下列三項結論：

一、對教師教學指令的延宕反應時間

　　個案一和個案二在三種情境各七個處理階段當中，一致性的在B1和B2處理期的引發時間秒數都較A1和A2處理期為低，尤其B2階段的效果最佳，而個案三則B1階段最好，其餘則不佳；而個案一在BC或C處理期的效果則不若B1和B2處理期的單獨使用教師教學指引介入策略，其關鍵應在於自我督導能力訓練的消弱影響。所幸在F追蹤期個案的表現，皆亦能表現出縮短引發時間秒數之正向成效。個案二則是BC處理期的效果尚好，自我督導能力訓練對個案二仍有正向積極作用。

二、對教師教學指令之正確反應的比率

　　個案一在三種情境各七個處理階段當中，也傾向在B1和B2處理期的正確反應比率都較A1和A2處理期為高，也皆在B2處理期達到最高峰；而BC或C處理期的增強效用，亦比不上單獨使用教師教學指引介入策略的B1和B2處理期，幸而在F追蹤期個案的正確反應比率表現仍能維持相當之強度成效。個案二在三種情境各七個處理階段中，皆在BC處理期的正確反應比率表現最佳，在B1處理期則最差，所幸在追蹤期皆仍能維持理想之表現。個案三則表現不穩定狀況，惟教師教學指引介入之B1實驗處理仍對個案三似有積極影響成效。

三、縮短反應延宕時間和增加正確反應比率之比較

　　個案一在三種情境各七個處理階段當中，個案一在B2實驗處理期持續呈現一致的最佳效果，在C處理期的表現則最差，而在F追蹤期的成效仍屬令人滿意。個案二在三種情境各七個處理階段當中，一開始之B1的教師指引介入期，個案二的表現最差，到BC實驗處理期一直呈現最佳成效，F追蹤期也持續優秀表現。個案三在三種情境各七個處理階段當中，反而在B1實驗處理期一直表現最佳，C處理期則不佳，F追蹤期效果更呈嚴重反效果，所以整體而言，兩個實驗介入策略對個案三皆並未成功。

　　總之，從本研究三位個案之整體資料分析結果，顯示普通班教師在大團體教學過程中，對讀寫障礙學生提供明確結構化的指令說明、重要關鍵指令說明時能放慢速度、提供黃線箭頭或框線以及手指頭的線索指引、小老師協助等對個案的遵從教師的教學指令皆有幫助。反之，單獨運用自我督導能力訓練的效果則不若本實驗假設的預期成效；再依據不同個案的個別差異，自我督導能力訓練和教師教學指引介入的兩策略並用效果個案一乃受到消弱效應，但是對個案二則最有效用，對個案三則較無影響。

　　針對上述研究結果未皆如預期成效，研究者提出兩項可能的影響因素：

　　㈠處理速度較慢、對聽覺或視覺訊息刺激的分辨能力較差、聽覺的短期記憶較差、缺乏對訊息類別的組織能力等，都是學習障礙學生常見之特質（Hallahan, Kauffman & Lloyd, 1999；Lerner, 2003）。但在普通班級教學情境當中，教師為兼顧課程內容進度和大團體教學的教室秩序，尤其是低年級班級，其教學流程或教學指令會傾向快速度、多重複和非結構化，讀寫障礙學生在此種教學情境當中，容易變得茫然無助和不知所措，此時若教師能適時提供或安排「線索」的協助，自然能有效的協助此類學生在教學情境的眾多刺激中，找尋到一條可依循的指標，循序漸進地反應出教師的教學指令，此即不難理解為何三位個案在B1或B2處理期的表現皆令人刮目相看。

　　㈡相關研究對自我督導能力訓練的成效都是肯定的，然而本研究結果一致呈現此實驗處理策略的效果則不佳，甚至影響到原本已臻成效的教師教學指引介入策略，本研究者根據觀察記錄員的報告，以及資源班老師和普通班老師的看法，綜合可能因素如下：

1. 四節課之能力訓練課程的時數不足——本研究計畫設計共有七個實驗處理期，加上前觀察期，時間上是有所受限，加上七個實驗處理期為連續性狀況，必須在B2實驗處理期同時實施自我督導能力訓練，以銜接BC實驗處理階段，因此僅能實施四堂課之能力訓練，如此可能造成本研究對象對自我督導能力尚未建立足夠的應用能力而造成效果不

彰。

2. 受年齡因素影響──本研究對象能力尚小，對於自我督導的能力本屬較弱，雖然能力訓練課程架構完整，在資源班上課時都顯現個案已經達到了預定教學目標，但是個案由於年齡尚小，在普通班級上課時有時會忘了要使用資源班老師教過的方法，或是忘了把「『提示夾』一下課再做」的牌子拿出來使用，甚至上課時才發現「提示夾」弄丟了；研究者認為，此乃造成自我督導能力訓練對研究對象在「正確且不延宕的遵從教師指令」表現的成效不佳之主要因素。

伍 學習行為問題解決模式

　　本研究歷經三年的研究時間，乃針對國小低年級讀寫障礙學生，發展出一套國語文之教室內學習行為問題的解決模式如圖4-2。此模式強調為一動態的問題處理過程，而非特定答案的配對方案；亦即是期待透過疑似個案的教室觀察記錄和相關資料分析，特殊教育教師能和普通班教師共同界定出個案的問題行為項目和處理的優先順序，再由特殊教育教師提供問題的有效解決策略，由普通班教師執行或共同施行，再由特殊教育教師擔任介入策略成效之評估。

　　三年來的教室內學習問題的生態觀察研究發現，國小低年級讀寫障礙學生的學習行為問題或許有一些雷同特徵如本研究第一年之發現，但是每一個教室內的生態環境卻不盡相同，癥結乃在於每一位教師皆有其獨特的教學風格和班級經營方式，因此本研究所發展出之教室內學習行為問題解決模式，則同時考量個案的學習行為問題和教師的教學特質，以尋找出最有效的問題解決模式。例如本研究第三年的個案報告，三位個案都有相似的學習問題行為：當老師要全體學生一起唸課本、習作，或是跟著老師一起唸字詞和句子時，三位個案都有無法跟上同儕速度的嚴重問題，但是經由本研究者與三位個案的老師討論後，三位老師對此同一個學習問題行為卻不同的教學介入策略，因為三位老師都考量到他們各自學生的學習特質以及自己的教學風格，從而擬定出他們自認可以

做得到的方法，而非是由本研究者單方面告知三位教師要如何執行介入
策略，所謂問題——解決策略的絕對對應措施；而三位普通班教師對於
此種問題解決模式，皆予以高度肯定與支持，因為他們覺得他們的專業
與實務經驗受到了尊重，也更能實際解決學生的問題。

　　簡言之，此教室內學習行為問題解決模式乃希望落實由資源教師
（如研究者在本研究所擔任的角色）擔任間接諮詢角色的互動式問題解
決模式，問題解決的介入策略皆能考量到每一個教室內的生態環境獨特
性，由普通班教師和特殊教育教師共同討論擬訂出問題解決方式，以協
助普通班教師能早期介入疑似讀寫障礙學生的問題發現和轉介工作，而
不管此些疑似個案最後是否被鑑定為讀寫障礙學生，資源教師和普通班
教師皆能繼續幫助此些學生，克服他們國語文的學習困難，真正落實帶
好班上每一個學生的教育理念。

　　本研究所提出之模式共有三個階段九個程序步驟：1. 普通班教師發
現有國語文學習困難的學生；2. 普通班教師轉介此個案給資源教師，並
填寫各縣市特殊教育學生鑑定及就學輔導委員會所要求之特殊教育學生
相關轉介資料3. 資源教師參考相關資料，例如作業單、評量單等，認為
個案為疑似讀寫障礙學生後，即可排定一至三節課時間，進入此個案之
國語課堂，進行教室觀察記錄；4. 根據觀察記錄分析個案之學習問題；
5.資源教師對照檢核表以及其他資料，以初步確認個案是否為疑似讀寫
障礙學生；6.1 若初步確認疑似讀寫障礙學生，則作各縣市特殊教育學
生鑑定及就學輔導委員會所要求之學習障礙學生鑑定程序之相關評估；
6.2 若初步確認非疑似讀寫障礙學生，則對普通班師說明理由；7. 不管
是否為讀寫障礙學生，資源教師皆應與普通班教師合作，共同擬訂出在
普通班可執行之問題解決策略；8. 資源教師再度排定時間，進入個案實
施介入策略之課堂，進行教室觀察和相關資料分析，以評估個案的介入
成效和發展狀況；9. 結束此一階段目標行為之問題處理。

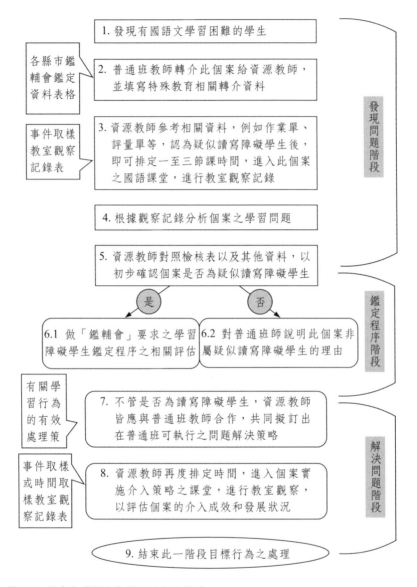

圖 4-2　教室內學習行為問題的解決模式

　　模式之第一至第五個步驟，乃為發現問題階段，此過程可與各縣市之特殊教育學生之鑑定及就學輔導委員會的疑似學習障礙學生的轉介作業結合，此階段的主要工作乃為透過教室觀察、父母訪談和蒐集學生的

學業表現等（例如評量考卷和作業簿等），以澄清個案的學習困難是否為文化不利、缺乏學前經驗或教學不當所造成，亦即是做初步確認個案的學習困難形成因素是「不能也」或是「不為也」。接著即可進入第六步驟之鑑定程序階段，此階段乃是如果資源教師確認此個案「是」為疑似讀寫障礙學生，則須進行個別智力測驗和認字及閱讀理解測驗等學習障礙鑑定評估，若是疑似智能障礙或其他障礙，則依據身心障礙學生鑑定標準做進一步評估，再送交各縣市的特殊教育學生鑑定及就學輔導委員會做綜合研判；如果資源教師確認此個案「非」為疑似讀寫障礙學生，可能僅是缺乏學前的教育經驗，或是對國小學校環境的適應較困難而已，則資源教師應對普通教師說明其推薦學生非屬讀寫障礙學生的理由，以讓普通班老師可以了解其責任和可協助此學生之處。第七至第九步驟是屬於問題解決階段，亦即是不管是否為特殊教育學生，資源教師皆繼續協助普通班教師，尋找出普通班老師和特殊教育教師皆認為適合於某個案的學習問題解決策略（附錄二所提供之教室內常見行為問題處理技巧，即是想要提供給特殊教育教師和普通教育教師一個討論解決策略的資料庫）。通常對非特殊教育學生而言，教室內的學習問題行為大致數量較少，複雜程度亦較低，因此教師教學指引的介入大致比較容易見其成效；反之，讀寫障礙學生由於受其中樞神經功能受損的影響，學習問題行為也相對數量和複雜性升高，需要特殊教育教師和普通班教師緊密合作，方可有效解決其學習困擾。

　　最後，綜合三年的研究結果與建議，研究者提出下列五方面的配套措施，以增加對讀寫障礙學生學習問題行為解決之成功率。

一、提昇資源教師間接諮詢之專業能力

　　此讀寫障礙學生教室內學習行為問題解決模式中，資源教師乃承擔攸關成敗關鍵之諮詢者的角色，以提供普通班教師對於學習有困難學生的協助。此乃因為在普通學校中，資源教師乃是最主要的特殊教育人力資源，而資源教師的職責主要有兩方面，一為提供特殊教育學生直接的補救教學和特定能力訓練，二是提供普通教育教師或特殊教育學生的諮

詢協助；因此對普通班老師提供特殊教育相關的有效學習策略或建議，確實已是資源教師必備的專業能力之一，也是我國走向融合教育的起步；然而不可諱言，以現今我國國中和國小的資源教室實施現況而言，仍多以對特殊教育學生的直接教學或能力訓練為主，資源教師之間接諮詢服務的品質與數量仍有待加強。若能提昇資源教師之專業諮詢能力，應更能有效解決普通學校中特殊教育學生的相關問題，也更能加強普通教育教師和特殊教育教師之間的協調合作。

二、儘早提供特殊教育之安置服務

本研究發現讀寫障礙學生的學習障礙特質，在國小一年級上學期即已明顯可見，例如在國語課教室內他們已經顯著無法跟上教師的教學指令、在作業單或考卷上已經錯誤百出或是空白一片；因此在一年級上學期結束時，針對嚴重的讀寫障礙學生，乃已經足夠蒐集出明確的證據以鑑定為讀寫障礙學生，從而在一年級下學期一開始就安置他們至資源教室接受補救教學。本研究長期個案追蹤結果亦發現一年級下學期就進行補救教學，對讀寫障礙學生的幫助成效顯著，亦即是特殊教育從此時即開始介入服務，此些讀寫障礙學生落後其他正常發展同學至多僅為一學期的差距而已，假若此落差不會隨著時間而增大，則特殊教育的成效就值得肯定；而對於僅是學習困難而非讀寫障礙學生而言，亦可藉由資源教師和普通教師的攜手合作，對此些學生提供有效的幫助，讓他們及早彌足學習落差，直追而上其他同儕發展，落實帶起班上每一個學生的教育理想。

三、落實普通班教師對讀寫障礙學生之個別化評量實施

本研究發現讀寫障礙學生對一般教室內常用的國語文評量方式有明顯的困難，因此建議國小低年級教師在實施國語文聽寫測驗時，可將題目重複多唸幾次並且速度放慢，讓讀寫障礙的學生可以跟得上老師的唸題目速度，而作答出正確答案。另外，在做紙筆測驗時，教師必須對此些學生再另外詳細解釋題目的意思，以及如何回答此類問題的方法和步

驟，以幫助此些學生真正了解如何作答，減少考試挫敗的無力感和增加成就感，所謂考試技巧之學習策略教學。而資源教師必須加強對普通班老師的溝通和聯繫，以讓普通班老師知道如何執行讀寫障礙學生的個別化評量。

四、教室自然觀察之實用性有待推廣

教室自然觀察紀錄能對研究對象在普通班的學習行為和學習成效能提供完整且明確的資料，讓普通班教師及特殊教育教師得以了解某些學生的學習困難所在，從而擬訂出個別化的有效介入策略；此外目前我國的資源班經營對回歸標準一直有所爭議，而教室自然觀察紀錄正可協助特殊教育教師，評估某些特殊教育學生是否已經具備回歸普通班學習的能力，以決定何時該讓某些學生結束特殊教育的服務，回歸參與其原班級的學習生活。因此以了解學生的學習問題，以及評估學生的獨立學習能力的目的而言，教室自然觀察確實值得推廣。

五、加強對普通班教師之教學設計理念溝通

對普通班老師的特殊教育理念宣導時，應可對普通班教師提供特殊教育有效教學設計的一些原則，例如建議普通教師在進行團體教學活動時，對於即將進行的下一個活動之指導語，必須儘可能的詳細、明確且多重複幾次，例如老師對全體學生說：請各位同學翻到課本第幾頁、翻到第幾課、從第幾行唸起等（即是要有明確的頁數、行別或課別等），並且隨時核對某些特定對象是否按照教師指示反應；如有可能亦可安排幾位能力較佳的同學，坐在某些特定對象的座位旁邊，提供適時的指引、協助或示範。

本研究發現低年級的讀寫障礙學生，已經明顯地出現中文字詞的認讀或書寫上的困難或速度緩慢現象，因此透過個別化教育計畫會議時，特殊教育教師應該具體建議普通班教師「斟酌」減少對讀寫障礙學生的回家功課數量、課堂習作練習份量或是生字詞抄寫數量，此建議並非要讓讀寫障礙學生成為班級內的特權分子，或是縱容他們的學習障礙；而

是希望能考量讀寫障礙學生「之不能也」的困難和學習負荷量，家長或是特殊教育教師所應堅持的是讀寫障礙學生真正的平權而非特權。本研究確實發現過量的作業或習作負擔，只是導致讀寫障礙學生對國語文學習的恐懼與排斥，並無助於他們的學習成效，甚至會造成拒絕學習的反效果。

綜論之，依據三年的實證研究結果，本研究嘗試提出上述一個動態的教室學習行為問題解決模式，再加入五項配套措施，乃是希望能增加普通學校內實施「讀寫障礙學生教室內學習行為問題解決模式」的可行性；本研究長期研究同一群讀寫障礙學生後，確實驗證早期介入特殊教育服務制度對讀寫障礙學生和疑似個案的顯著成效，更深刻體會到資源教師扮演間桉諮詢角色，對普通班老師面對其班上讀寫障礙學生或學習困難學生的具體助益，確實可以落實融合特殊教育和普通教育的可行性，因此期許此「國小低年級讀寫障礙學生教室內學習行為問題解決模式」能獲得更多肯定與推廣，以幫助更多需要協助的國小低年級學生。

參考文獻

一、中文部份

王瓊珠（2002）：**學習障礙：家長與教師手冊**。台北：心理出版社。

白可（1997）：觀察手記──和國字書寫障礙的戰爭。**台北市學習障礙
者家長協會簡訊**(8)。

朱乃長譯（1996）：**聰明的笨蛋：一個閱讀障礙患者的故事**。台北：業
強出版社。

林幸台、吳武典、吳鐵雄、楊坤堂（民81）：**學習行為檢核表**。國立台
灣師範大學特殊教育研究所。

林國花（1980）：**國小閱讀障礙兒童成就與能力差距鑑定方式之研究**。
國立彰化師範大學特殊教育研究所碩士論文（未發表）。

孟瑛如、陳麗如（2001）：**國民中小學學習行為特徵檢核表**。台北：心
理出版社。

洪儷瑜（2000）：特殊需求學生轉介資料表。載於**學習障礙鑑定與診斷
指導手冊**。台北：教育部特殊教育工作小組。

陳玉英（1994）：國小學習障礙兒童國語科錯別字出現率及學習行為調
查分析，**國小特殊教育**，16，29-35。

國立台灣師範大學特殊教育中心（1980）：**身心障礙學生數學科直接教
學與補救課程綱要與教材**。台北：國立台灣師範大學。

教育部特殊兒童普查委員會執行小組（1993）：**中華民國第二次特殊兒
童普查報告**。台北：教育部教育研究委員會。

教育部特殊教育工作小組（2004）：**九十二年度特殊教育統計年報**。台
北：教育部。

郭為藩（1978）：我國學生閱讀缺陷問題的初步調查及探討。**台灣師大
特殊教育研究所集刊**，20，57-58。

鄭日昌等譯（1995）：**校內行為評估**。台北：五南圖書公司。

蕭金土（1995）：**數學學習障礙特徵評量表編製之研究**。國立政治大學

教育研究所博士論文，未出版。

蘇淑貞、宋維村、徐澄清（1984）：中國閱讀障礙兒童之類型及智力測驗。**中華心理學刊**，26(1)，41-48。

二、英文部份

Aaron, P. G., & Joshi, P. M. (1992). *Reading problem: Consultation and remediation*. New York, NY: The Guilford Press.

Alber, S. R., Heward, W. L., & Hippler, B. J. (1999). Training middle school students with learning disabilities to recruit positive teacher attention. *Exceptional Children, 65,* 253-270.

Bateman, B. (1993). LD identification. *Special Ed-in-Law, 1,* 47-50.

Bender, W. N. (2001). *Learning disabilities.* Needham Heights, MA: Allyn and Bacon.

Bond, G. L., Tinker, M. A., Wasson, B . B., & Wasson, J. B. (1994) *Reading disabilities: Their diagnosis and correction.* Needham Heights, MA: Allyn & Bacon.

Deshler, D.D., Ellis, E.S., & Lenz, B.K. (1996). *Teaching adolescents with learning disabilities: Strategies and methods* (2th ed.). Denver, CO: Love.

Engelmann, S., & Carnine, D. (1991). *Theory of instruction: Principles and applications.* Eugene, OR: ADI Press.

Hallahan, D. P., Kauffman, J. M., & Lloyd, J. W. (1999). *Introduction to Learning Disabilities* (2nd ed.). Needham heights, MA: Allyn & Bacon.

Henley, M., Ramsey, R., & Algozzine, R. (1993). *Characteristics of and strategies for teaching students with mild disabilities* (pp. 160-162). Boston: Allyn & Bacon.

Kameenui, E. J., & Simmons, D. C. (1990). *Designing instructional strategies.* Columbus, OH: Merrill.

Kneedler, R.D., Wissick, C.A., & Lloyd, J.W. (1998). Notes from a field study of self-recording in a fifth-grade classroom. *Effective School Practices, 17*(2),

63-69.

Lerner, J. (2003). *Leaning Disabilities: Theories, diagnosis, and teaching strateg-ies* (9th ed.). Boston, NJ: Houghton Mifflin Company.

Lloyd, J. W., Kauffman, J. M., Landrum, T. J., & Roe, D. L. (1991). Why do tea-chers refer pupils for special education? An analysis of referral records. *Ex-ceptionality , 2*, 113-126.

Logan, K., Bakeman, R., & Keefe, E. (1997). Effects of instructional variables on engaged behavior of students with disabilities in general education clas-srooms. *Exceptional Children, 63* (4), 481-497.

Logan, K.L., & Malone, D.M. (1998). Comparing instructional contexts of stu-dents with and without severe disabilities in general education classrooms. *Exceptional Children, 64* (3), 343-358.

Miles, T. R., & Miles, E. (1996). *Dyslexia: A hundred years on.* Buckingham, English: Open University.

Ott, P. (1997). *How to detect and manage dyslexia.* Oxford, English: Heinemann Educational Publishers.

Platt, J. M., & Olson, J. L. (1997). *Teaching adolescents with mild disabilities.* Pacific Grove, CA: Brooks/Cole.

Torgeson, J. K.(1991). Learning disabilities: Historical and conceptual issues. In B.Y. L. Wong (Ed.), *Learning about learning disabilities.* San Diego, CA: Academic Press.

Wood, J. W. (1992). *Adapting instruction for mainstreamed and at-risk students.* New York: MacMillan.

附錄一

國小中文讀寫障礙學生國語課學習行為特徵檢核表

編製者　林素貞

學校：＿＿＿＿＿＿＿＿國民小學　　觀察日期：＿＿年＿＿月＿＿日
姓名：＿＿＿＿＿＿＿＿　　　　　評 量 者：＿＿＿＿＿＿＿＿
班級：＿＿＿＿年＿＿＿＿班　　　職　　稱：＿＿＿＿＿＿＿＿

親愛的老師，您好：

　　這份檢核表是藉以了解國小一至三年級疑似讀寫障礙學生在普通班教室內的學習狀況，以了解學生在教室之學習適應情形，和作為篩選讀寫障礙學生的參考。請您先對普通班老師推薦出來疑似讀寫障礙學生，做過排他性考量（即非直接單純由視覺障礙、聽覺障礙、智能障礙、情緒障礙、文化不利，或動機不足等因素造成之學習困難），再安排對個別疑似個案做一至三節的國語課教室觀察記錄（請利用「教室觀察記錄表」），請一次僅做一個個案之觀察。此觀察記錄表和檢核表，皆以老師的教學指示為刺激，學生的對應行為為反應做記錄；請盡量據實的記錄觀察學生和其隔座對照學生之行為反應，而不做教師之個人解釋或推測行為發生之原因。

　　再請您根據每節課觀察記錄之結果，歸類判斷「1-1、1-2、1-3等」之學生反應行為，此時您的判斷可以比較觀察學生和其對照學生間的差異，若觀察學生的反應與檢核表內容相符合，就予以做一次劃記，依此類推，最後總計時一次劃計算一分；受評量者在此檢核表的劃記得分，若等於高於七分，即表示此受評量者符合國小讀寫障礙學生的學習行為特徵，需要做進一步之診斷鑑定。

　　此外，觀察期間若有任何特殊狀況或事件，請記載於特殊記事一欄，謝謝您。

# 老師對全體學生之教學指令 　#-#. 學生反應	劃記
1 教師要全體學生拿出課本／習作／作業本／空白紙張／家庭聯絡簿／鉛筆時：	
1-1 還在繼續做其他的活動，對老師的要求沒有反應，並未照著做。	
1-2 對老師要求的東西要找一找，有時還是找不到；或是找到時，其他同學已經進行下一個活動有一段時間了。	
1-3 先看看別人在做什麼，再拿出老師要求的東西，所以其動作或速度已經比其他同學慢了一些。	
2 教師要全體學生翻開課本／習作之某一頁時：	
2-1 看看別人翻到哪裡，或是需要老師或其他同學的協助，才能找到教師指定的那頁。	
2-2 沒有照著教師的要求執行，在發呆或是做著自己的事。	
3 教師要全體學生一起唸課本／習作／黑板／投影片上的文句時：	
3-1 還在做上一個活動，沒有跟著唸。	
3-2 根本不知道要唸那裡，所以沒有唸；或是此時目光飄移不定、遲疑、發呆或不知所措。	
3-3 顯然跟不上團體唸的速度，即使嘴巴有跟著動，但是並沒有發出聲音；或是嘴巴跟著動，但是唸得含含糊糊的。	
3-4 用食指指著課本上文句的位置，然而是一行一行的滑行，而非一個字一個字的移動。	
4 教師唸一個字／一句／一段文句，要全體學生一起唸一個字／一句／一段文句時：	
4-1 沒有注意到老師的示範，沒有跟著做或是自己在動來動去。	
4-2 有跟著一起唸，但是唸錯的狀況大於唸對的狀況。	
4-3 唸得含含糊糊或是斷斷續續。	
5 教師要全體學生一起舉起手，練習生字之書空時：	
5-1 會舉起手，有時跟著大家一起做動作，有時又沒有跟著大家一起做動作。	

5-2 先舉起左手，但是又常會替換右手。	
5-3 跟著大家一起筆畫，但是筆畫或筆順常常不正確。	
5-4 跟不上大家的節奏或速度。	
6 教師對全體學生講解課文相關內容、說明事項時：	
6-1 沒有注意聽老師的講解或說明，會做其他的事、發呆或是動來動去。	
7 教師要全體學生各自在其課本／習作上找到老師唸出的語詞，在圈出語詞時：	
7-1 找不到老師提到的語詞，會站起來或轉頭看看別人的課本。	
7-2 需要老師或鄰座同學的協助。	
8 教師要全體學生將黑板上的資料抄到課本／習作／作業本／家庭聯絡簿時：	
8-1 寫的過程中，常常寫寫停停；或是停下來再看看別人做到哪裡了。	
8-2 抄寫的過程中，常常是分解一個字／注音符號的一筆一畫形式仿寫，需要多次分別的看黑板再寫，而非一個完整字形／注音符號一次抄完；因此抄寫的速度很慢，也容易出錯。	
9 教師問全體（個別）學生問題，或是要求知道答案的學生舉手時：	
9-1 沒有參與。	
9-2 主動反應的狀況比其他同學少。	
10 教師叫某一學生起來獨自進行某一活動；例如唸課文、唸句子、回答問題時：	
10-1 繼續做著自己的事，沒有注意此一同學正在進行的活動。	
11 教師給學生一段時間以完成獨立作業，例如寫習作、抄課文語詞時：	
11-1 不知道要做什麼事，會發呆或是不會寫。	
11-2 寫寫改改，會常常參考看看其他同學的內容或答案。	

12 教師要全體學生自行訂正「習作」，檢討考卷時：	
12-1 需要參考看看其他的同學怎麼做。	
13 教師要全體學生結束上一階段的活動，而欲進行下一階段的教學活動時：	
13-1 仍然繼續進行著上一個活動，或是做著其他的事，而不能在老師的要求時限內展開新階段的活動。	
學生反應之統計：	

檢核評量結果：請在適合之建議事項前打「ˇ」（可複選）

　　　　　　學生反應之得分等於或高於七分，疑似中文讀寫障礙學生，需做進一步之學習障礙之鑑定。

　　　　　　學生反應之得分等於或高於七分，非似中文讀寫障礙學生，可做□智能障礙、□情緒障礙、□發展遲緩、□其他等之進一步鑑定。

　　　　　　學生反應之得分低於七分，非屬於中文讀寫障礙學生，建議請□學校輔導室、□導師、□家長多加輔導。

國小中文讀寫障礙學生國語課學習行為特徵檢核表

編製者　林素貞

教室觀察記錄表

_____國民小學_____年_____班　　　　　　　科目：國語課

觀察日期：_____年_____月_____日　第_____節

觀察學生：_____　　對照學生：_____

觀　察　者：_____　　職　　稱：_____

　　此記錄表中，老師（全體學生或某一學生）是指由老師所作之教學指令或教室管理，以及由全體學生或某一學生所提出之問題和發生之狀況等。觀察學生是指由其普通班老師推薦疑似中文讀寫障礙之學生。對照學生則請觀察者隨機擇取坐在觀察學生之左邊或右邊座位便於觀察記錄之任一學生。請盡量據實且客觀的記錄老師、觀察學生和其對照學生的所有行為，但不做觀察者之解釋或推測學生行為發生的原因。

時間	老師（全部學生或某一學生）	觀察學生	對照學生

頁數：_____

附錄二

教室內常見行為問題的處理技巧

行為問題	處理技巧
• 眼高手低 （如：覺得自己應該考九十分以上，但每次都只考五十分）	1. 幫忙學生將長期目標分解成幾個短期目標，以符合其能力所及。 2. 以詰問技巧讓學生思索要達到目標所需的步驟。 3. 讓學生把達成階段性目標的時間表清楚的列下來。
• 沒有頭緒 （如：對於長一點的作業不知如何下手）	1. 將大作業分成幾個小作業完成。 2. 給與作業範例讓學生了解每個步驟要如何做，並將範例貼在學生常常看見的地方。 3. 將作業按優先次序排出來。 4. 指派班上幾位學生當學障學生功課上的「盟友」，不懂可以打電話問他們。
• 有始無終 （如：一會兒做這件事，沒有完成又去做另一件事）	1. 清楚交代完成的標準。 2. 在一件事沒有完成前，不要再派另一項作業。 3. 把作業的量減少，先求質不求量。 4. 經常給與正增強，一旦學生做好某部分就鼓勵他。
• 東進西出 （交代過的事立刻就忘）	1. 下指令前先贏得學生的注意。 2. 給與注意的訊息。 3. 口頭、書面訊息同時使用。 4. 一次下一個指令。 5. 過一段時間再提醒一次。 6. 要學生覆述你說的話。
• 記性差	1. 運用多感官的學習方式（聽、說、讀、寫、做）。 2. 教導記憶策略（如：覆誦、組織、記憶術等）。
• 考試不利	1. 增長考試時間。 2. 允許聽問題再用口頭回答。 3. 考卷的排版間距不要太擠。 4. 問答題式的答案卷可以打上橫線，方便學生書寫時對齊。
• 不明所以 （如：不明白他人肢體語言所代表的涵義）	1. 直接教導非語言線索的意義。 2. 私下讓學生練習如何對非語言線索做反應。

• 不會抓重點 （如：讀過後無法說出大意、重點，只記得一些枝微末節的事情）	1. 老師提供課文／上課綱要。 2. 將重點的部分畫線或加強。 3. 先教主要概念再談細部概念。 4. 請筆記寫得比較好的同學給學障學生一份影印筆記。 5. 鼓勵使用錄音機，事後可以反覆聽。 6. 老師上課可用關鍵字提醒學生重點，如：第一點、第二點……、最重要的是……。
• 容易分心 （如：容易為外界的聲音干擾、作白日夢、精神飄移不定）	1. 鼓勵專心的行為。 2. 將活動拆成一個一個的小活動。 3. 走近容易分心的學生。 4. 安排學生坐到干擾較少的位子。
• 亂七八糟 （如：生活事務凌亂不已）	1. 教導組織的技巧。 2. 將每日（星期、月）要做的事情列表。 3. 將每天必須帶的東西做一張清單，經常核對東西是否帶齊了。 4. 讚美正確的作業格式。 5. 安排一個小幫手幫忙學障學生組織事務。 6. 把東西放在固定的地方。
• 寫字困難 （如：筆畫混亂、用力不當）	1. 准許學生使用電腦打字代替手寫。 2. 評作業內容而不是字寫得好不好看。 3. 允許用其他方式做作業（錄音、照相、剪貼等）。 4. 在筆上套一個握筆器，矯正不良的握筆姿勢。
• 缺乏讀書技巧	教導學科特定的研讀技巧，如組織、找標題、瀏覽等。
• 自我監督能力不佳 （如：經常有粗心大意的錯誤）	1. 教導停—看—聽的技巧。做事前先想一想再行動。 2. 要求學生做完功課要檢查。
• 搗亂上課秩序 （如：插嘴多話、以不當方式想獲得他人注意）	1. 想辦法讓學障學生主動參與學習活動。 2. 鼓勵孩子適宜、專心聽課的行為。 3. 讓孩子的座位距離老師比較近。 4. 教導孩子辨認手勢，知道什麼時候可以說話，什麼時候不宜。
• 中途轉換困難 （如：老師已經說到下面的地方，孩子還在拿簿子、找鉛筆）	1. 在轉換活動前先預告。 2. 把每個步驟一一呈現，直到孩子習以為常，了解固定的流程。 3. 安排一個小幫手在旁協助。

• 坐不住 （如：經常動來動去像毛毛蟲一般）	1. 給與孩子一些正當的理由起來活動，像擦黑板、上台寫字、收發簿子、倒茶。 2. 將活動拆成數個小活動，孩子一旦完成一小部分就鼓勵他。
• 衝動 （如：沒有聽完問題就急著搶答、做危險動作而沒考慮後果）	1. 讓孩子的座位距離老師比較近，老師可就近監督。 2. 事先告訴孩子老師預期的行為是什麼。 3. 強調停─看─聽的技巧。 4. 讓孩子學會預見危險的狀況並先做準備。
• 不耐壓力 （如：競賽結果一旦失敗就很容易被激怒）	1. 強調活動的目的在努力的過程，而不是和別人競爭。 2. 鼓勵合作性的活動，減少限時的競賽。
• 低自尊	1. 提供成功的經驗。 2. 對學生進步的狀況給與回饋。 3. 讓學生有機會秀出他的長處。
• 不會運用時間	1. 對於結構鬆散的活動訂出明確的目標（如：這節課到圖書館看書，要查出三本書的作者）。 2. 對小事務的完成訂出一個時間表，一旦完成就立即給正增強。 3. 用計時器讓學生學習掌握時間。

資料來源：Suggested Classroom Accommodations for Specific Behaviors.
Available FTP: www.cdipage.com 轉載自王瓊珠，2002，已取得作者同意。

作者小語

林素貞

邱上真老師在高雄師範大學同事，合用辦公室、合作研究與指導學生

民國九十年夏天，我從彰化師大學轉任高雄師大，邱老師發現原先系上預計給我使用的研究室無法容納我從彰師大搬來的家當，她決定讓出原來個人擁有的大研究室當作教室，而和我共用另一間教室所隔成兩半的研究室，從此我倆共處一室，朝夕相處，成為教學、研究和生活的好鄰居。三年半來讓我感受到邱老師的治學之嚴謹、認真，對人之包容，以及生活之浪漫。藉此機會我誠摯感謝邱老師多年來的身教與照顧，點滴在心頭。

5

閱讀障礙學生識字教學研究回顧與問題探究

王瓊珠

摘要

　　識字困難是許多閱讀障礙者的共通問題，而識字又是開啟閱讀之鑰，因此，本文係從識字歷程、識字發展與閱讀障礙者的識字困難談起，並回顧國內二十七篇針對閱讀障礙或國語科低成就學生所做的識字教學研究（西元1996～2004），歸納其研究結果與限制，並提出未來研究上需要思考的幾個議題。整體言之，識字教學成效有個別差異，不易產生類化效果，且需要密集、長時間的練習，在字的層級方有較明顯的進步。不同識字教學法的比較研究指出，意義化識字策略對識字困難學童記字有若干助益，有效教學原則或是綜合多種策略指導也有不錯的成效，但因為實驗人數少或是字量不多，在推論上要趨於保守，若有長期追蹤或樣本數較大的複製研究，才能進一步確認目前發現的結論可信度有多高。未來識字研究的議題可以不需侷限在幾種以文字學為主軸的教學法，還可以比較不同形式識字教材的成效；探討國小階段以後的識字教學方法；設計融合讀寫字策略的教學；或是針對識字量極少還無法累積規則的個案，發展出有效的處理策略。

壹 前言

認字困難是許多閱讀障礙者的共通問題，雖然有少部分特殊閱讀障礙者識字很差但理解還可以，但多數的情形是識字能力不佳連帶影響閱讀理解。從訊息處理理論（information processing theory）的觀點來說，一個人的認知資源容量有限（limited capacity），當識字耗掉太多資源之後，能夠處理閱讀理解的資源就相對減少許多，以至於即使認出全部的字也未必能懂文章的意思。就好比電腦的記憶容量有限，當我們輸入的資訊超過其記憶容量時，電腦會當機或告知存取空間不足無法載入資料，事後自然也不能進行資料解碼。所以，LaBerge and Samuel 的自動化訊息處理理論（automatic information processing theory）就指出讀者解碼技巧必須自動化之後才可能將更多的精力放在閱讀理解之上（Ruddell, Ruddell, & Singer, 1994）；另外，Spear-Swerling and Sternberg（1994）也從識字能力發展落後來解釋閱讀障礙形成的歷程；國內學者楊憲明（1998）比較學習障礙學生和一般學生，同樣發現學習障礙學生在文字辨識自動化的歷程較後者慢。近來研究者對閱讀障礙（dyslexia）的定義已經不只是考慮解碼的正確性，還將解碼速度也一併考慮進去（Dickman, 2002；Shaywitz, 2003）。國際讀寫障礙協會（International Dyslexia Association，簡稱IDA）目前對閱讀障礙（2003）提出的最新定義為：

> 閱讀障礙是學習障礙的一類。它是以語言為基礎的一種障礙，特別在單字解碼上有困難，經常會有語音處理的困難。而解碼的困難與個體的年齡及其認知和學業能力並不相稱，也不是因為發展障礙或是感官缺損所導致。閱讀障礙者可能在數種語言型式都有困難，除了閱讀之外，常包括書寫與拼字的習得問題（Lyon, Shaywitz, & Shaywitz, 2003, p. 2）。

因此，如何增進閱讀障礙學生的識字能力（包括正確性和速度），甚至是連結讀和寫的介入都將是補救教學重要的一環。

事實上，國內針對閱讀障礙學童所做的識字教學研究從九五、九六年開始，包括學位論文，學術期刊和國科會計畫已經累積二十多篇研究。這些研究基本上是根據中文字的特性來進行教學，例如：中文字六書以形聲字居多，秦麗花和許家吉（2000）便以新娘和新郎「結婚」的比喻聲旁和部首的結合，讓孩子思考會生出什麼樣的孩子。有些研究者則按字形、字音、部首、基本字的性質先歸類，將同字音、同部首或字形相似的字當成一組字來教，目的是減少孩子的記憶負擔（王惠君，2003；呂美娟，2000；沈麗慧，2002；林素貞，1997、1998；陳靜子，1996；黃道賢，2003）。再者，也有研究者試圖教孩子組字規則，組字規則像「氵」永遠放在字的左邊，「宀」則在字的上半，國字的組合並非亂無章法，孩子熟悉那些原則有助於改正部首錯置的情形（李品蓓，2002；李淑媛，1999；胡永崇，2001；陳秀芬，1999），而李品蓓（2002）、葉淑欣（2002）、溫瓊怡（2003）、孫宛芝（2004）的研究還將識字與電腦輔助教學結合，此外，也有研究者覺得單認識國字不夠，因此，她們將識字與寫字結合（呂美娟，2000）或是將識字和閱讀融合在一起（王淑貞，2000；李品蓓，2002；施惠玲，2000；張維真，2004；葉淑欣，2002）。而這些識字教學研究結果究竟發現了什麼？有哪些不足也值得檢驗。

綜而言之，既然識字是許多閱讀障礙者的困難，又是開啟閱讀的關鍵之鑰，因此，本文將從識字歷程、識字發展與閱讀障礙者的識字困難談起，再回顧國內針對閱讀障礙或國語科低成就學生所做的識字教學研究，歸納其研究結果與限制，並提出未來研究上需要思考的幾個議題。

貳 識字歷程與識字困難

中文字的辨識歷程為何？目前有曾志朗（1991）的「激發─綜合」二階段模式，胡志偉（1989），胡志偉和顏乃欣（1995）的「多層次字

彙辨識理論」。曾氏認為漢字之字形、字音、字義不同的訊息以平行分布的方式儲存在記憶系統中，在「激發」階段，刺激字的各種相關訊息（包括與刺激字之聲旁有關的可能發音）都會被激發，在「綜合」階段，讀者根據多重線索「合成」一個最可能的發音，然後做出反應，各線索互相合作產生「共謀效應」，使讀者很快認出字來（見圖5-1）。

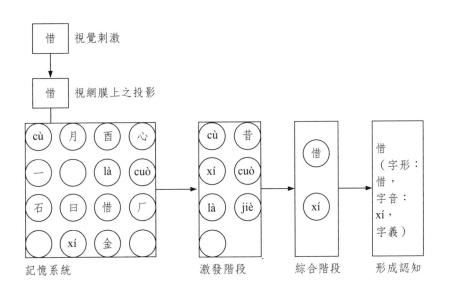

圖 5-1　激發—綜合二階段識字模式

（資料來源：中國人、中國心──發展與教學篇，曾志朗，1991，頁 550。）

　　胡志偉和顏乃欣（1995）參考 Glushko（1979）與 McCelland and Rumelhart（1981）所提出的英文字辨識理論，主張中文字的辨識歷程為「多層次」，所謂「多層次字彙辨識理論」係指人類依賴多年習字，閱讀的經驗來分析呈現在視覺系統中的文字。一個有多年閱讀經驗的人，在長期記憶中，字形記憶並不是孤立存在的，它和字音與字義的記憶表徵，以及和其他形似字形記憶之間均有或強或弱的連結，這些連結彼此產生交互激發或抑制的作用，直到具有最高位階的字形記憶、字音記憶與字義超過辨識閾，到達意識層面，才完成文字辨識工作。例如：長期

記憶中的「女」、「子」、「好」的字形被激發，這些被激發的字形記憶又會去激發和他們相似的字形記憶，像「女」可能激發「媽」、「好」、「如」等字的記憶，最後，接受最多回饋的字形記憶與字音、字義記憶表徵連結，完成文字辨識工作（見圖5-2）。

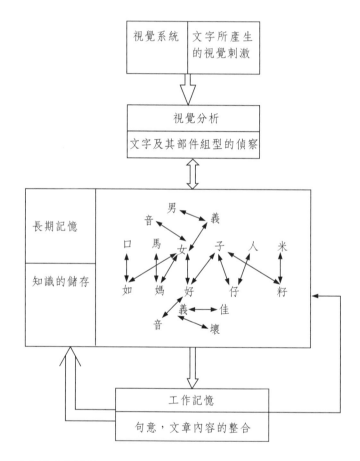

圖 5-2　多層次字彙辨識理論

（資料來源：語言病理學基礎第一卷，胡志偉、顏乃欣，1995，頁 49。）

　　曾志朗（1991），胡志偉和顏乃欣（1995）的理論模式名稱雖然不同，但是很多見解是一致的。例如：漢字形、音、義記憶彼此均有或強或弱的連結，如同一張大網，當讀者看到一個漢字時，其形、音、義相關的記憶都會被激起，只是快慢不同，Perfetti和Zhang（1991）的實驗指出：中文字形通常最先處理，約在視覺刺激呈現後二十～三十毫秒，而後才是字音與字義。最後讀者需要綜合各種線索，得出一個最有可能答案。

　　從漢字的辨識歷程來看，成功的辨識有賴字形、字音、字義間的正確連結，然而在辨識和搜尋的過程中，讀者並不是一次處理一筆資料就好，而是同時觸發心理詞彙庫中各種相關的訊息，包括：漢字的部件，與目標字相似字的字音與字義，因此，讀者需要進行層層的訊息比對（matching），自然得用到視覺辨識和工作記憶，協助分辨相似字形刺激，以及暫儲資料（含形、音、義）直到最後的結果出現。

　　有實證研究指出：識字困難組學生在「字形或形似錯誤」以及「字音或音似錯誤」類型的犯錯人數顯著多於普通配對組學生，但在「字義關連或是義似錯誤」類型上，兩組學生卻沒有顯著差異（陳慶順，2000），結果與柯華葳（1994）對六千二百位小一學童國字注音和造詞錯誤類型的研究相似，該研究亦指出：初識字的學童因字形相似而誤認的字最為普遍，占67%，如：有邊用邊，把「滌」當「條」，造出「一滌魚」的詞；因音同或音似而產生的誤認，占13%，如：將「覺」當成「決定」的「決」，「昌」當成「蒼蠅」的「蒼」。至於，因義造成的誤認並不多。換言之，無論是一般學童或識字困難者字形分辨都是主要的難點，其次是字音的部分。

　　在識字相關的認知成分分析方面，陳慶順（2000）並未發現識字困難組兒童和一般配對組兒童的識字能力和各認知成分有顯著相關。而陳美文（2002）以國小二、三年級三十七名學童，依照其識字和寫字表現，分為「普通對照組」，「識字困難組」，「手寫困難組」以及「讀寫困難組」，探討讀寫能力與認知能力的關係，研究發現：在眾多的認知能力測驗中，不同識字評量內容與學童的拼音能力有較高相關，其次

是工作記憶、序列記憶。不過，陳慶順（2000）和陳美文（2002）都沒有發現識字與各認知成分之間有極高且一致的相關存在，因此，未能對識字困難與諸多認知能力間的關係提出一個較全面的解釋。但是如果只針對少數特定的認知成分，比較閱讀障礙者和一般學生的差異，仍可發現兩者在聲韻覺識（李俊仁，1999），工作記憶，唸名速度（曾世杰，1999）等變項上有差異，閱讀障礙者似乎在語音保留，詞彙搜尋速度與意義判斷上皆有困難。

參 識字發展與識字困難

從發展的角度，識字能力是日積月累的結果，並不是畢其功於一役。萬雲英（1991）指出一般學童的識字歷經⑴泛化階段，⑵初步分化階段，以及⑶精確分化階段。在泛化階段，學童對於漢字形、音、義三者的關係模糊，也不了解漢字的基本單位和組字規則，因此容易錯置偏旁或發生筆畫錯誤的情形。到初步分化階段，漸漸掌握字形的基本結構，只是對細微的差別不夠注意，因此容易出現錯別字。到了精確分化階段後，學童已經熟悉偏旁，部首等組字單位，組字規則，掌握漢字形、音、義三者的關係，識字正確率和流暢度增加。實證研究亦指出小學三年級以上的學生才比較會用部首來推敲生字的字義，而且語文程度愈好的學生愈具備這項能力（Shu & Anderson, 1997）。換言之，漢字字彙知識的發展是在學童學習一定數量的漢字之後逐漸形成，並非在識字初期立即形成的概念。

國外學者Spear-Swerling和Sternberg（1994）兩人則綜合各閱讀理論與研究，提出一套理論解釋造成閱讀困難的路徑（見圖5-3），一般成熟讀者（skilled readers）的發展經歷過幾個階段──視覺線索識字（visual-cue），語音線索識字（phonetic-cue），有限識字（controlled word recognition），自動化識字（automatic word recognition），策略性閱讀（strategic reading），以及高度流暢閱讀（highly fluency reading）階段。在視覺線索識字階段的孩子以整體的字形作為識字線索。在語音線索識

字階段，孩子開始學習運用音韻線索幫助識字，如果無法掌握到音素訊息，孩子會發展出「代償」（compensatory）策略，如：從字形、插圖猜測字義和字音。在有限識字階段，孩子可以充分使用語音和拼字的訊息唸出個別的字，但在識字的速度上還不夠自動化，這階段如果發生問題，孩子可能會從上下文線索猜測可能的字義，因此，上下文脈絡的強弱會影響理解。在自動化識字階段，一般孩子幾乎不費力就能快速而正確的識字，這階段有困難的孩子雖然可以認字，但是認字速度慢，占去相當大的認知資源，因而波及閱讀理解。至於，策略性閱讀階段則已超越單純識字的層次，在這一階段，讀者會依據閱讀目的、文章性質等因素調整閱讀方式，讀者並懂得善用先備知識做推論。如果這階段發生問題，讀者的閱讀效率和效能便打折扣，即便認字能力沒問題。

　　簡言之，Spear-Swerling和Sternberg認為閱讀困難的產生並不是靜態的，只在某個階段才發生，而是當個體偏離了正軌（off track）的發展路徑時就會產生，例如：當個體過度依賴視覺線索識字，不能理解字形和字音的對應關係，更遑論運用拼音規則來解碼，這時他屬於「非拼音型讀者」（nonalphabetic readers），假如能施以適當的教學介入，發展落後的讀者仍然有可能回到正軌，繼續向下一個階段發展。

　　在實證研究部分，王瓊珠（2003）以小學一年級疑似閱讀障礙學童和一般對照組學童各十六名為研究對象，經過一學期三次的觀察，發現經過一學期的學習後，閱讀障礙組兒童之識字量則呈現較為緩慢的成長，其識字量仍在百分等級二十五以下，且與一般兒童識字量差異愈來愈大。綜合三十二位一年級學童朗讀失誤分析、流暢度、閱讀理解以及兩次識字量的評估資料，研究者歸納出六種閱讀發展類型：非讀者（nonreader），萌發型讀者（emergent reader），解字型讀者（code-emphasized reader），遲緩型讀者（slower reader），拼音型讀者（phonetic readers）以及流暢型讀者（fluent reader）。

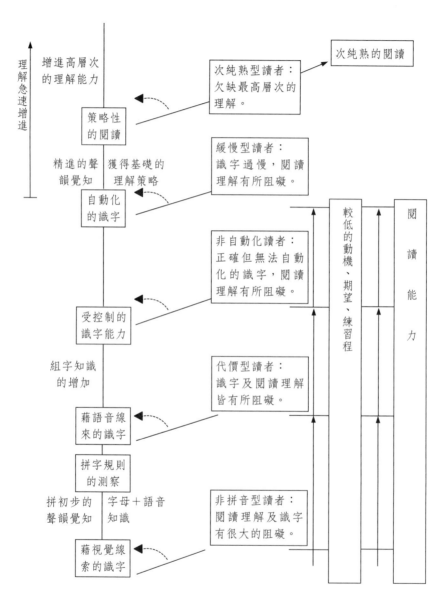

圖 5-3　閱讀發展階段

（資料來源：探索學習障礙兒童，呂偉白譯，2002，頁 98。）

六類閱讀發展類型中，第一、二類的學童基本上都是國字識字量十分少，注音符號認讀困難，因為符號（國字和注音）辨認的困難，因此，還無法念出有意義的故事，或發展粗略的故事基模。第三、四類的學童屬於注音符號認讀無太大困難，國字識字量較為有限，但學童卻發展出不同的閱讀策略，「解字型讀者」較重視念對字音，會花比較多時間拼讀每個字，對全文的理解反倒疏忽了，「遲緩型讀者」則是漸漸學會使用廣泛的策略去閱讀，所以，雖然起步得比較慢，但後來就漸漸接近同儕的閱讀水準。

再從識字的成長趨向來看，一年級疑似閱讀障礙學童與一般學童在初學閱讀階段便已逐漸在識字量上產生明顯的差距（王瓊珠，2003）。另外，林素貞（1998、2003）於一年級教室內所做的自然觀察研究，亦發現讀寫障礙學生在中文字詞的學習上，和對照組的一般兒童相比，明顯無法理解和遵循老師教學指令，對老師提供之教學反應速度亦顯著落後於其他同學。這些狀況似乎應驗了Stanovich（1986）過去所提到的「馬太效應」（Matthew Effect）──富者愈富，貧者愈貧，以及Fuchs、Fuchs及Speece（2002）「雙重差距」（dual discrepancy）的說法，即學習障礙是學習成長速度「緩慢」，表現又嚴重「落後」者，而不是單純的落後而已。

肆 識字教學研究結果與討論

文獻資料來源係從「全國博碩士論文資訊網」，「教育論文線上資料庫」，以及國科會補助的專案計畫中，搜尋「識字教學」和「閱讀障礙」，「閱讀困難」等關鍵詞的交集，結果截至二○○四年為止，共有二十七篇相關的研究（見附錄一），以下將從研究對象，教法與教材，教學成效，以及研究設計幾部分做討論。

一、研究對象

從附錄一得知，多數的研究對象為小二～四年級學生，其中又以小

三學生最多，以小一，五，六年級學生為研究對象的則屬於少數，至於小學階段以後則無。從Chall（1996）的閱讀發展階段來看，小一、二階段屬於識字期，個體開始學字形—字音—字義間的連結關係，小二、三屬於流暢期，讀者開始將新學的生字經由廣泛的練習，達到自動化的程度，到了小四以後則開始以閱讀為媒介開拓新知。所以，就發展的角度小三以前進行识字教學不無道理。而研究者對一般學童識字成長量的估計，亦發現小學四年級以前是學童識字量成長較快速的時期，之後的增長速度趨緩（洪儷瑜、王瓊珠、張郁雯、陳秀芬，投稿中），因此在學童識字成長的關鍵時期做補強乃有其必要性，以免落後狀況日益嚴重。當然，也可能是小三學童閱讀落後的狀況已經趨於明顯，研究者比較能確認個案是否為閱讀障礙者，不似小學一、二年級，研究者多只以「國語低成就」或「學習困難」界定研究對象。

不過值得注意的是，閱讀障礙學生的識字困難並不會於小三之後自動消失，假如學童持續有識字困難，那麼教學對策又是什麼？目前的研究並沒有提供任何答案。聾人教授Peter V. Paul在〈聾人的語言，讀寫能力及思維教育〉一文中，談到literacy（讀寫能力）和literate thought（訓練有素的思維能力）兩個概念的差異，他認為「讀寫能力是聾人是否能在學校和社會中成功的關鍵，但是父母和老師必須決定對這孩子來說，讀寫能力是不是一個切合實際的目標。儘早發展出第一語言是最重要的事，這是『訓練有素思維』的必要條件。」（林玉霞、曾世杰，2002，頁98）他將讀寫能力和思維能力視為兩件事，並提醒教師或家長培養孩子思維能力的重要性並不下於讀寫能力。這想法是否也可以類推到嚴重識字障礙者的身上呢？如果個體的識字能力極受限，是否有替代方案進行讀寫，卻不會阻礙社會參與和生活獨立性？

二、教法

一般來說，識字教學的主張分為「集中識字」和「分散識字」兩大主流，一般學校國語科的識字教學屬於分散識字，即「字不離文」，其優點是讓學童以比較自然的方式在閱讀文章中了解字義，不過考量到中

文字的規律性不易立即掌握，因此，在一年級的前十週先教注音符號及其拼讀，再以注音輔助國字認讀，直至高年級才將注音輔助認讀的任務去除。反觀國內對特殊需求學生的識字教學實驗則多採集中識字，其優點是以系統化的方式教識字，能於短期間收效，學童也容易掌握文字的規則，但易於文章閱讀脫節，流於單調的識字活動。

目前針對閱讀障礙學生的識字教學法大略分為五種取向：(1)從中文字的特性出發，如：基本字帶字（呂美娟，2000；黃道賢，2003）、一般字彙知識教學（李淑媛，1999；陳秀芬，1999）、文字學知識教學（秦麗花、許家吉，2000；黃秀霜，1999；傅淳鈴、黃秀霜，2000）、部首、聲旁、字形分類教學（邱明秀，2004；林素貞，1998；郭紅伶，2001；陳靜子，1996）、部件識字教學（王瓊珠，2004；溫瓊怡，2003）；(2)由閱讀中識字（王淑貞，2000；施惠玲，2000）；(3)融入電腦輔助設計（李品蓓，2002；孫宛芝，2004；葉淑欣，2002）；(4)強化記憶策略（胡永崇，2001，2003）；以及(5)按識字量分級教學（洪儷瑜，2003）。這五類之中又以第一類的研究量最多，以下將幾種不同識字教學法的內涵及其優缺點整理於表5-1。

從表5-1得知，儘管不同的識字教學方法有些從字形，有些從規則，有些從字音，字義，或是由記憶策略切入，然而眾多的教學法莫不朝向降低學習者的認知負荷著眼，即以最有效率的方式學習漢字，打穩識字學習基礎後，學生便能經由廣泛閱讀，擴展字彙量。此外，各漢字教學法都有其侷限性存在，教學法之間也互有重疊，例如：「基本字帶字」是透過解析字形相近的一組字的共同部份（如：晴、精、情、晴、倩、清、請等字的基本字是「青」），先鞏固基本字後，再與不同的部首相結合，以延伸學習一組字群，試圖降低學童記憶的負荷。但是「基本字」在形聲字中，往往也有表音的成分，即相同基本字的字群裡其字音也相近，這樣一來，對許多聲韻分析能力不佳的閱讀障礙學童而言是另一種聲音的干擾（黃道賢，2003），並沒有如預期地大量降低記憶的負荷。

在漢字諸多教學方法中，究竟要從哪個角度切入比較好？各學者有

表 5-1　不同識字教學法之內涵與優缺點

教學方法	內涵	優、缺點
相似字教學	將字形相似字當成字組教	• 降低記憶負荷量，利於記憶力差的學習者記字 • 字與字之間的相似程度缺乏客觀的界線
基本字帶字教學	在共有一獨立字（即基本字）的形似字組中，先學習基本字，再加入不同部首偏旁，形成衍生字	• 基本字為完整字，從此延伸出一組形似字，可降低學習者的記憶負荷量 • 基本字在形聲字中也常表字音，音似字對於語音記憶力差的學習者造成干擾 • 有些基本字筆畫不少（如：專，辟），對學習者是負擔 • 基本字主要係從字形切入，不一定與字義有關
部件識字教學	將漢字解構成部件，指導漢字部件的組合方式	• 符合漢字字形有意義的區辨單位，降低學習者的記憶負荷量，不用記憶片片段段的筆畫 • 適用於所有漢字 • 有些部件非整字，也很難命名，或是形狀相同（如：阜，邑），不易記
一般字彙知識教學	一般字彙知識教學包括：部首表義，聲旁表音，漢字組字規則三項內容	• 適用於所有漢字，特別是形聲字 • 組字規則指導有助於漢字結構的掌握 • 無助於精確字義／字音學習
部首歸類	利用部首表義的特性推論漢字所屬的義類	• 適用於所有漢字，不過一些字的部首與意義不相符 • 有助於推測該字大略的義類，非精確的字義
聲旁歸類	利用形聲字聲旁表音的特性教導漢字的發音規律	• 優、缺點同形聲字教學
形聲字教學	利用形聲字聲旁表音的特性教導漢字的發音規律	• 協助學習者用聲旁猜測字音，對不會拼音的學習者有利 • 只適用於形聲字，不適用於獨體字或其他造字原理所形成的漢字 • 同聲旁的字並不一定同音，多為音似字（如：同韻母），對於語音記憶力差的學習者可能是干擾

（接下頁）

（續表）

由閱讀中識字	以閱讀文本入手，從文脈中識字	・有上下文脈除了學習目標字外，亦涉及字義與詞彙學習 ・識字指導融入真實閱讀情境，具生態效度 ・文本字量較多，對於識字量少的學童而言可能增加學習負擔
意義化識字教學	利用六書原理及文字本身可能的形音義線索或記憶線索，設計有助於記憶漢字的方法。	・降低記憶負荷量，利於記憶力差的學習者記字 ・外加的記憶策略可能形成干擾或降低識字自動化 ・記憶線索的設計可能違反文字學的原理

不同見地，王寧和鄒曉麗（1999）認為漢字主導性的教學法應屬「字源教學法」，即根據六書的造字原理入手，既合乎漢字的科學研究，字理的解釋也不至於前後矛盾，且符合學童對象形而具體事物容易接受的特點（頁279）。至於其他的教學法都屬於「輔助性」。只是，漢字經過數千年的演變後，字源可辨性還有多高？例如：「射」本形象用手拉弓射箭的樣子，後來「弓」形訛變「身」，原來的「手」（「又」示之）形加點為「寸」，已經不復字源的本義。王氏和鄒氏也提到：『「六書」是對既存的漢字體系分析和歸納，因而它不可能與每個漢字都一一對應。』（頁89），另外，字源教學法又多半用於圖畫性較強的象形，指事與會意字（黃沛榮，2001）。所以，並非所有的漢字都能找到六書的造字原理，若有造字原理可循，也得清楚文字演變歷史，才能在字理的解釋上得體，不至於張冠李戴。

所以，黃沛榮（2001）建議從「部件」的角度切入識字教學。所謂「部件」是書寫的最小單位，它介乎筆畫和部首之間，可能小至筆畫，也可能大至偏旁，部件可說是構成漢字的零組件，例如：「伏」字是由「亻」和「犬」組成，「應」字是由「广」，「亻」，「隹」和「心」組成，從部件切入識字教學有利於字形記憶，直接或間接提高識字及寫字的效果。以部件作為教學的單位，較不受制於文字的類別是否屬於圖

畫性較強的字類，可用在所有漢字的學習，但它要面臨的問題包括：如何分析漢字的部件才妥當？當部件不是完整的字時，如何命名以便於記憶？相似的部件（像「阜」和「邑」在字裡的形狀都一樣，只是位置不同而已）如何做好區隔，以免混淆？

　　簡言之，「字源教學法」以字理為主導，重視字義分析，而「部件教學法」以字形為主導，重視字形辨認。對於識字學習而言，字形辨識，字義抽取和字音認讀都不可偏廢，然而，從哪裡著手比較合乎認知的發展似乎也是可以考慮的一項指標。無論是中文或是拼音文字，字形都是初學閱讀的學童首先倚重的線索，他們在識字初期所錯誤也以字形相似的錯誤多（柯華葳，1994；楊怡婷，1995；Spear-Swerling & Sternberg, 1994）。不過，若要真的學透一種語文，應該得回到一個基本的問題：什麼是組成該語文的核心原則？以拼音文字系統而言，字母和字音對應的規律（Alphabetic Principle）是核心原則，學習者若缺乏這樣的洞見，字就只是任意字母的組合而已，無規則可循。對於同音字眾多的中文而言，若單從字音進行教學必然受到限制，例如：即使會拼出「ㄣ」，也不知道是「因」，還是「音」，「陰」，「姻」等同音字。在中文字的辨識中，形碼的訊息比音碼的訊息重要（吳瑞屯，1990），所以，字形辨認在識字教學上可能是一項重要的切入點。

　　而「字形辨認」又以什麼做單位才恰當？傳統的識字教學中，老師以「筆畫」作為教字的單位，要孩子學習筆順，掌握正確筆畫數，方便將來查閱字典之類的工具書，雖然筆畫有其工具目的，但「筆畫」是辨識中文字的重要單位嗎？根據吳壁純、方聖平（1988）的實驗結果，他們發現「無論是字的偏旁，部件或是字本身，只要具有基本表徵的特性，便可以在視知覺初期一下子就被偵測到」，這些在字詞中具有「概念區辨性」（conceptual distinctiveness）的部分就成為字詞辨識的基本單位，如：獨體字「水」、「木」、「口」、「山」、「石」成為合體字「林」、「沐」、「汕」、「呆」、「杏」和「岩」字的基本辨識單位，又如：在「符」、「府」、「附」、「咐」等字中，「付」也較可能成為辨識的基本單位。「部件識字教學法」和「基本字帶字教學法」

便是運用此原理。

但也有研究者指出意義化教學效果比其他從文字學角度出發的教學法（如：基本字帶字，形聲字）更有成效（胡永崇，2001、2003），或是只要用有效教學法的原則，一般識字教學法的成效亦佳（洪儷瑜，2003）。有效教學原則如直接明確（explicit）、控制教材難度、維持高成功率、密集教學、策略指導等（王瓊珠，2003；陳淑麗，2004）。而「意義化識字教學法」是「利用學習策略或記憶策略的原理，使文字變得有意義，以協助學童對於生字的記憶」（胡永崇，2001，頁182）。例如：「瞎」是「眼睛被害，就是瞎子了」，「琴」是「兩個國王今天一起彈琴」。但是，王寧和鄒曉麗（1999）對於這類教法卻提出警告，他們認為此法違反漢字科學。如：「餓」字記為「因為『餓』，『我』要吃『食』」，或是「照」字記為「一個日本人，拿了一口刀，殺了一口豬，流了四滴血」，這些記字的方法不管造字原理，硬是把所有的形聲字當作會意字拆成幾部份，然後再編派事理將字的各部份結合在一起，往往只會讓學習者更疑惑，因為，編派的理由不能用在所有的同類字上，以「昭」字為例，如果套用「照」字的說法，「昭」字同樣記為「一個日本人，拿了一口刀，殺了一口豬」，卻不會流血，為什麼？換言之，記憶策略助於學童認讀漢字，卻忽略漢字的字源和字理。胡永崇（2001）也承認要設計好的記憶線索並不容易（頁213），如何避免學童只記得提示句，卻忘記目標字，或是原本的提示句變成記憶的干擾？如：記得「兩個國王今天一起彈琴」，卻寫不出「琴」字，或是將「琴」讀成或寫成「國」。

另外，一個值得思考的問題是──學童是否達到一定的識字量後，漢字規則的學習才能發揮最大的效益？對於識字量過低的學童，直接教導漢字的「規則」是否妥當？是否合乎識字發展的歷程？目答案並不明朗。洪儷瑜（2003）發現按識字量分級教學再配合有效教學原則，其成效比只考量個案的認知特性所設計的識字教學佳，似乎暗示個案的識字量與教學成效之間有關，關鍵不僅止於教學法間的差異而已。再者，從文獻中也發現結合寫字策略的識字教學研究不多，多數的研究是將寫字

當成是輔助識字的一種方式，事實上閱讀障礙學生中有為數不少的人兼有書寫困難（Lyon, Shaywitz, & Shaywitz, 2003）。若不刻意將寫字策略融入識字教學中，往往不能有效地提昇個案的寫字能力（王瓊珠，2004；胡永崇，2001、2003）。曾志朗比較閱讀漢字和拼音文字時大腦fMRI圖像，發現兩者基本上是同多於異，比較大的不同點在於左腦前頂葉靠近運動區的部位（科學人，2003年10月號），據推測可能是處理漢字筆順移動的區，這似乎暗示著認字歷程中，筆畫空間方位的書寫運動碼（graphomotor code）也扮演一個角色。如果這假設成立，那麼在識字教學時又當如何善用有步驟的方法習寫漢字？顯然也是未來要思索的課題。

綜而言之，什麼樣的識字教學對讀寫障礙學生比較好學？研究者多從學理的角度思考漢字教學的合理性，但是現場的教學卻常常從記憶策略著眼，老師想盡一切方法讓學生能記住字形和字義（往往先強調字形辨認和書寫），至於合不合理倒是其次。在教學方面要思考的問題包括：漢字要如何學才有效率，又能掌握整體規律，而非各種枝枝節節的小問題？寫字要不要納入識字教學之中？教導文字規則是否得視學童的識字量而定？

三、教材

多數研究在教材設計部分都是從教學法著眼，例如：形聲字教學，一般字彙知識教學往往為了配合聲符和形符的可能組合，得特意選擇符合規律的漢字來教，有時便忽略了這些字是否是兒童常見的，如孫「臏」、「緋」色、「腓」力牛排、訓「詁」、「沽」酒、妯「娌」、欺「謾」（陳靜子，1996）、「袈」裟、「庠」序、「剜」肉、「琬」玉等（秦麗花、許家吉，2000），以致於即便學會某字後，往後用到的機會若少，因識字帶來的延伸效果便有相當大的限制。也由於識字教材並非研究的主角，只是用來測試某教學法有無成效的原料，且實驗的字數也不多（多在五十字以內），所以，研究結果通常無法為識字教材的編選與設計提供洞見。目前僅有少數一、兩篇研究以教材為主要對象

（如：周瑞倩，2003），但因為試驗人數少，因此對教材的適用性如何所知有限。

　　若根據台灣師範大學成人教育研究中心（1994）的研究，我國一般成人日常生活所需之基本字彙為二千三百二十八字，凡解讀日常生活基本字彙之能力在四百七十個字以下者，列為「不識字」；能認八百七十個字以上，而未達一千六百八十字者為「半識字」；能認一千六百八十字，並具有書寫日常生活之簡單應用文字能力者為「識字者」，才可以脫離文盲。所以，以目前識字教材內有限的字量，要讓閱讀困難者擺脫文盲的標準還有一段路要努力。未來需要加入識字教材成效的研究，而且也要有基礎字詞量的統計資料庫做後盾。

　　例如：教育部（2000）《國小學童常用字詞調查報告書》，吳敏而、趙鏡中、魏金財（1998）《國民小學兒童常用詞彙資料庫》，這些資料庫所建立的常用字就可以當作識字教材的一個參考依據。另外，有些教材從文字學的觀點出發，介紹中文常見字（或基本字）以及由這些字衍生出來的相關字、詞和短句，或是由兒歌帶出目標字（如：王志成、葉紘宙，2000；馬景賢，1997；秦麗花，2000；陳正治，2002；許財得等，1996；黃沛榮，2001；羅秋昭，1999；謝錫金編著，2001）。其中，黃沛榮（2001）更結合科學的字頻統計與文字學兩項優勢，整理出八十個最具有優先學習價值的字／部件／部首（頁179-271），如：人、刀、力、口等，學會這個部首將有助於辨識其他的字，可構出大量的詞語，或有助於字形結構的掌握。王瓊珠（2004）便在此基礎上設計識字教材，並從最基本的八十個部首／部件，衍生出一百五十九個常用字，再由常用字帶出一百五十九個常用詞，配合短句，圖片，短文練習，經過一學期的實驗教學，閱讀障礙學童對高頻部首／部件認讀和高頻字書寫有立即和短期效果（約85％），在長期的保留效果部分，高頻部首／部件認讀效果依然維持，而高頻字書寫落到65％左右，雖然維持效果下降，但也顯示一些低識字能力學童可以從學習基本的高頻部首／部件字著手，再透過廣泛閱讀與不斷複習支撐學過的字，以免快速遺忘所學。

四、教學成效

　　教學成效可從幾方面來探討，對誰有效？什麼狀況下有效？什麼方面有效？至於效果量（effect size）分析當然也是一途，只是多數研究為單一受試或小樣本的研究，計算效果量的意義比較不大，有興趣者可參考劉俊榮（2002）的統整分析。

　　從附錄一得知，識字教學成效有個別差異（呂美娟，2000；李淑媛，1999；林素貞，1997；胡永崇，2001；洪儷瑜，2003；郭紅伶，2001；陳秀芬，1999）。例如：施惠玲（2000）以兩位認字困難的國小三年級學童為個案，探討兩種不同型態的教學法：傳統生字教學與閱讀識字教學對學童學識字、閱讀理解、朗讀速度及學習行為之影響。結果發現不同的教學方式對兩名個案生字認讀成效不同，一人在實驗識字教學表現優於傳統識字教學，另一人則相反，反而增加部分字形的錯誤，但兩者在短文閱讀並無差異。陳秀芬（1999）發現中文一般字彙知識教學對於缺乏部首概念，無法有效使用注音符號之識字困難學生效果特別好。又如林素貞（1997）指出相似字或非相似字教學法對於國語中、高成就組多無顯著差異，但是對低成就組學生「看字讀音」部分的表現，相似字優於非相似字教學。洪儷瑜（2003）則發現對低識字量學童傳統與部件識字教學成效無顯著差異，僅中、高識字量組學童呈現部件教學或形聲字教學優於傳統教學。

　　識字教學有效的狀況是學童傾向於教什麼會什麼，沒教過的部分便很難以此類推，換言之遷移效果有限（陳秀芬，1999；陳靜子，1996；傅淳鈴、黃秀霜，2000）。如陳靜子（1996）比較部首歸類和聲旁歸類教學對國小三年級國語低成就學生學習生字的效果，三十八位學生分為兩組分別接受不同的教學實驗，教學材料共有二十個字（全未在課本出現過），依照同聲旁或同部首可兩兩成一組，歸為十組，每次只教一組字，每次教學時間（含書寫練習）為二十五分鐘，教學前、後，所有受試接受三種識字評量：聽寫、看字讀音和圈詞，以了解兩組的教學成效是否有顯著差異，結果聲旁歸類組的學生在「看字讀音」的表現優於部

首歸類組的學生；部首歸類組的學生在「圈詞測驗」優於聲旁歸類組的學生。又如傅淳鈴、黃秀霜（2000）對二十四名國小二年級國語科低成就學童為對象，隨機分派到三組之一——音韻聲調教學組，詞素教學組，以及控制組，結果是音韻聲調教學組在「音韻覺知測驗」的表現優於其他兩組，而詞素教學組在「詞素覺知測驗」的表現優於其他兩組。

　　從對同一組受試進行不同教學法之比較的研究中，肯定有效教學原則的重要性（洪儷瑜，2003），至於是否用電腦輔助進行基本字帶字教學則無顯著差異（孫宛芝，2004）。另外，胡永崇（2001、2003）針對三、四年級閱讀困難學生交替比較「一般識字教學」，「意義化識字教學」，「形聲字識字教學」，以及「基本字帶字教學」四種教學法，發現「意義化識字教學」無論在認字或是寫字的立即和保留效果都比較好，一般識字教學次之，形聲字教學法成效最低，不過由於實驗的字量有限，結果的推論上需要較為謹慎。而黃道賢（2003）運用包裹設計的方式，比較「傳統識字教學（A）」，「基本字帶字（B）」，「基本字帶字+自我監控（BC）」，以及「基本字帶字＋自我監控加＋閱讀練習（BCD）」，結果是教學法B、BC、BCD對三位受試識字有立即和延宕效果，長期保留效果約有六成；教學法B、BC、BCD可以降低學生的識字錯誤，用傳統識字教學法，孩子比較容易混淆字形相似的字，且事後的長期保留效果不到四成，其中錯誤狀況最少的教學法是BCD，似乎綜合多種策略的教學效果最佳。但由於此研究是小樣本的研究（n＝3），且不能釐清教學順序產生的效應，其教學成效有待複製研究進一步考驗，特別是針對閱讀融入識字部分的效果並不一致。呂美娟（2000）建議：「在識字課程上，應加入文章，用學生已學會的字，在短文中重複出現，除了可保留識字成效外，更可以增加閱讀能力。」（頁229），但施惠玲（2000）的研究並未發現由閱讀中識字效果必然優於一般識字教學。

　　至於，識字教學「有效」的證據多屬字的層級，如：識字量（陳秀芬，1999；黃秀霜，1999）、看字讀音（黃秀霜，1999）、看注音選國字、看國字寫注音（林素貞，1998）、組字規則知識、部首表義、聲旁

表音知識（李淑媛，1999；秦麗花、許家吉，2000；陳秀芬，1999）、聲韻覺知、聲調覺知、詞素覺知（傅淳鈴，1998），寫字錯誤類型（郭紅伶，2001），較缺乏篇章閱讀理解或速度的評量，只有少數研究將閱讀理解或是認字速度納入在識字教學的成效評量內（如：李品蓓，2002；施惠玲，2000；溫瓊怡，2003；葉淑欣，2002），因此，識字教學的成效是否能類推至篇章閱讀或是閱讀流暢度尚未清楚。事實上，施惠玲（2000）和李品蓓（2002）的研究都發現識字教學並未明顯提昇個案短文閱讀或是閱讀理解的表現，因此，把識字表現與閱讀理解畫等號的作法有待商榷。此外，「有效」指的多為效果（effect）而不是效率（efficiency），眾多研究固然顯示出識字教學有其成效，但仔細估計每個字的教學時間則不甚經濟，如一節教三～四個字左右（林素貞，1998；郭紅伶，2001；黃秀霜，1999）；三十四個字教九百六十分鐘（陳秀芬，1999），一週四節教四語詞（李品蓓，2002）。假如這些方法沒有長時間反覆練習的條件配合，是否能產出上述實驗的效果，不得而知。

綜而言之，識字教學成效會有個別差異，一些研究指出閱讀障礙／困難學童傾向於教什麼會什麼，不易產生類化效果，且學童需要密集、長時間的練習，在字的層級有較明顯的進步，特別是認讀或選字，書寫字的進展就比較少，至於學童在篇章閱讀或閱讀速度是否提昇，未有充分證據支持，整體而言，效果優於效率。在不同識字教學法的比較方面，意義化識字策略對識字困難學童記字有若干助益，此外，有效教學原則或是綜合多種策略指導也有不錯的成效，但因為實驗人數少或是字量不多，在推論上要趨於保守。

五、研究設計

從回顧的二十七篇研究中，以閱讀障礙／國語科低成就／閱讀困難為研究對象的人數在二十人以上的有八篇，占全部的30％；人數在十名以下的十七篇，占全部的63％，這類研究以碩士學位論文為主，多採單一受試研究法，或比較不嚴謹的質性研究，摻入研究者大量詮釋（如：

王淑貞，2000），或不單純只做識字教學（如：沈麗慧，2002）。所以，雖然識字教學在量的部分並非稀少，但是重複、大樣本的驗證並沒有，在結果的推論上必受限制。

事實上，除研究設計與人數的問題外，識字相關研究還有許多待開發的空間，例如：對於嚴重識字困難個案是否有其他替代方案？或是以達成生活目標的功能性識字教學方案？不同型式的識字教材設計及其成效比較，如：按個案不同字量所設計的基本常見字（sight words）教材，「以文帶字」或是「以字帶文」的教材，「基本字帶字」或是「部首帶字」的效果是否不同？換言之，不必只侷限於教學法的探究與比較而已，有效教學的體現必須充分掌握學習者的特質，了解漢字科學性研究成果，以及將二者轉化至教學和教材設計之中。

伍 結語

從國際讀寫障礙協會（IDA）對閱讀障礙的界定，特別強調主要問題係出在單字解碼的層次，不難看出識字困難的確是許多閱讀障礙者的共通困擾，所謂識字困難指的是正確率低或速度慢，另外，寫字和拼字的問題也常伴隨識字困難出現。識字需要一些認知資源（如：語音處理，字形辨識，工作記憶等）做後盾，讀者方能在最短的時間內，將字形—字音—字義做正確的串連，且讀者對字的認識是漸進的——從泛化到精確分化，從一般閱讀發展階段來看，國小中年級以前是養成基本識字能力與提昇流暢度的最佳時機，同時也是識字量增長快速的時間。因此，如何提昇閱讀障礙／困難／國語科低成就學生的識字能力是許多研究者關注的焦點。

本文回顧國內二十七篇針對低閱讀能力者所做的識字教學研究（1996～2004），資料來源包括學位論文，學術期刊以及國科會專案等，再將結果分為研究對象，教法，教材，教學成效，以及研究設計五方面進行討論。整體而言，多數識字教學係針對少數個案，進行某種／數種特定識字方法的密集教學訓練，雖然結果呈現出正向成長，但是從

長期的觀點來看，是否真正有效提昇識字困難學童的識字能力仍是一個未知數，一是因為很少人對接受過教學實驗的受試做長期追蹤，二是實驗教材所用的字數通常不多，成效的擴論性本來就會受限。換言之，若有長期追蹤或樣本數較大的複製研究，才能進一步確認目前發現的結論可信度有多高。未來識字研究的議題可以不需侷限在幾種以文字學為主軸的教學法，還可以比較不同形式識字教材的成效；探討國小階段以後的識字教學方法；設計融合讀寫字策略的教學；或是針對識字量極少還無法累積規則的個案，發展出有效的處理策略。

參考文獻

一、中文部份

王志成、葉紘宙（2000）：**部首字形演變淺說**。台北：文史哲。

王惠君（2003）：**部件識字策略對國小學習障礙學生識字成效之研究**。彰化師範大學特殊教育學系在職專班碩士論文。

王淑貞（2000）：**不同學習特質學習障礙學童接受字族文教學之歷程研究**。國立新竹師範學院國民教育研究所碩士論文。

王寧、鄒曉麗（1999）：**漢字**。中環，香港：海峰。

王瓊珠（2003）：**國小一年級疑似閱讀障礙兒童之觀察研究**。台北：心理。

王瓊珠（2003）：**讀寫能力合——補救教學系列研究（I）**。行政院國家科學委員會專題研究計劃成果報告, NSC91-2413-H-133-014。

王瓊珠（2004）：**讀寫能力合——補救教學系列研究（II）**。行政院國家科學委員會專題研究計劃成果報告, NSC92-2413-H-133-011。

呂美娟（2000）：基本字帶字識字教學對國小識字困難學生成效之探討。**特殊教育研究學刊，18**，207-235。

沈麗慧（2002）：**普通班教師改善學習障礙兒童學習適應之行動研究**。國立台北師範學院國民教育研究所碩士論文。

邱明秀（2004）：**中文部首分色識字教學法對國小識字困難學童教學成效之研究**。中原大學教育研究所碩士論文。

李品蓓（2002）：**電腦化教學對閱讀障礙學生識字成效之研究**。國立花蓮師範學院國民教育研究所碩士論文。

李俊仁（1999）：**聲韻處理能力和閱讀能力的關係**。國立中正大學心理系博士論文。

李淑媛（1999）：**不同教學法對國小二年級學習障礙學童識字教學成效之研究**。國立新竹師範學院國民教育研究所碩士論文。

吳敏而，趙鏡中，魏金財（1998）：**國民小學兒童常用詞彙資料庫之建**

立與初步分析（**III**）。國科會專題研究計畫報告，NSC85-2413-H-081b-001。

吳惠如（2004）：**基本識字教材教學對學習障礙學生及智能障礙學生識字學習成效之研究**。台南師範學院教師在職進修特殊碩士學位班論文。

吳瑞屯（1990）：中文字辨識歷程的個別差異。**中華心理學刊，32**，63-74。

吳壁純、方聖平（1988）：以中文字形的概念區辨性探討字形辨識的基本單位。**中華心理學刊，30**（1），9-19。

林玉霞、曾世杰（2002）：**聾人的語言。讀寫能力及思維教育**。載於**特殊教育教材教法與教學文集**。嘉義：國立嘉義大學特殊教育中心。

林素貞（1997）：相似字與非相似字呈現方式對國小一年級學生生字學習效果之比較。**特殊教育與復健學報，5**，227-251。

林素貞（1998）：相似字與非相似字呈現方式對國小一年級國語科低成就學生生字學習效果之比較。**特殊教育與復健學報，6**，261-277。

林素貞（1998）：國小一年級中文讀寫障礙學生字詞學習特質之研究。**特殊教育研究學刊，16**，185-202。

林素貞（2003）：**讀寫障礙學生教室內學習行為問題解決模式～一個三年期研究實錄**。高雄：昶景。

周瑞倩（2003）：**閱讀障礙學生「常用部首」識字教材之發展研究**。國立台東大學國民教育研究所碩士論文。

胡永崇（2001）：不同識字教學策略對國小三年級閱讀障礙學童教學成效之比較研究。**屏東師院學報，14**，179-218。

胡永崇（2003）：國小四年級閱讀困難學生識字相關因素及不同識字教學策略之教學成效比較研究。**屏東師院學報，19**，177-216。

胡志偉（1989）：中文詞的辨識歷程。**中華心理學刊，31**，33-39。

胡志偉、顏乃欣（1995）：中文字的心理歷程。載於曾進興主編，**語言病理學基礎第一卷**（頁49）。台北：心理。

柯華葳（1994）：由兒童會錯意的字分析探討兒童認字方法。載於**國民**

小學國語科教材教法研究第三輯（29-35）。北縣：台灣省國民學校教師研習會。

施惠玲（2000）：**認字困難兒童之認字教學一個案研究**。國立台東師範學院國民教育研究所碩士論文。

洪儷瑜（2003）：**中文讀寫困難學生適性化補救教學：由常用字發展基本讀寫技能（I）**。行政院國家科學委員會專題研究計劃成果報告，NSC91-2413-H-003-020。

洪儷瑜、王瓊珠、張郁雯、陳秀芬（投稿中）：**國小學童識字量估計：工具與方法探究**。

馬景賢（1997）：**念兒歌學國字（上）（下）**。台北：國語日報。

教育部（2000）：**國小學童常用字詞調查報告書**。台北：教育部。

孫宛芝（2004）：**基本字帶字電腦輔助教學對國小識字困難學生之識字成效研究**。國立台北師範學院特殊教育學系碩士論文。

秦麗花（2000）：**文字連環炮：如何指導學生做個認字高手**。高雄：復文。

秦麗花、許家吉（2000）：形聲字教學對國小二年級一般學生和學障學生識字教學效果之研究。**特殊教育研究學刊**，**18**，191-206。

國立台灣師範大學成人教育研究中心（1994）：**我國失學國民脫盲識字標準及脫盲識字字彙之研究**。同作者。

陳正治（2002）：**有趣的中國文字**。台北：國語日報。

陳秀芬（1999）：中文一般字彙知識教學法在增進國小識字困難學生識字學習成效之探討。**特殊教育研究學刊**，**17**，225-251。

陳美文（2002）：**國小讀寫困難學生認知能力之分析研究**。國立台灣師範大學特殊教育研究所碩士論文。

陳淑麗（2004）：**轉介前介入對原住民閱讀障礙診斷區辨效度之研究**。國立台灣師範大學特殊教育學系博士論文。

陳靜子（1996）：**國語低成就兒童之生字學習：部首歸類與聲旁歸類教學效果之比較**。國立彰化師範大學特殊教育研究所碩士論文。

陳慶順（2000）：**識字困難學生與普通學生識字認知能成分知比較研**

究。國立台灣師範大學特殊教育研究所碩士論文。

郭紅伶（2001）：**相似字與非相似字認字教學策略對國小低年級認字困難學生學習生字成效之影響**。台北市立師範學院國民教育研究所碩士論文。

張維真（2004）：**兒歌圖畫結合部首歸類識字教學對識字困難學童學習成效之個案研究**。屏東師範學院國民教育研究所碩士論文。

曾世杰（1999）：國語文低成就學生之工作記憶、聲韻處理與唸名速度之研究。載於柯華葳、洪儷軒主編，**學童閱讀困難的鑑定與診斷**（5-28）。嘉義：國立中正大學。

曾志朗（1991）：華語文的心理學研究，本土化的沈思。載於楊中芳主編，**中國人、中國心──發展與教學篇**（539-582）。台北：遠流。

曾志朗（2003年10月）：漢字閱讀：腦中現形記。**科學人，20**，70-73。

許財得、邱佩瑩、葉蕙境、王淑玲、廖永村、顏琳玲（1996）：「字的母親」──看部首學國字。載於吳純純主編，**國小資源班課程規畫與班級經營研習教材彙編**。台北：台北市立師範學院特殊教育中心。

黃秀霜（1999）：不同教學方式對學習困難兒童之實驗教學助益分析。**課程與教學季刊，2**，69-82。

黃沛榮（2001）：**漢字教學的理論與實踐**。台北：樂學。

黃道賢（2003）：**增進識字困難學生識字學習之探討**。國立台北師範學院特殊教育研究所碩士論文。

萬雲英（1991）：兒童學習漢字的心理特點與教學。載於楊中芳主編，**中國人、中國心──發展與教學篇**（403-448）。台北：遠流。

傅淳鈴、黃秀霜（2000）：小學國語低成就學生後設語言覺知實驗教學成效分析。**中華心理學刊，42(1)**，87-100。

楊怡婷（1995）：**幼童閱讀行為研究**。國立台灣師範大學家政教育研究所碩士論文。

楊憲明（1998）：閱讀障礙學生文字辨識自動化處理之分析研究。**特殊**

教育與復健學報，**6**，15-37。

劉俊榮（2002）：識字教學研究之成效統整分析。**中學教育學報，9，**
121-152。

謝錫金（2001）：**綜合高效識字**。香港：青田教育基金會。

薄雯霙（2004）：**綜合高效識字法對國小識字困難學生生字學習成效之**
探討。台中師範學院特殊教育與輔助科技研究所碩士論文。

羅秋昭（1999）：**有趣的中國文字**。台北：五南。

溫瓊怡（2003）：**電腦多媒體漢字部件教學系統對國小閱讀障礙學生識**
字學習成效之研究。國立嘉義大學特殊教育研究所碩士論文。

葉淑欣（2002）：**電腦輔助教學對國小低成就學生認字學習之研究**。國
立嘉義大學國民教育研究所碩士論文。

Sternberg, R. J. & Grigorenko, E. L. (2002). **探索學習障礙兒童**（呂偉白
譯）。台北市：洪葉文化（英文版出版於1999）。

二、英文部份

Dickman, G. E. (2002，October). *Knowing the child is more important than
knowing the law.* Paper presented at the HKCNDP international conference,
Hong Kong.

Fuchs, L. S., Fuchs, D., & Speece, D. L. (2002). Treatment validity as a unifying
construction for identifying learning disabilities. *Learning Disability Quar-
terly, 25*, 33-45.

Glushko, R. J. (1979). The organization and activation of orthographic knowl-
edge in reading aloud. *Journal of Experimental Psychology: Human Percep-
tion and Performance, 5*, 674-691.

Lyon, G. R., Shaywitz, S. E., & Shaywitz, B. A. (2003). *A definition of dyslexia.*
Annals of Dyslexia, 53, 1-14.

McCelland, J. L., & Rumelhart, D. E. (1981). An interactive activation model of
context effects in letter perception: An account of basic findings. *Psychol-
ogical Review, 88,* 375-407.

Perfetti, C. A., & Zhang, S. (1991). Phonological processes in reading Chinese characters. *Journal of Experimental Psychology: Learning, Memory, and Cognition, 17,* 633-643.

Ruddell, R. B., Ruddell, M. R., Singer, H. (1994). *Theoretical models and processes of reading* (4th ed.). Newark, Dekaware: International Reading Association.

Shaywitz, S. (2003). *Overcoming dyslexia: An new and complete science-based program for reading problems at any level.* New York: Afred A. Knopf.

Shu, H., & Anderson, R. C. (1997). Role of radical awareness in the character and word acquisition of Chinese children. *Reading Research Quarterly, 32,* 78-89.

Spear-Swerling, L., & Sternberg, R. J. (1994). The road not taken: An integrative theoretical model of reading disability. *Journal of Learning Disabilities, 27,* 91-103.

Stanovich, K. E. (1986). Matthew effects in reading: Some consequences of individual differences in the acquisition of literacy. *Reading Research Quarterly, 21,* 360-407.

附錄一

閱讀障礙學生中文識字教學研究彙整（1996～2004）

研究者（年代）	研究設計	研究對象	教學方法	研究結果
陳靜子（1996）	實驗研究	三十八名國小三年級國語低成就學童	1. 部首歸類 2. 聲旁歸類	1. 看字讀音：聲旁歸類＞部首歸類 2. 圈詞：部首歸類＞聲旁歸類 3. 聽寫：兩組沒有差異 4. 保留效果：兩組沒有差異
林素貞（1997）	準實驗研究	一百四十八名國小一年級學生（高中低三組）	1. 相似字呈現 2. 非相似字呈現	1. 看字讀音： (1)高組、中組：NS (2)低組：相似字＞非相似字 (3)選正確國字：高組、中組、低組：NS 2. 看注音寫國字： (1)高組、中組：非相似＞相似字 (2)低組：相似字＞非相似字
林素貞（1998）	準實驗研究	三十四名國小一年級國語科低成就學生	1. 相似字呈現 2. 非相似字呈現	1. 看字讀音：相似字＞非相似字 2. 其餘的差別不大
陳秀芬（1999）	實驗研究	三十名國小四、五年級識字困難學生以及十五名識字正常兒童	中文一般字彙知識教學	1. 增進識字困難學生識字表現，特別是看字讀音的能力明顯提昇，看字辨義的差異比較小。

				2. 增進識字困難學生一般彙知識對於缺乏部首概念，無法有效使用注音符號之識字困難學生效果特別好。
李淑媛（1999）	實驗研究	四名國小二年級 LD，四名國小二年級 NLD	1. 一般字彙知識 2. 分散識字	1. 立即成效：一般字彙知識教學＞分散識字教學 2. 整體成效：一般字彙知識NLD＞一般字彙知識LD＞分散識字NLD
黃秀霜（1999）	實驗研究	二十四名國小二年級學習困難學生	1. 注音符號 2. 國字直接教學 3. 文字學知識	識字量：文字學知識組＞注音符號組，國字組
呂美娟（2000）	單一受試倒返實驗（A-B-A-BC）	三名國小三、四識字困難學生	1. 基本字帶字 2. 基本字帶字加自我監控	基本字帶字加自我監控，對三名學生之識字學習皆有立即和短期保留效果，基本字帶字只對個案甲、乙幫助。

研究者（年代）	研究設計	研究對象	教學方法	研究結果
傅淳鈴，黃秀霜（2000）	實驗研究	二十四名國小二年級國語科低成就	1. 音韻聲調教學組 2. 詞素教學組 3. 控制組	1. 識字量：詞素組＞控制組 2. 音韻覺知：音韻聲調組＞詞素組，控制組 3. 詞素覺知：詞素組＞音韻聲調組，控制組 4. 音韻聲調教學組，詞素教學組前後測皆有進步，控制組則無
秦麗花，許家吉（2000）	實驗、訪談、問卷	實驗組：九名 LD，三十五名 NLD 控制組：九名 LD，三十三名 NLD	形聲字教學（含部首認知，聲符認知，以及文字組合）	1. 文字辨識：實驗組＞控制組 2. 形與聲的認知 (1)一般學生：實驗組＞控制組 (2)學障組：實驗組與控制組 NS 1. 文字組合：實驗組＞控制組
王淑貞（2000）	入班觀察＋試探性教學	二名國小二年級學習障礙學生	字族文教學	在學習成效方面，兩位學生的成長也不一樣，對圖形處理較弱，而聲韻能力較佳的甲生，他容易犯同音異字的錯誤；對詞彙能力佳，但聲韻能力較弱的乙生在國字的書寫上則表現較好。
施惠玲（2000）	個案研究	二名國小三年級識字困難學生	1. 一般識字教學 2. 由閱讀識字	1. 在認讀生字部分，兩位個案的成效略有不同，一人在實驗識字教學表現優於傳

				統識字教學，另一人則相反，反而增加部分字形的錯誤。 2. 兩個案在閱讀短文的部分沒有太大的效用。
胡永崇（2001）	交替處理	六名國小三年級閱讀障礙學童	1. 一般識字教學 2. 意義化識字教學 3. 形聲字識字教學 4. 基本字帶字	1. 使用意義化識字教學的效果優於其他三種教學法。 2. 在句脈中認讀比單字認讀好，但對書寫單字則無助益。 3. 兩週後的識字測驗保留效果不佳，能認讀的字平均不到一半（三個字）。 4. 兩週後單字書寫測驗保留效果佳，以意義化識字教學效果比較好。

研究者（年代）	研究設計	研究對象	教學方法	研究結果
郭紅伶（2001）	交替處理	二名國小二年級認字困難學童	1. 相似字教學 2. 非相似字教學	1. 整體而言，相似字教學稍優於非相似字教學。 2. 相似教學對受試乙的立即識字效果比較好，而非相似字教學則對受試甲比較好，兩者的成效並不一致。 3. 在錯誤類型部分，學生多屬於保留「偏旁對」或是「未做答」居多。
沈麗慧（2002）	行動研究	一名國小四年級學習障礙學童	基本字帶字＋自我監控	1. 國語科平時小考，月考成績進步。 2. 情緒問題減少，課堂參與行為增多。
李品蓓（2002）	跨行為多試探設計	二名國小三年級閱讀障礙學童	電腦輔助教學	1. 兩位學童在語詞認讀與課文認讀部分有顯著進步並具維持效果。 2. 閱讀理解的進步有限，答對率增為40％和20％。 3. 學習態度變得較積極。
葉淑欣（2002）	跨受試多基準線實驗設計（A-B-A）	三名國小三年級識字低成就學童	電腦輔助教學	1. 電腦輔助教學對三位學童看字讀音和認字速度皆有顯著成效。 2. 在認字速度部分的穩定度比較不如看字讀音，會受是否剛學此單元而影響處理速度。

| 黃道賢（2003） | 單一受試比較介入實驗設計 | 三名國小中年級識字困難兒童 | 1. 傳統識字教學（A）
2. 基本字帶字（B）
3. 基本字帶字＋自我監控（BC）
4. 基本字帶字＋自我監控加+閱讀練習（BCD） | 1. 三種識字教學法對三位受試識字有立即和延宕效果，長期（教完後三個月）保留效果約有六成。
2. 在長期保留效果方面，教學法BC，BCD對三位受試皆有，B只對其中兩位學童有效。
3. 三種識字教學法可以降低學生的識字錯誤，用傳統識字教學法，孩子比較容易混淆字形相似的字，事後的長期保留效果不到四成。
4. 錯誤狀況最少的教學法是BCD
5. 字組內的字音若相近，依然會干擾字形記憶。 |

研究者（年代）	研究設計	研究對象	教學方法	研究結果
王惠君（2003）	跨受試多基準線實驗設計	三名國小五、六年級識字困難學生	部件識字	1. 部件識字教學有助於學童識字，且具保留效果（教完後一個月）。 2. 選字測驗＞認讀測驗，保留亦佳。 3. 部件識字教學減少字形錯誤。
溫瓊怡（2003）	跨受試多試探設計	三名國小三、四年級閱讀障礙學生（視知覺佳，聲韻差）	1. 電腦多媒體漢字部件教學 2. 一般識字教學	1. 三位受試接收電腦多媒體漢字部件教學成效（立即和保留）皆較一般識字教學為佳。 2. 受試者的識字學習效率平均一個字九分三十秒。
洪儷瑜（2003）	個案研究法，單一受試交替處理設計	第一階段：十八名讀寫字困難的小三、小四學童 第二階段：十二位（第一階段留下）	1. 認知適性的補救學（有字音，字形，字義，記憶等認知成分） 2. 不同識字量的補救教學	1. 認知適性的補救學並沒有較一般有效的補救教學之成效明顯。 2. 對低識字量學童傳統與部件識字教學成效無顯著差異，僅中、高識字量組學童呈現部件教學或形聲字教學優於傳統教學。

研究者（年代）	研究設計	研究對象	教學方法	研究結果
胡永崇（2003）	組內實驗設計	國小四年級閱讀困難學童和識字優秀學童各二十六名	1. 一般識字教學 2. 意義化識字教學 3. 形聲字識字教學 4. 基本字帶字	1. 閱讀困難學生的識字表現與聲韻覺識能力有明顯相關。 2. 四種教學法中，意義化識字教學法之成效最佳，一般識字教學次之，形聲字教學法成效最低。 3. 教學立即成效明顯優於隔日和兩週後的學習成效。 4. 認讀表現明顯優於書寫。
邱明秀（2004）	單一受試交替處理設計	三名國小三年級識字困難學生	1. 基本字帶字 2. 部首分色識字	1. 兩種教學法對受試在字音，字形，字義的立即學習效果皆佳，部首分色識字教學還有較好的保留效果。 2. 基本字帶字對受試字音部分成效較佳，而部首分色識字教學在字義部分較佳。

研究者（年代）	研究設計	研究對象	教學方法	研究結果
張維真（2004）	個案研究法，單一受試交替處理設計	一名國小三年級識字困難伴隨語障學生	1. 結合兒歌圖畫部首歸類識字 2. 一般識字	1. 兩種教學法對受試認字學習成效評量有立即與保留效果。 2. 結合兒歌圖畫部首歸類教學效果較佳。 3. 兒歌圖畫結合部首歸類識字教學增進受試的閱讀動機，識字理解與減輕記憶負擔。
薄雯霙（2004）	跨受試多試探設計	二名國小識字困難學生	綜合高效識字	綜合高效識字教學法對受試的整體和個別識字評量有立即與保留效果。
吳惠如（2004）	單一受試倒返實驗設計	學習障礙與智能障礙學生各三名	基本識字方案教學	1. 教導基本識字教材對不同障礙類別的受試皆有立即與保留效果。 2. 教導基本識字教材能增進不同障礙類別的受試認字與閱讀理解表現。
孫宛芝（2004）	單一受試交替處理設計	二位國小二、三年級識字困難學生	1. 基本字帶字電腦輔助教學 2. 基本字帶字	多數個案在兩種教學處遇之識字學習成效無顯著差異

研究者（年代）	研究設計	研究對象	教學方法	研究結果
王瓊珠 （2004）	等組前後測配對研究	二十五名閱讀障礙學童與二十五名同年齡的一般學童	高頻部首／部件教學	1. 閱讀障礙學童對高頻部首／部件認讀和高頻字書寫有立即和短期效果，長期效果而言，認讀優於書寫。 2. 閱讀障礙學童在朗讀流暢與標準化讀寫測驗的進步情形與一般學童相似。 3. 二、三年級之閱讀障礙學童較中高年級閱讀障礙學童在教學後，在朗讀流暢度方面表現出較佳的進步幅度。

作者小語

王瓊珠

邱上真老師口試的學生以及美國伊大的學妹

上真老師是我碩士論文的口試委員，也是伊利諾大學的校友。有人說她像塊超強磁鐵，吸力無窮；在我心中她像是7-11便利超商，全年無休，不管再忙再累，都全力以赴；也像大型物流中心，永遠有挖不完的寶，認識她真好！

6

唸名速度及聲韻覺識在中文閱讀障礙亞型分類上的角色——個案補救教學研究

✎陳淑麗　曾世杰

摘要

基於中文在世界書寫系統中的特殊性，本研究的目的在檢驗 Wolf 和 Bowers（2000）的「雙重缺陷假說」在中文閱讀障礙的角色。過去三十年的研究肯定了聲韻覺識（phonological awareness）在閱讀歷程中的重要角色，學者也發現聲韻覺識的困難是閱讀障礙的主因。但這種單一原因的假說，無法解釋所有閱讀障礙者的現象，例如，有些兒童無明顯的聲韻覺識問題，但仍然有閱讀障礙。Wolf 和 Bowers（2000）的假說提出另一個可能造成閱讀障礙的變項——「唸名速度」。中文的組字原則中，字形與字音的相符應情形遠不如拼音文字來得規律，單一的聲韻假說對中文的重要性尚有爭議，研究者過去研究指出唸名速度和閱讀成就有顯著相關，值得懷疑雙重缺陷假說是否比較適於解釋中文閱讀障礙的模型。

本研究針對閱讀障礙者的認知缺陷特質，設計不同訓練重點的介入方案，採三～四人的小組教學，共十一人參與補救教學，本研究僅就其中三位典型的個案進行分析，主要研究發現有三，第一：在中文讀者中，的確可以找到符合雙缺陷假說的三種閱讀障礙亞型；第二：不同亞型閱讀障礙者的語文特徵有質的差異。聲韻缺陷亞型，主要在拼音、書寫和閱讀理解有困難，朗讀流暢性則沒有問題；唸名缺陷亞型，在拼音沒有問題，但在識寫、閱讀理解以及流暢性都有困難；雙重缺陷亞型則在拼音、讀寫、閱讀理解以及流暢性均有明顯的困難；第三：三種亞型中，以雙重缺陷者的學習最困難。

壹 研究動機與目的

　　閱讀障礙學童為什麼會遭遇閱讀的困難？早期西方拼音文字系統的研究報告都將原因指向聲韻處理缺陷（phonological process deficit）是核心問題（Bradley & Bryant, 1983；Cossu, Shankweiler, Liberman, Tola, & Katz, 1988；Fox & Routh, 1980；Lundberg, Olofsson & Wall, 1980）。拼音文字系統字母（串）表徵的是音素、形素和音素之間具有對應規則（grapheme-phoneme correspondence rules, GPC rules），從拼音文字的特性來看，不難理解為什麼「聲韻覺識」在閱讀歷程中扮演著重要角色。但主張此一聲韻處理缺陷的研究及依此發展的診斷、介入策略，卻面臨了許多挑戰（如Blachman, 1994；Rudel, 1985；Torgesen, Wagner, & Rashotte, 1994；Wolf, 1999）。Wolf和她的同事（Wolf & Bowers, 2000）提出一個雙重缺陷假說（以下簡稱DD假說，double deficits hypothesis）來解釋閱讀障礙（RD）。他們指出單以聲韻覺識（phonological awareness, PA）來說明RD是不夠的，因為有些RD的孩子對PA的補救教學，全無反應。另有些RD的孩子，根本沒有PA有問題的。他們提出了序列唸名（serial naming）的困難可能是另一個造成RD的致因。所謂「唸名」是指個體看到一個或多個有名字的刺激，就從長期記憶裡檢索出相關的辭彙，並啟動構音器官，把它（們）唸出來的過程，其在研究中的操作性定義，通常是指唸出一系列刺激的時間。聲韻覺識則是指個體對語音內在結構的覺察與操弄的能力，實證研究中對聲韻覺識的操作定義，通常以音素層次的分割與結合（phonemic segmentation and blending）作業的分數來代表。根據Wolf和Bowers（2000）的說法，雙缺陷假說可以推論出三種亞型的閱讀障礙，茲以表6-1簡示。

表 6-1 Wolf 和 Bowers 的聲韻覺識、唸名雙缺陷假說

		聲韻覺識	
		正常	缺陷
唸名	正常	正常讀者	聲韻處理困難閱讀障礙
	缺陷	唸名困難閱讀障礙	雙重障礙（嚴重閱讀障礙）

DD假說若要成立，底下的推論或研究假設也應該成立，Wolf也在她的文章中舉出支持以下四點的證據：

1.必須有理論支持phonological awareness和naming是兩種獨立的歷程。

2.實證研究上，可以找到細格中的三種閱讀障礙者。

3.唸名困難者只對唸名的補救教學有正向反應，聲韻處理困難者只對PA的補救教學有正向反應。

4.三種閱讀障礙者可能因著文字的規則性，而有不同的出現率──在GPC rules（形素──音素間的對應方式）較規則的國家，如德國、荷蘭、西班牙、芬蘭（和GPC不規則的國家比較起來，如英文），唸名會比聲韻相對的更好的診斷指標（Wimmer, 1993；Wolf, 1997）。

中文的組字原則，不但提供了檢驗這個假說的一個機會，這個假說的驗證，也可能對國內閱讀障礙的兒童有實質的助益。中文不是拼音文字，讀者即使「聲韻覺識」有困難，可能也有機會學會閱讀。但唸名有困難者，可能造成嚴重的閱讀障礙，但國內對這個議題，卻了解不多，只有研究者（曾世杰，1997、1999）及其學生（林彥同，2001；張媛婷，2000、2001；陳姝嫈，1998）所做的一些基礎性研究。目前我們已有大班至小三的各類（顏色、數字、注音、物件）唸名工具及常模，工具信效度良好。陳姝嫈（1998）的基礎研究指出，和中文閱讀有關的是連續唸名而不是個別唸名，這和國外的發現一致。曾世杰（1999）指出，各類唸名隨年齡成長，再測信度極高，與「工作記憶」、「聲韻處理」對閱讀理解各有獨立的貢獻。曾世杰、邱上真、林彥同（2003）指出幼稚園～小三每一年級都有小朋友無法完成連續唸名。謝俊明和曾世

杰（2004）比較了閱讀障礙及其同齡配對組及同閱讀能力配對組各三十一名，結果發現，閱讀障礙組的各種連續唸名速度，包括數字、注音、顏色、圖形，都是三組中最慢的。這個結果顯示，中文閱讀障礙兒童的唸名能力的確是認知能力中的弱項。曾世杰、張媛婷、周蘭芳和連芸伶（出版中）則從學前追蹤七十九名兒童至國小四年級，最重要的發現有，㈠連續唸名是一種相當穩定的特質；㈡幼稚園的數字唸名速度可以有效的預測四年級的閱讀理解及中文年級認字 T 分數（黃秀霜，2001），其預測的變異量大於聲韻覺識變項。從前兩年的資料看起來，連續唸名和「認字」的關係，遠大於和「閱讀理解」的關係。曾世杰、陳淑麗（2003）對閱讀障礙學童亞型分類的研究，根據雙重缺陷理論，發現閱讀障礙群體可以分類為三個亞型（subtypes）：㈠聲韻缺陷：有聲韻處理上的困難，但沒有唸名速度的問題；㈡唸名速度缺陷：有唸名速度的問題，但沒有聲韻覺識或聲韻解碼上明顯的缺陷；㈢同時有聲韻缺陷及唸名速度缺陷者，且發現聲韻覺識及唸名速度可能是兩個獨立的認知能力，研究結果支持Wolf 等人的DD假說（Wolf & Bowers, 2000）。

　　從以上中文方面的研究我們可以看到，唸名速度與中文閱讀不但有相關，且有一群閱讀障礙者的閱讀困難有可能是唸名速度太慢所導致，當然，國內目前有限的唸名文獻，不足以推論二者的因果關係，因果關係必須透過實驗教學的檢證才能確立。

　　根據曾世杰等人的事後回溯研究（曾世杰、陳淑麗，2003），我們已經確立中文閱讀障礙兒童中，也可以找到DD假說中的三種亞型，那麼根據Wolf的假定，不同認知缺陷亞型唸名，應該會在不同訓練重點的方案中受益，唸名處理困難者，應會對唸名的補救教學有正向反應，聲韻處理困難者則只對PA的補救教學有正向反應，如果這個假定能獲得驗證，那麼我們就會比較有信心推論中文閱讀障礙和聲韻缺陷以及和唸名缺陷之間的關係。基於此，朝教學研究方向努力，似乎是個必然的做法。首先我們應該分別發展出以聲韻為基礎和以流暢性為基礎的教材與教學方法，然後進行教學實驗的試驗。在進行嚴謹的教學實驗前，我們還必須先確定根據雙缺陷理論發展的「聲韻」和「流暢性」的教材與方

法是有效的。

此外，本研究以三～四人一組的方式進行小班教學，但在撰寫本文時，僅描述三位分別為「單純聲韻缺陷」、「單純唸名缺陷」和「雙重缺陷」的典型個案，具體呈現兒童認知及閱讀學習上的特徵，並說明DD假說在中文閱讀障礙兒童上的適用性。

本研究的目的有三：

1.以個案研究檢驗DD假說理論在中文閱讀障礙的適用性。

2.描述不同缺陷亞型的認知及閱讀學習特徵。

3.根據診斷所分類出來的亞型（subtype），以個案研究的方式，探究不同的亞型是否能在不同的教學介入中獲益。

貳 研究方法

一、個案

本研究以三名閱讀障礙學童為對象，二男一女，其背景資料如表6-2。三位個案中，SC和CW是由台東縣心評教師診斷為閱讀障礙的個案，RM則未曾接受過學習障礙鑑定，直接由家長轉介進入本方案，三位個案的家庭都十分重視子女的教育。

表6-2　個案之背景資料

	SC	CW	RM
性別	女	男	男
族裔	閩南人	原住民（阿美族）	美國人
生理年齡	9 歲 1 個月	9 歲 10 個月	8 歲 7 個月
就讀年級	三年級	三年級	二年級
主要缺陷	聲韻缺陷	聲韻唸名雙重缺陷	唸名缺陷

註：RM 一年級重讀

二、補救教學的師資與培訓

本研究共有六位合格的特教老師參與教學實驗，其中有兩位教師兼具合格特教教師與普通教師的資格，特教服務年資最長的為十六年，最短的為一年，平均教學服務年資為9.75年，六位老師均具備一年以上的心評教師資格。本研究共提供十四小時的培訓課程，以及三十小時的教學督導，培訓課程包括雙重缺陷理論的說明與實驗教材、教學的設計，培訓課程的目的在於建立實驗教師執行教學與施測的能力。

三、教學的實施與資料蒐集

如表6-3所示，本研究之教學介入在二○○四年暑假進行，共分為聲韻困難組、聲韻嚴重困難組及唸名困難組三組，三組分別有四人、三人、四人，共有十一人參與教學補救，前兩組教以聲韻教材，後一組則給與流暢性教材，每組均有兩位老師負責，補救教學介入時間共五週，每星期五天，每天兩節，每節五十分鐘，合計四十八節。本研究的三位個案，是分別從三組學生中各選擇一位做深入分析。

SC和CW在教學介入前後均實施語文能力以及認知能力測驗，RM因為是在教學實驗的中途加入，因此只有教學介入後的資料。

表6-3 三組之背景資料

	聲韻缺陷組	聲韻嚴重缺陷組	唸名組
人數	4	3	4
教材內容	聲韻教材	聲韻教材	流暢性教材
老師人數	2	2	2
本研究個案	SC	CW	RM

四、研究工具

研究工具分為四部份，第一部份是了解學童智力的魏氏智力測驗；第二部份是評估認知能力的「聲韻覺識測驗」和「唸名速度測驗」；第

三部分是評估補救成效的語文能力，包括識字、閱讀理解、書寫和注音等能力；第四部分是評估學習成就的課程本位評量。其中，認知和語文能力評估在教學介入前後各實施一次。使用的工具分述如下：

(一)魏氏兒童智力量表第三版

魏氏兒童智力量表第三版（WISC-III）為陳榮華根據美國心理公司的WISC-III所修訂的（陳榮華，1997），內容包括圖畫補充、常識、符號替代、類同、連環圖系、算術、圖形設計、詞彙、物型配置、理解、符號尋找、記憶廣度和迷津等十三個分測驗，可分別組合成為「語文量表」和「作業量表」，以及四個因素：語文理解、知覺組織、專心注意、處理速度等。各分測驗的折半信度在.68到.90，而因素分數的折半信度在.87到.95，量表的折半信度均在.91以上。其重測信度均在.71以上，足以肯定台灣修訂版的信度。該測驗在美國版本與神經心理測驗、成就測驗和團體智力測驗也均有合理的相關，其效度可獲證實。

(二)聲韻覺識能力測驗

本研究採用曾世杰（1999）所編製的聲韻覺識測驗。測驗的目的是要了解參與學童的聲韻覺識能力。這個測驗包含兩個分測驗，分別是「聲調覺識測驗」和「注音能力測驗」。每個分測驗均有二十題，一題一分。測驗方式以錄音機呈現刺激，要求參與者將正確答案寫在答案紙上。這個測驗的再測信度在.57～.82之間，分測驗的相關在.65～.92之間。

(三)唸名速度測驗

本研究採用林彥同（2001）設計之唸名速度測驗。林彥同的唸名測驗係根據曾世杰（1999）的唸名速度修訂而成。唸名能力以四種方式測量，分別為物件唸名、注音唸名、顏色唸名以及數字唸名等四類。各類唸名測驗刺激項都為五種，五十個刺激，以卡片呈現刺激項目。卡片尺寸為20cm x 13cm，每一刺激項目大小為1cm的正方形，每列十個刺激

項，以五個刺激項為一循環單位，第五個刺激項與第六個刺激項間有較大的空間區隔，每一循環單位內的五種刺激皆採隨機方式排列。

㈣識字量評估測驗

此測驗由洪儷瑜（2004）編製，測驗目的是評估受試的識字量。測驗形式有「讀音」和「書寫」兩種版本，本研究使用一、二年級的書寫版本。書寫版以團測方式進行，要求受試寫出國字的注音和造詞，注音或造詞其中一項答對就算「答對」，兩個都錯就算「答錯」。識字量的推估，是以某一級級字答對的比率乘以該級的總字數，各級總字數加總後就是識字量分數。例如：一、二年級的級字共有十級，第一級字涵蓋是字頻最高的前二百字，該級字被抽出四個字，若受試四個字全對，便假設他能答對這二百個字；若他只答對三個字，則以（3/4）×200，推估他能認得二百個字當中的一百五十個字，依此類推。

㈤基本讀寫字綜合測驗

此測驗由洪儷瑜、張郁雯、陳秀芬、陳慶順、李瑩玓（2003）編製，測驗的目的在評量國小低年級學生所學習的基本讀寫字能力，主要分讀字與寫字兩部份。測驗用字是採用國立編譯館統計的「國民小學常用字彙研究」資料庫。全套測驗共有九個分測驗，本研究只選用評估識字的「看字讀音分測驗」以及評估聽寫能力的「聽寫分測驗」。「看字讀音」採個別方式施測，共五十題，答對一題一分，計分方式，採記讀音正確率以及讀音速度兩種分數。「聽寫」測驗採團測，由主試者唸兩遍題目，共四十五題，寫對一題一分，最高四十五分。

㈥認字測驗

本研究採用黃秀霜（2001）所編製的中文年級認字量表，本量表測驗目的在了解參與學童的認字能力。量表共由二百個中文字組成，每答對一個字算一分，最高為二百分，最低為零分。該量表的重測信度介於.81至.95，折半信度為.99，效標關聯效度介於.48至.67，並建有小學

一年級到國中三年級各年級的常模。測驗係採個別方式進行施測。

㈦閱讀理解困難篩選測驗

此測驗由柯華葳（1999）編製，測驗的目的在是了解學童「由上下文抽取字義」、「命題組合」以及「推理理解能力」。本研究使用這個測驗作為評估兒童閱讀理解能力的指標。這個題本分為國小二～三年級與四～六年級兩種，施測以團體方式進行，答對一題一分，計算通過率。在信效度方面，內部一致性介於.75至.89之間，在各年級都有區辨不同閱讀能力群體的效果，與PPVT、認字測驗（黃秀霜，1999）、聽覺記憶（陳美芳，1999）的相關都達P<.000 的相關水準。

㈧故事朗讀測驗

此測驗由洪儷瑜（2003）編製，目的是評估受試的閱讀流暢性與正確率，施測方式是提供兩篇不同難度等級的文章，要求受試者朗讀。第一篇文章總字數一百八十三個字，選用的字累積次數排序在1000以上不高於5％，並控制在1000～1500之間；第二篇文章總字數一百八十五個字，選用的字累積次數排序在1000～2000的比例約為15％，2000以上不超過5％。在計分方面，量化計分分別計算正確率（正確字數）與流暢性（每分鐘正確字數）；質性資料則是分析受試朗讀的錯誤類型。

㈨國小注音符號能力診斷測驗

該測驗由黃秀霜、鄭美芝（2003）編製，測驗題型包括聽寫及認讀兩部分。聽寫包括聽寫符號、單音、語詞和聲調四部分；認讀包括認讀、結合韻、短文三部分。測的內部一致性為.97，重測信度在.97～.98，效度方面，以國語成績為效標，相關係數.66～.89。

㈩實驗教材課程本位評量測驗

該測驗由研究者編製，測驗目的是評量受試在實驗教材的學習成效，用於每課實驗教學結束後。根據教材類型分兩種，第一是流暢性教

材，主要評估字彙、詞彙以及閱讀朗讀的流暢性，另也評估閱讀理解、造詞與聽寫等項目。第二是聲韻教材，主要評估注音符號、音節兩種成分的認讀和聽寫能力，認讀計算正確率和流暢性，聽寫計算正確率。

五、教材與教學設計

本研究的目的之一在於根據雙缺陷理論，依據亞型特質發展出「以聲韻為基礎」、「以流暢性為基礎」和「聲韻＋流暢性」的三種介入方案。

㈠聲韻缺陷——以聲韻為基礎的教材與教學

在教材設計方面，中文文字表音性較低，注音符號是主要的表音系統，因此，根據中文特性，本研究僅就拼音系統發展聲韻教材，根據聲韻理論中強調的成分，在教材中強調注音符號認讀、音素分割、音素結合的自動化。本研究共發展五課拼音教材，每課文長約五十五至九十三字左右，教材內容主要大多以兒童較感興趣的動物為題材，五課包含了三十三個注音符號，以及十六個結合韻，符號學習順序主要是根據兒童語音的發展來考慮難度順序，教材分析如表6-4。

在教學設計方面，聲韻教學成分包括注音符號的識符、語音的切割與表徵、混合成音、聲調的察覺與表徵，以及自動化的訓練。注音符號識符主要是運用強調形—音連結的記憶術（例如ㄑ什麼ㄑ，旗子ㄑ），來幫助兒童記得符號；語音的分割運用「慢慢唸」的方法讓兒童發現音節可以分割，再運用替換音首、音尾等各種方法，操弄語音的切割；音素的結合則運用「快快唸」的方法讓兒童發現音素是可以結合的。另，教學也強調教導學習的策略，例如放聲思考、聽寫策略等。

㈡唸名缺陷——以流暢性為基礎的教材與教學

本研究使用的流暢性教材，修正自陳淑麗（2004）的補救教學，這個教材的設計強調與閱讀有關的多層次技巧，同時整合組字規則（orthography）、語意知識和文章結構的包裹設計，教學成分包括閱讀理

表6-4　聲韻教材文章內容分析表編號

編號	篇名	總字數	相異字數	教學目標		
				聲母	韻母	結合韻
E1	山貓怎麼叫	83	27	ㄇ、ㄍ、ㄐ	一、ㄨ、ㄩ、ㄚ、ㄥ	一ㄠ
E2	青蛙	55	32	ㄅ、ㄉ、ㄌ、ㄏ、ㄑ	ㄛ、ㄟ	一ㄥ、ㄨㄛ、ㄨㄟ
E3	啄木鳥	87	38	ㄈ、ㄎ、ㄓ、ㄔ	ㄜ、ㄡ	ㄨㄥ、ㄨㄟ
E4	踢足球	93	61	ㄊ、ㄒ、ㄕ、ㄗ	ㄞ	一ㄡ、ㄨㄞ、ㄩㄥ
E5	耶誕老公公	92	58	ㄆ、ㄋ、ㄘ、ㄙ　ㄝ、ㄢ、ㄤ		一ㄝ、一ㄢ、一ㄣㄨㄢ、ㄨㄤ、ㄩㄝ、ㄩㄢ
小計		428				

解、詞彙和字彙等層次，本研究根據唸名缺陷的特質，教學成分特別強調流暢性的訓練，教材分析如表6-5。

(三)雙重缺陷——聲韻＋流暢性的教學方案

本研究雙重缺陷使用的教材同聲韻教材，根據流暢缺陷的特質，教學設計強調流暢性。流暢性的訓練，主要運用重複朗讀和閃示字卡的方式進行，為了讓兒童可以具體的看到學習的成效，採用碼錶計時記錄學生的表現。

參 研究結果與討論

一、個案的閱讀困難及認知特質

本研究的假定是，若DD假說適合解釋中文閱讀障礙的成因，那

表6-5　唸名教材文章內容難度分析表

編號	故事篇名	總字數	相異字數	累積次數排序		
				500 以內	501200	1200 以後
E1	小明找朋	355	131	300	31	24
E2	校外教學	344	171	287	43	14
E3	蒲公英	327	152	259	48	20
E4	給我吃好	267	127	228	33	6
E5	說故事	275	154	210	58	7
E6	走廊上的	261	144	206	43	12
小計		1829		1490 （81.5%）	256 （14%）	83 （4.5%）

麼，我們應該可以找到符合DD假說亞型分類的三種典型的個案，我們的確也見到這三類個案，各找出一位最典型的，魏氏智力測驗與認知測驗呈現如表6-6、6-7。以下分別介紹三位個案：

(一) SC：單純聲韻缺陷閱讀障礙兒童

SC是個長相非常清秀的女孩，平日的學習很用功，也非常喜歡看故事書、唸報紙，但常看不懂，SC父親從事汽車修理工作，家庭小康。SC因為國語和數學的成績不好（國語、數學成績大約三十至四十分），在國小二年級時被學校轉介進行學習障礙的鑑定，心評教師研判SC為疑似學習障礙，請就讀學校提供一年的學習輔導。學校安排導師提供SC每日十～二十分鐘一對一的補救教學，但介入的成效非常低，因此，三年級複評時被確定為學習障礙。

SC的全量表智商為七十四，語文和作業能力未呈現內在差異，但因素指數和分測驗間則有明顯的內在差異，「專心注意」是最弱的能力。SC在中文的識字問題較小，主要的困難是在注音、閱讀及書寫。如表6-8、6-9所示，在教學介入前，SC在理解、書寫以及注音的各項分測驗通過率，都明顯低於常模平均值。

SC的智商七十四，在智力的界定上，屬於臨界智能障礙的範圍，

因此，其學習上的困難有沒有可能是智力低下所致？如果SC的智力確實整體偏低，那麼我們應該看到的是SC各方面的能力都不好，但是心評教師的訪談資料指出，除了國語和數學的表現很差之外，其他的表現都非常好，SC對國語、數學特別努力，因此，老師和同學對他的國語和數學表現都感到很訝異，此外，本研究補救教學老師也指出，SC的人際關係非常好，善於照顧人，喜歡讀故事書給同學聽，會主動幫老師整理教具，這些學習及行為的特徵，都共同指向SC的智能正常，其學習困難應該不是智力低下所致。

智力、動機不足及學習不利等因素都不足以解釋SC的困難，從表6-9可知，SC的注音能力有明顯的困難，再看表6-7，聲韻覺識測驗中，她的聲母、韻母、聲韻母合計的分數都在平均值負1.5個標準差以下，聲調覺識相對較佳，在平均值負0.5個標準差，可見聲韻覺識確實是SC的弱項。

從表6-7中可以看出，SC的唸名速度很快，除了數字唸名稍微低於常模平均值外，其它的唸名均高於平均值一到兩個標準差，這個結果顯示SC的唸名處理速度非常好，可見SC閱讀障礙的核心認知困難，不可能出自於唸名處理缺陷。

在魏氏智力測驗的表現方面，SC的智力在中下水準，其各分測驗形成的組型分數雖符合Bannatyne組型：空間能力（20）＞語文概念形成能力（17）＞序列訊息處理能力（15），以及POI／SCAD差異分數（POI【30】-SCAD【27】＝3），但差異其實並不大，顯示傳統上，學習障礙的優勢能力——知覺組織能力，並非是SC最佳的認知能力，從因素指數來看，SC「處理速度」的因素智商九十二，處理速度是相對的強項能力，與唸名速度的觀察一致。另外，SC最弱的五項分測驗為類同（2）、常識（4）、算術、記憶廣度和符號替代都是5，顯示SC在高層次的概念形成以及符號的處理可能有困難。

總之，SC是一個典型的學習障礙兒童，主要的學習障礙症狀包括拼音系統的符號和拼音處理，以及漢字的書寫和閱讀上，她的困難，無法以智力低落、動機、學習不利以及處理速度緩慢等因素解釋，她的聲

韻覺識非常困難，被判為「單純聲韻困難型閱讀障礙」。

(二) RM：單純唸名缺陷閱讀障礙兒童

因為RM在語言及求學過程的差異，必須多做一點質性的描述。目的在於說明RM閱讀學習上的問題，不能由語言及求學過程的差異來解釋。

RM的父母都是美國人，在台東教英文，父親大學畢業，媽媽具有教授英文為第二語言的碩士學位。RM是家裡三兄弟中的長子。父母親希望孩子們在台灣接受國民小學的教育，但RM進小學的第一年非常挫折，老師總是覺得他不用心，一年級結束後，父母就把他留在家裡。第二年小他一歲的弟弟上學了，弟弟的老師非常好，所以第二學期起，RM又回學校和弟弟同班，一直到現在（三年級）。RM的注音學習沒有太大的困難，但國字的識字、閱讀及書寫卻極為困難。如表6-8所示，RM在識字及書寫的各項分測驗得分，都在負兩個標準差以下。

RM入學時只能說英文，到二〇〇五年元月，說中文都還帶著一些外國腔，所以當然會有語言不利的問題。而且第一年上學期開學時，因為回美國，晚了一個月才上學，也可能因此而失去重要的學習機會。但是，這些「文化背景和教育的不利」不應該造成如此大的困難，因為RM的弟弟剛好是一個理想的對照組，所有對RM閱讀學習不利的事件，弟弟也有，而且弟弟還小了一歲，根據媽媽的描述，弟弟完全跟得上國民小學的進度。

爸爸和媽媽都說，RM有嚴重的注意力的問題，那麼他的閱讀學習困難是否完全可由注意力缺陷來解釋呢？若注意力的問題真的造成學習困難，不應該只造成國字識字書寫閱讀的困難，其他學科也應該有困難才是。但RM的數學比國語好，他的數學是全班（共十人）中的第二名，而且注音比國字好，這都告訴我們，光是注意力的問題，無法解釋RM的學習困難。

RM的注音沒有太大的困難，較容易出錯的地方在於聲調，這可能和他的中文說話的腔調有關，但在聲韻覺識測驗中，他的聲母、韻母、

聲韻母合計的分數都在平均值正0.7個標準差以上，RM不會寫國字，所以他的聯絡簿和補救教學時的閱讀理解學習單都是以注音寫的。他的英文閱讀也沒有問題，媽媽和爸爸在家裡會教孩子們唸英文書，以美國國小的閱讀讀本和繪本為主。RM在解碼方面表現不錯，研究者根據Sternberg和Grigorenko（2002）列出的四十八項英文語音─字母關係（p. 209），編製了一個四十八題的假音測驗，裡面都是可以發音、但不存在的假字，例如，rike、nuckel、horm等，RM除了三題不小心唸錯之外，（例如把dirp唸成drip，經指出，可更正），答對了四十五題，他答得很快，完全不加思索就能作答，可見導致RM閱讀障礙的核心認知困難不太可能出自於聲韻覺識缺陷。

從表6-7中可以看出，RM的唸名速度的確很弱，當然有可能是因中文為第二語言而導致的緩慢，可是施測時，RM已經在國民小學待了兩年半，注音和算術又是他在學校裡的強項，但他注音唸名和數字唸名的Z分數卻分別為負2.91和負1.45個標準差，實在難以以第二語言的理由解釋這般的緩慢。

再看魏氏智力量表的表現，RM智力在正常水準，其各分測驗形成的組型分數可得到以下三點觀察：㈠符合Bannatyne組型：兒童的空間能力（36）>語文概念形成能力（32）>序列訊息處理能力（20）；㈡POI/SCAD差異分數極為明顯（POI【48】-SCAD【25】=23）：這表示知覺組織能力優於專心注意與訊息處理能力；㈢完全SCAD組型：這表示他的專心注意和訊息處理能力，與其他的認知功能比較起來，是非常弱的。RM最弱的三項分測驗為符號替代（4）、符號尋找（5）及數字記憶廣度（7），亦即，只要涉及符號的處理，RM就有困難。魏氏兒童智力量表第三版有「處理速度」的因素智商，RM只得六十九，落在常模的最後2%，這和唸名速度測驗的發現完全一致。

總之，RM是一個典型的學習障礙兒童，主要的學習障礙症狀在於漢字的識讀、書寫和閱讀上，他的困難，無法以智力低落、文化、語言或求學過程差異、聲韻覺識缺陷、注意力缺陷等因素解釋，他的符號處理速度異常緩慢，被判為「單純唸名困難型閱讀障礙」。

(三) CW：聲韻和唸名雙重缺陷閱讀障礙兒童

　　CW是原住民阿美族人，從小的母語是國語，不會講阿美語。CW家裡開設機車行，家庭經濟情況小康，父母十分重視子女的教育，因此，CW在學習上的困難應可排除是由文化和經濟不利所直接造成的影響。CW因有嚴重的閱讀困難，因此在國小三年級時被學校轉介進行學習障礙的鑑定，經過台東縣心評教師的診斷，確定為讀寫障礙個案。

　　CW在閱讀上的困難，在一年級入學時就已經顯現，心評教師的訪談資料指出，「個案僅認識少量的注音符號和國字，能抄寫，但不了解其意義，無法自發性的書寫與閱讀，在學校，所有涉及文字的學科，CW的表現都不佳，班級導師雖提供額外的語文補救教學，但仍無進步」。本研究語文能力的評估結果也顯示，CW的注音、識字、閱讀及書寫都極為困難。如表6-8所示，CW在識字、書寫、閱讀和注音的各項分測驗得分，都在負2.5個標準差以下。

　　CW的注音非常困難，在聲韻覺識測驗中，他的聲母、韻母、聲韻母合計的分數都在平均值負兩個標準差以上，聲調覺識也不佳，在平均值負1.65個標準差，這個結果表示CW可能有嚴重的聲韻覺識缺陷，唯，這個測驗會測量到書寫注音符號的能力，為了進一步區辨注音聽寫能力可能造成的影響，研究者另使用選擇形式的聲韻測驗進行評估（曾世杰、陳淑麗、謝燕嬌，2003），結果在「聲母」、「韻母」以及「結合韻」三個分測驗，CW的正確率都是.3，接近四選一的猜測機率.25。這個結果顯示CW確實有嚴重的聲韻覺識缺陷。

　　從表6-7中可以看出，CW的唸名速度明顯地非常慢，七種唸名分測驗，除了顏色唸名外，其它的唸名分測驗都在負兩個標準差左右，其中數字唸名最差，低於平均三個標準差，顯示CW也有明顯的唸名處理缺陷。

　　在魏氏智力量表的表現方面，CW全量表的智力商數九十六，語文智商為八十七，作業智商為一百一十一，顯示CW的智力在中等的水準，語文和作業能力間有明顯的內在差異。在因素指數部分，高層次能

力的知覺組織指數為一百一十九，是其優勢能力，專心注意指數為六十九，為個案最弱的能力。另外，在分測驗部分，得分最低的三個分測驗分別是記憶廣度、常識和符號替代，得分最高的是連環圖系、圖形設計與物型配置。CW的智力測驗結果，顯示兩種學習障礙的典型特徵，一是認知能力有明顯的內在差異，且在智商、因素指數以及分測驗等各種分析中均出現此特徵，此特徵符合一般認為學習障礙的VIQ優於PIQ、知覺組織優於專心注意以及「符號替代」處理困難的觀點（洪儷瑜、陳淑麗、陳心怡，2003；陳心怡、楊宗仁，2000；Bloom, Topinka, Goulet, Reese, & Podruch, 1986；Humphries & Bone, 1993）；二是出現典型的學習障礙智力特殊組型，包括符合完全ACID組型、Bannatyne組型、以及POI／SCAD差異分數極為明顯（POI【52】-SCAD【26】=26），這些組型共同指向CW的專心注意和符號處理能力，與其他的認知功能比較起來，是非常弱的。

　　綜上所述，CW也是一個典型的學習障礙，主要的學習障礙症狀包含所有和符號處理有關的學科，同時他的困難也無法以智力低落、文化不利、學習不利等因素解釋，他同時具有聲韻以及符號處理速度緩慢的問題，被判為「雙重缺陷型閱讀障礙」。

表 6-6　個案在魏氏兒童智力測驗標準分數

個案	智商			因素指數分數				分測驗量表分數												
	全量表	語文	作業	語文理解	知覺組織	專心注意	處理速度	常識	類同	算術	詞彙	理解	記憶廣度	圖畫補充	符號替代	連環圖系	圖形設計	物型配置	符號尋找	迷津
CW	96	87	111	92	119	69	92	4	10	5	8	11	4	11	6	15	13	13	11	12
SC	74	74	80	76	85	72	92	4	2	5	6	9	5	7	5	10	6	7	12	10
RM	97	102	93	105	101	88	69	12	9	9	11	12	7	14	4	12	12	10	5	-

表 6-7　三個個案在聲韻和唸名速度能力測驗之表現

			SC		RM	CW	
	測驗		前測	後測	後測	前測	後測
聲韻覺識	聲調	原始分數	12	7	6	7	6
		Z 分數	-0.5	-1.65	-1.88	-1.65	-1.88
	聲母	原始分數	8	14	16	2	7
		Z 分數	-1.63	0.12	0.70	-3.37	-1.92
	韻母	原始分數	4	10	16	2	5
		Z 分數	-2.30	-0.63	1.05	-2.86	-2.03
	聲韻母	原始分數	2	5	13	0	3
		Z 分數	-1.77	-0.98	1.13	-2.29	-1.50
唸名速度測驗	數字唸名	原始分數	23	14	30	38	32
		Z 分數	-0.08	1.68	-1.45	-3.01	-1.84
	注音唸名	原始分數	24	21	55	49	40
		Z 分數	1.57	2.00	-2.91	-2.04	-0.74
	顏色唸名	原始分數	33	41	77	55	53
		Z 分數	1.28	0.58	-2.55	-0.63	-0.46
	圖片唸名	原始分數	34	33	64	68	61
		Z 分數	0.98	1.07	-1.81	-2.18	-1.53
	非語文交錯	原始分數	37	32	78	62	63
	語文交錯唸名	原始分數	26	25	43	49	50
	綜合交錯唸名	原始分數	24	26	55	60	69
		Z 分數	2.20	1.97	-2.96	-1.93	-2.96

　　綜合以上三個個案，我們看到SC和RM都是單一的認知缺陷，SC聲韻覺識能力有明顯的困難，但唸名速度整體在平均值之上，是典型的單純聲韻缺陷困難；RM則是聲韻覺識整體在平均值之上，但唸名速度明顯地較一般兒童慢，是典型的單純唸名缺陷困難；CW則有雙重的認知缺陷，他的聲韻覺識和唸名速度都有明顯的困難。這個結果顯示，在中文閱讀障礙的群體中，我們確實能依據DD假說，找到三種不同典型的個案，同時，這三種不同典型的個案，他們出現的認知和閱讀困難特徵

也不相同。

以上分析的重點是以單一個案為焦點，從學習障礙的定義，分析每個個案的學習障礙特徵與缺陷亞型。以上三個典型個案的描述，可視為支持DD假說的證據。此外，著重不同認知成份訓練（聲韻或流暢性）的介入方案，其教學效果應與兒童的認知缺陷有交互作用；亦即，研究者預期，唸名困難者應只對唸名的補救教學有正向反應，聲韻處理困難者則只對PA的補救教學有正向反應。

以下，本文將報告三位兒童對教學介入的反應。雖然本研究只根據個案有缺陷的認知成份實施了三個單組前後測設計，這將使本研究結果的推論受到限制，但研究者期望，在這樣的初步嘗試中，若能仔細描述個案對教學的反應，可以提供作為未來研究設計的基礎。

二、三個案教學反應間的比較

㈠補救教學後的認知能力比較

因為RM中途加入，只有後測測量，無法做前後測的比較，以下僅針對SC和CW提出報告。

在聲韻覺識能力上，SC和CW都接受了聲韻訓練，其聲韻覺識能力在教學介入後，在聲母、韻母、聲韻母的注音能力部分均有明顯的進步，如表6-7，和前測比較起來SC進步了一個標準差左右，CW則進步了0.8個標準差以上。可見本研究的聲韻補救教學，確實能對兒童的聲韻缺陷產生助益，但雙重缺陷的CW進步幅度較小。

比較難以解釋的是，兩人的聲調覺識都沒有進步，SC的聲調覺識還呈現退步的趨勢。聲韻訓練為何沒有能提昇SC聲調覺識的分數？研究者推論可能的原因有二，第一，聲調能力屬於「超音段（supra-segmental）」層次，難度高於「音段」內的聲韻母處理，因此，聲韻能力的進步會先反應在難度較低的聲韻母處理，這個推論與國內過去許多研究的發現一致（陳淑麗，2004；陳淑麗、曾世杰，1999），惟這個推論仍無法解釋為何SC的聲調覺識反而退步，因此，第二個可能是，聲調

覺識測驗是選擇題，較易受到猜測的影響；以CW為例，CW的聲調覺識前後測雖都維持6分，但後測時，CW已經不是用猜的策略作答，而是很用心的扳手指比對聲調，雖然策略的調整並沒有帶來較高的成績，但我們推論其前後測的分數可能有不同的意義，前測較有可能是猜來的。另外，SC方面，在教學介入過程，SC的聲調四聲區辨確實有困難，表現也一直不穩定，因此，猜測的可能性也很高。

在唸名方面，接受「聲韻＋流暢訓練」的CW，其唸名速度也有一點進步，但整體仍落後一般兒童，進步較多的是注音唸名，從四十九秒（Z＝-2.04）進步到四十秒（Z＝-0.74），進步了1.2個標準差，其次是數字唸名，從三十八秒（-3.01）進步到三十二秒（Z＝-1.84），進步了1.17標準差。其他的唸名也有少許進步，但不明顯。這個結果有意思的地方在於，本研究的「聲韻＋流暢性」的訓練，其效果是有特定性的——僅讓注音及數字兩個「單純的文字唸名」速度加快，非文字唸名測驗（圖形及顏色）及交錯唸名，都沒有明顯的變化。

簡言之，從認知能力前後測的比較上，本研究的聲韻教學確實能增進具聲韻缺陷兒童的注音能力，但同時具有聲韻與唸名雙缺陷的CW，進步不如單純聲韻缺陷的SC明顯。流暢性訓練，也在五週內讓兒童單純的文字符號唸名的速度加快。

㈡補救教學後的語文能力比較

表6-8呈現三位個案在識字、書寫和閱讀理解能力測驗的表現，從表6-8可知，SC的語文能力相對最好，其次是RM，整體語文表現最弱的是CW，與國外的研究指出雙缺陷亞型，其閱讀困難是最嚴重的發現一致（Lovett, Steinbach, & Frijters, 2000）。以下分別從讀寫、閱讀理解和注音能力分析三種亞型個案的語文特徵。

1.讀寫能力

在識字方面，由表6-8可知，三個個案中，SC的前後測識字能力相對是最好的，CW和RM的識字則都非常的困難。SC的識字能力雖相對較佳，但教學介入前，仍顯著落後於一般兒童，教學介入後，SC看字

讀音的正確率和流暢性都有明顯的進步，已接近或達到一般兒童水準，另SC朗讀的錯誤類型以「音似錯誤」比率最高，尤其是聲調錯誤最多；CW和RM則都有嚴重的識字困難，錯誤類型都是「不會」最多，錯誤字數中高達90％左右的字不會，另外流暢性最低的是RM。

在書寫方面，三位個案的聽寫能力都有明顯的困難，教學介入後，提供聲韻訓練的SC和CW，其聽寫得分雖未呈現明顯的進步趨勢，但質性資料發現，後測他們會嘗試用注音回答，和前測採「留白」的作答策略不同，顯示聲韻的訓練促使他們能夠運用拼音方式寫出不會的字。另外，RM聽寫四十五題中有三十四題寫注音，其中有十八題注音完全正確（52.9％），另外十六題都是小錯，主要是聲調或相似注音（如ㄥ、ㄣ難分）的錯誤。

綜合上述的結果，本研究在個案讀寫能力方面，有以下三個主要發現，第一，三種亞型中，雙重缺陷亞型的識字困難最嚴重；唸名缺陷亞型閱讀流暢性最低，注音是其優勢能力；聲韻缺陷亞型閱讀流暢性最佳，注音是其弱勢能力，三種亞型的讀寫特徵符合DD假說的預測；第二，不同缺陷亞型讀寫的錯誤特徵不同：聲韻缺陷亞型的錯誤型態以「音似錯誤」為主；雙重缺陷亞型的錯誤型態以「不會」為主，從錯誤類型的資料，顯示個案的認知缺陷特質會反應在語文的表現上；第三，三種亞型中，雙重和唸名缺陷兒童的識字量都非常低，與國外的研究發現不太一致，Lovett等人的研究指出，三種亞型中，雙重缺陷最有困難，唸名缺陷的語文能力相對最佳（Lovett et al., 2000），對此不一致的結果，研究者有兩個臆測，一是本研究選取的唸名缺陷個案，剛好是程度較嚴重的閱讀障礙者，因此，雖然理論上不同的亞型，其困難程度會不同，但各亞型內仍有嚴重程度的區別；二是文字系統的差異：西方是拼音文字系統，聲韻有困難自然嚴重影響字彙的解碼與文章的理解，但聲韻對中文閱讀相對的重要性可能較低，曾世杰、王素卿（2003）的研究就指出，音素覺識不是中文閱讀習得歷程的必要條件，直接教導兒童識字可為學習中文的一種方式。唯受限於樣本數，以上的推論，仍需進一步以較大的樣本檢證。第四、聲韻流暢性的訓練，也會反應在中文閱

讀的流暢性上，CW和SC孤獨字的流暢性都有進步，如果這個結果為真，那麼表示流暢性訓練的效果，是可以遷移到文字的閱讀上的。

2.閱讀理解能力

本研究以柯華葳的「閱讀理解篩選測驗」和洪儷瑜的「故事朗讀測驗」評估個案的閱讀理解能力。從表6-8可知，三個個案的閱讀理解都有明顯的困難，其中，閱讀理解篩選測驗只有SC能作答，RM和CW都因為識字量太低無法作答，因此調整為報讀方式施測，但正確率仍低於常模平均值。

故事朗讀方面，三個個案中，朗讀的正確率和流暢性都是SC最高，最低的是CW，錯誤類型特徵與「看字讀音」接近，SC大部分是「音似錯誤」，CW有90％以上是「不會」類型的省略。RM故事朗讀甲的正確率雖達.67，但流暢性每分鐘只有33.55個字，顯著低於一般兒童，顯示RM流暢性低是一個很明顯的特徵。在故事內容的理解方面，SC朗讀的正確率和流暢性雖然很高，但問題理解的正確率只有.2～.6之間，相反的，CW雖然讀的支離破碎，但正確率也是在.2～.6之間，RM故事理解的正確率則是最低的。

再從教學介入後的表現來看，SC和CW主要是接受「聲韻＋流暢教學」的訓練，SC和CW在兩篇不同難度的文章，其朗讀流暢性和正確率整體上都有進步，其中，SC在難度較低的故事朗讀甲可能是唸得太快，反而造成正確率有些微的下降。另外，再進一步比較個案在兩種難度文章表現的差異，SC和RM在不同難度的甲乙兩篇文章，難度低的表現較佳，但CW兩種難度的表現十分接近，就解碼的層次來看，我們猜測這兩篇文章對CW而言難度相當，都太難了。

綜合以上的結果，本研究在閱讀理解方面，有以下三個主要發現，第一，識字和閱讀理解是兩種不同的能力，SC和CW故事朗讀的正確率和流暢性差異很大，但對故事內容的理解卻十分接近，這個結果顯示，朗讀的正確性、流暢性和閱讀理解間的關係不必然成正相關，識字和閱讀理解是兩種不同的能力，這個研究結果與王瓊珠（2003）的研究發現一致；第二，「高層的理解優於低階的解碼識字」是讀寫障礙者臨床常

見的特徵，本研究發現，這也可能是雙缺陷閱讀障礙者的特徵：CW的
識字量非常低，雖然每個句子都讀得支離破碎，但理解的正確率仍在.5
左右，顯示理解是相對的優勢能力，其閱讀較依賴由上而下的策略，解
碼所提供的訊息較有限；第三，聲韻流暢性的訓練，也會反應在中文閱
讀的流暢性上，CW和SC文章朗讀的流暢性都有進步，結果與本研究孤
獨字朗讀的發現一致。

在注音能力方面，本研究採用國小注音符號能力診斷測驗（黃秀
霜、鄭美芝，2003）。從表6-9可知，三個個案中，CW的注音能力最

表6-8　三個個案在識字、書寫和閱讀理解能力測驗之表現

	測驗		SC		RM	CW	
			前測	後測	後測	前測	後測
識字能力	看字讀音字數	原始分數	36	47	22	9	9
		Z 分數	-5.54	-0.82	-11.55	-17.12	-17.12
	看字讀音流暢性	原始分數	60.00	85.45	16.71	6.92	15.43
		Z 分數	-1.94	0.19	-2.77	-3.10	-2.82
	認字字數	原始分數	55	52	16	7	8
		Z 分數	-0.40	-0.50	-2.10	-2.50	-2.50
	識字量	原始分數	1249.67	1285.33	476.5	0	221.5
聽寫	聽寫字數	原始分數	15	14	5	0	2
		Z 分數	-2.68	-2.82	-4.05	-4.73	-4.46
閱讀理解能力	閱讀理解篩選	原始分數	6	[2]	10[1]	7[1]	[2]
		Z 分數	-1.80		-0.65	-1.51	
	故事朗讀甲通過率	原始分數	0.94	0.92	0.67	0.28	0.32
	故事朗讀甲流暢性	原始分數	177.93	224.00	33.55	13.93	27.87
	故事朗讀甲理解	原始分數	0.4	0.4	0.2	0.6	0.2
	故事朗讀乙通過率	原始分數	0.85	0.94	0.45	0.27	0.30
	故事朗讀乙流暢性	原始分數	162.41	186.43	22.13	13.22	26.05
	故事朗讀乙理解	原始分數	0.2	0.6	0	0.4	0.4

註1：RM 和 CW 的閱讀理解篩選測驗是採報讀方式施測
註2：聲韻組兒童未實施閱讀理解篩選測驗的後測
註3：注音能力

弱，其「注音符號認讀」以及「拼音」都有嚴重的困難；其次是SC，主要是聽寫有明顯的困難。注音能力最好的是RM，RM的注音認讀大致已經達到精熟水準，單音和語詞的聽寫通過率雖較低，但進一步進行錯誤類型分析，發現大約有80％只有聲調的錯誤，顯示RM的注音能力除了聲調以外，認讀與聽寫能力均不錯。

再從介入後的表現來看，SC和CW主要接受聲韻教學的訓練，SC在語詞和聲調的聽寫有較明顯的進步，單音聽寫和短文認讀有些微的下降，但進一步分析錯誤的類型，單音聽寫有一半是聲調的錯誤，短文則都是聲調的錯誤，因此，整體來看，SC經過聲韻教學訓練，其注音能力有進步；CW在「注音符號認讀」進步最明顯，其次是「結合韻」的認讀和「聲調」的聽寫正確率也有20%左右的進步。結果顯示，CW經過五週的聲韻訓練，注音能力也有些微的進步，但仍與一般兒童有很大的差距。較難解釋的是，從前測資料來看，CW注音符號的聽寫比認讀好，從讀寫的發展來看，不符合發展的趨勢，因此研究者推論可能是施測誤差所致，認讀採個別測驗，聽寫採小組團體測驗，因此聽寫有作弊的機會，CW共答對十三個注音符號，其中一到十二題都寫對，其餘二十五題只答對一題。但由於此分測驗三十七個注音符號是採隨機方式出現，答對的符號全部集中在前面的題數，而且連續答對十二題，因此研究者推論這幾題極可能是「看來的」，如果這個推論為真，則個案前測聽寫符號的能力，可能會比測驗表現還要低。

綜合以上的結果，本研究在注音能力方面，有以下兩個主要發現，第一，三種亞型中，雙重缺陷亞型的注音能力最困難，其次是聲韻缺陷亞型，唸名缺陷亞型的注音能力整體不錯，是其優勢能力；第二，有聲韻缺陷的兩個個案，經過五週的聲韻教學訓練，其注音能力雖然都有進步，但都未達到一般兒童水準，研究者推論介入的時間可能是一個關鍵因素，本研究只提供四十八節的教學介入，介入的時間可能必須更長，才能較清楚地看到成效，許多研究指出，對閱讀障礙學童必須提供至少一年以上的密集介入，困難程度較重的學生，則必須提供持續性的支持（Barbara, Anthony, Keith, & Dennis, 2003；Pikulski, 1994）。

表6-9　三個個案在注音能力測驗的通過率

測驗			SC		RM	CW	
			前測	後測	後測	前測	後測
聽寫	符號	通過率	0.62	0.76	0.95	0.41	0.54
	單音	通過率	0.50	0.40	0.50	0.00	0.10
	語詞	通過率	0.15	0.50	0.45	0.00	0.00
	聲調	通過率	0.54	0.77	0.85	0.23	0.46
認讀	符號	通過率	0.97	1.00	1.00	0.27	0.62
	結合韻	通過率	0.85	0.85	0.80	0.00	0.25
	短文	通過率	0.93	0.88	0.93	0.02	0.09

㈢三個個案課程本位成就評量間的比較

　　成就評量包括聲韻和唸名教材兩類，聲韻教材主要評估注音符號及音節的認讀和聽寫，唸名教材根據教學成分，評量向度包括朗讀、聽寫、閱讀理解和造詞四類。

　　表6-10呈現SC和CW的課程本位成就評量表現。從表6-10可知，SC與CW「注音符號」的正確率均高於需要拼音能力的「音節」。在注音符號部分，SC的認讀與聽寫，大致上都能達到完全精熟的程度，CW也能達到.8左右的通過率，顯示注音符號的補救有不錯的立即成效；音節部分，SC大約有.75的正確率，CW則只有大約.4的正確率，且各課的表現較不穩定，這個結果顯示，兩個個案經過補救教學，拼音能力雖有進步，但還未達精熟程度，也還未能完全掌握拼音背後的規則。

　　表6-11呈現RM的成就評量表現。從表6-11可知，RM在較高層次的「理解」和「字義運用」（造詞）透過補救教學就可以達到精熟水準，「書寫」和「朗讀」的正確率則較低，再次顯示理解是RM的相對優勢能力，「解碼」和「書寫」則可能是RM閱讀困難的主要問題。另外，再從朗讀的正確率和流暢性來看，經過流暢性教學訓練，RM在單字、語詞和課文的正確率和流暢性都有進步，其中正確率部分，以單字的進步最多，語詞的正確率最低，流暢性部分，整體的流暢性還是非常低，

結果顯示，RM雖能在流暢性教學訓練中獲益，但流暢水準仍落後一般
兒童水準。

表 6-10　SC 和 CW 在聲韻教材成就評量之通過率

		認讀				聽寫			
		音節		符號		音節		符號	
		前測	後測	前測	後測	前測	後測	前測	後測
SC	L1	1.00	1.00	1.00	1.00	-	0.83	-	1
	L2	0.64	0.82	0.86	1.00	0.27	0.64	0.71	0.86
	L3	0.38	0.77	0.86	1.00	0.31	0.62	0.57	0.86
	L4	0.86	0.93	1.00	1.00	0.14	0.50	0.60	1
	L5	0.81	0.94	0.83	1.00	0.50	0.63	0.50	1
	平均	0.74	0.89	0.91	1.00	0.31	0.64	0.60	0.94
CW	L1	0.33	0.50	0.75	1.00	-	0.33	-	1.00
	L2	0.09	0.64	0.71	0.86	0.27	0.64	0.57	1.00
	L3	0.00	0.23	0.29	0.71	0.00	0.31	0.43	0.86
	L4	0.00	0.36	0.60	1.00	0.00	0.14	0.20	0.20
	L5	0.13	0.31	0.67	0.67	0.17	0.88	0.50	0.67
	平均	0.11	0.41	0.60	0.85	0.11	0.46	0.43	0.75

　　綜上所述，從認知能力、語文能力和課程本位評量三方面來看三個
個案對補救教學的反應，我們有幾個主要的發現。第一，兒童的確在介
入教學中受益，唯均未達一般兒童的水準，這可能和教學長度僅有五週
有關。第二，就本研究的個案而言，補救教學的效益是有特定性的，流
暢性方面只有單純的語文唸名及單字、文章的閱讀有明顯的進步，聲韻
部份只有聲韻母的注音有進步。第三，三種亞型基礎認知能力的組型與
其教育上的讀寫特徵相當一致：唸名最慢的RM，唸國字時仍然非常
慢。聲韻缺陷的SC唸國字時速度不亞於一般兒童，但是注音能力弱，
且朗讀的錯誤類型也都基於音似的錯誤。雙重缺陷的CW則在各方面的
能力與成就都最弱，而且他對教學的反應最不明顯。

表 6-11　RM 在唸名教材成就評量之通過率與流暢性

	朗讀						聽寫國字		理解	造詞
	課文		語詞		單字					
	前測	後測	前測	後測	前測	後測	前測	後測	後測	後測
L4	0.60 (28.8)	0.88 (73.8)	0.75 (20)	1 (48)	0.63 (12)	0.88 (28)	[1]	0.62	1	1
L5	0.65 (12.5)	0.70 (36.5)	0.25 (10)	0.50 (20)	0.38 (6.2)	0.63 (15)	0.25	0.5	1	0.88
L6	0.63 (22.8)	0.96 (53.9)	0	0.25 (4)	0.25 (20)	1 (60)	0	0.75	1	1
平均	0.63	0.85	0.33	0.58	0.42	0.84	0.13	0.62	1	0.96

註 1：RM 在第四課時加入教學實驗
註 2：（　）括弧內表示流暢性：平均每分鐘能唸出的字數

肆　結論與建議

一、結論

　　本文根據 Wolf 和 Bowers（2000）的 DD 假說，在一個僅有十一人參與的小型教學實驗中，舉出三個理論中應該存在亞型的典型個案。文中報告了他們的認知特質、學習困難及對補救教學的反應。綜合本研究的研究結果與討論，最主要的發現有以下四點：第一，在中文閱讀障礙中，確實存在「單純聲韻缺陷」、「單純唸名缺陷」和「雙重缺陷」三種不同認知缺陷的個案；第二，不同認知缺陷亞型的閱讀障礙，其認知特質有相當大的差異，「單純聲韻缺陷」只有聲韻能力不佳，流暢性則非常好；「單純唸名缺陷」則呈現相反的趨勢，聲韻能力沒有問題，但流暢性非常低；「雙重缺陷」則是聲韻和流暢性都不佳；第三，不同認知缺陷亞型的閱讀障礙，其語文特質也有相當大的差異，而且雙重缺陷的閱讀困難情形比兩位單純缺陷兒童更為嚴重，這符合了 DD 假說對三種閱讀障礙亞型的推論；第四，對每一種閱讀障礙類型提供的補救教

學，可能都需要較長時間的介入，才有機會使他們趕上一般兒童水準。

二、對未來研究方向的建議

根據以上的發現，研究者對未來中文閱讀障礙研究的方向提出以下幾個建議：

㈠流暢性因素的探討

在台灣過去各縣市的學習障礙鑑定中，除了魏氏智力量表中有「處理速度」的因素指數之外，其它常用的工具中，所量測的大多為兒童「會不會」某一構念或認知技能，並不強調「快不快」的問題。相同的，在現行兒童一、二年級的國語科教材裡，也沒有見到見有強調「處理速度」的教學內容。但本研究的結果指出，處理速度或流暢性的問題可能與閱讀學習的成果息息相關。最近兩年，國內研究者也觀察到處理速度的重要性，曾世杰等（出版中）發現學前數字唸名速度預測四年後的閱讀理解和認字的能力超越聲韻覺識變項，洪儷瑜等（2003）的基本讀寫字綜合測驗也將速度的要求加入設計的測驗工具。國外的研究也有類似的觀察，在亞型分類的研究強調處理速度（Ho, Chan, Lee, Tsang, & Laun, 2004），在尋找中文閱讀障礙的大腦功能的研究亦是如此（Siok, Perfetti, Jin, & Tan, 2004）。建議未來的研究需要進一步探究流暢性因素在中文閱讀障礙致因、鑑定與教學上的角色。

㈡跨語言研究的重要性

拼音文字的字母（串）表徵的是音素，要成功的學會拼音文字的解碼，讀者勢必要分析、熟練每個字裡的音素與字母（串）之間的對應關係及操弄音素的規則，最後將之自動化。中文是一種語素—音節文字（裘錫圭，1994），每一個方塊字正好就是一個音節，直覺上來看，只要讀者能夠自動化地唸出每一方塊字在詞句的音節，不必分析至音素層次，解碼就算完成。依此推論，拼音文字和中文閱讀時聲韻覺識的認知負荷應該不同，前者高，後者低。

　　Ho等人（2004）在一篇閱讀障礙亞型的研究中指出，快速唸名缺陷和字形處理缺陷，是中文發展性閱讀障礙亞型分類的兩種最主要的類型。Siok等人（2004）也以神經照影的證據指出，中文閱讀障礙兒童出現兩個困難，第一個困難是「字形到音節的轉換」（the conversion of orthography to syllable），第二個困難是「字形與語義的聯結」（orthography-to-semantics mapping），這兩個歷程都和左腦的中前腦迴（left middle frontal gyrus）的中介協調有緊密關連，這個部位也就是中文閱讀流暢性（fluency）的中心。這兩篇研究的發現和拼音文字一向的傳統大為不同，強調的都是「字形」和「處理速度」，而不是聲韻覺識。

　　但以上兩篇的發現，並不表示聲韻覺識的缺陷就不會導致台灣兒童閱讀的困難，除了神經及認知心理學上，聲韻缺陷可能直接導致漢字處理的困難之外，另一個可能的因素在於台灣語文教育的設計──我們的語文教育是從拼音文字開始的。兒童一到四年級的所有學科的課文都旁註注音符號，如此設計的用意在使兒童透過注音及早進入閱讀的狀況，兒童也可以透過注音習得原來不認識的方塊字。可是對聲韻覺識困難的兒童來說，他們不得不去學習他們相對弱勢的拼音系統，再雪上加霜地必須透過這個系統學習新的漢字，這樣的閱讀習得設計，對他們恐怕是不利的。到底怎樣的設計才是好的，研究者認為日本（同時存在拼音及漢字）、香港（仍有不教拼音直認漢字的學校）、台灣（透過注音學習漢字）、美國、英國（不規則的拼音文字）、芬蘭、德國、西班牙（規則的拼音文字）各國有不同的文字設計及教育系統，在跨語言的閱讀障礙情況互相比對之後，也許能看到到底那些因素是閱讀的認知普世原則（cognitive universals），那些是因文化而異的（cultural constraints）。

　　舉跨語言研究的一個具體的例子來說，基於中文與拼音文字組字原則的差異，我們推測三種閱讀障礙亞型的出現率在不同的文字系統中應有不同。若台灣各縣市的學習障礙鑑定引入雙重缺陷的概念，加入適當的聲韻與唸名的測驗，用比較大的規模來看三種閱讀障礙亞型的出現率，及是否有雙重缺陷假說無法涵蓋的偽陰性個案。則研究結果和國外比較起來，就比較容易看到，各種因素造成的閱讀困難是否受到組字原

則的影響了。

參考文獻

一、中文部份

王瓊珠（2003）：**國小一年級疑似閱讀障礙兒童之觀察研究**。台北：心理出版社。

林彥同（2001）：**幼稚園至國小三年級學童各類唸名速度能力的發展與閱讀能力的相關**。國立高雄師範學院特殊教育研究所碩士論文。

洪儷瑜（2004）：**識字量評估測驗**（未出版）。

洪儷瑜（2004）：**故事朗讀測驗**（未出版）。

洪儷瑜、陳淑麗、陳心怡（2003）：學習障礙國中學生的智力特質之研究。**師大學報：教育類**，48(2)，215-238。

洪儷瑜、張郁雯、陳秀芬、陳慶順、李瑩玓（2003）：**基本讀寫字綜合測驗**。台北，心理出版社。

柯華葳（1999）：**閱讀理解篩選測驗**。教育部特殊教育工作小組印行。

張媛婷（2000）：**學前兒童的唸名速度與入學後國語文成就的關係**。國科會大專生參與專題研究計畫成果報告。

張媛婷（2001）：**學前兒童的唸名速度與入學後閱讀能力的關係**。國科會大專生參與專題研究計畫成果報告。

陳心怡、楊宗仁（2000）：WISC-III分測驗特殊組型基本率研究：台灣常模、學習障礙及注意力缺陷過動症兒童之比較。**中國測驗學會測驗年刊**，47（2），91-110。

陳美芳（1999）：**聽覺記憶測驗**。行政院國家科學委員會特殊教育工作小組。

陳姝嫈（1998）：**唸名速度、工作記憶與國語文能力相關研究**。台東師院教育研究所碩士論文。

陳淑麗（2004）：**轉介前介入對原住民閱讀障礙診斷區辨效度之研究**。國立台灣師範大學特殊教育研究所博士論文。

陳淑麗、曾世杰（1999）：閱讀障礙學童聲韻能力發展之研究。**特殊教**

育研究學刊，17，205-223。

陳榮華（1997）：**魏氏兒童智力量表第三版（中文版）指導手冊**。台
北：中國行為科學社。

曾世杰（1997）：**國語文低成就學童之工作記憶、聲韻處理能力與唸名
速度之研究**。國科會研究期中報告, NSC - 84 - 2421 - H - 143 - 001 。

曾世杰（1999）：國語文低成就學童之工作記憶、聲韻處理能力與唸名
速度之研究。載於柯華葳、洪儷軒主編，**學童閱讀困難的鑑定與診
斷**（5-28）。嘉義：國立中正大學。

曾世杰、王素卿（2003）：音素覺識在閱讀習讀歷程中的角色－個案研
究。**台東大學教育學報**，14(2)，23-50。

曾世杰、邱上真、林彥同（2003）：幼稚園至國小三年級學童各類唸名
速度能力與閱讀能力的相關。**師大學報**，48(2)，261-290。

曾世杰、陳淑麗（2003）：**唸名速度及聲韻覺識在中文閱讀障礙亞型分
類上的角色（I）**，國科會專案成果報告，NSC-91-2413-
H-143-005。

曾世杰、陳淑麗、謝燕嬌（2003）：**聲韻覺識測驗工具**（未出版）。

曾世杰、張媛婷、周蘭芳、連芸伶（出版中）：唸名速度與中文閱讀發
展：一個四年的追蹤研究。**特殊教育研究學刊**。

黃秀霜（2001）：**中文年級認字量表**。台北：心理出版社。

黃秀霜（1999）：**中文年級認字量表之編製及國語文低成就兒童認字困
難之診斷（II）**。國科會專題研究計畫成果報告。

黃秀霜、鄭美芝（2003）：**國小注音符號能力診斷測驗**。台北：心理出
版社。

裘錫圭（1994）：**文字學概要**。臺北: 萬卷樓。

謝俊明、曾世杰（2004）：閱讀障礙學生與一般學生在唸名速度上的比
較研究。**台東大學教育學報**，15(2)，193-216。

Sternberg, R. J. & Grigorenko, E. L. (2002). **探索學習障礙兒童**（呂偉白
譯）。台北：洪葉文化（英文版出版於1999）。

二、英文部份

Barbara, G., Anthony, B., Keith, S., & Dennis, A. (2003) The efficacy of supplemental instruction in decoding skills for Hispanic and Non-Hispanic students in early elementary school. *Journal of special education, 34*(2), 90-103.

Blachman, B. A. (1994). What we have learned from longitudinal studies of phonological processing and reading, and some unanswered questions: A response to Torgesen, Wagner, and Rashotte. *Journal of Learning Disabilities, 27,* 287-291.

Bloom, A.S., Topinka, C. W., Goulet, M., Reese, A., & Podruch, P. E. (1986). Implications of large WISC/WISC-R verbal-performance IQ discrepancies. *Journal of Clinical Psychology, 42,* 353-356.

Bradley, L., & Bryant, P. E.(1983). Categorizing sounds and learning to read: A causal connection. *Nature, 301,* 419-421.

Cossu, G., Shankweiler, D., Liberman, I., Tola, G., & Katz, L. (1988). Awareness of phonological segments and reading ability in Italian children. *Applied Psycholinguistics, 9,* 1-16.

Fox, B., & Routh, D. (1980). Phonetic analysis and severe reading disability in children. *Journal of Psycholinguistic Research, 9,* 115-119.

Ho, C. S. -H., Chan, D. W. -O., Lee, S. -H, Tsang, S-M., & Laun, V. H. (2004). Cognitive profiling and preliminary subtyping in Chinese developmental dyslexia. *Cognition, 91*, 43-75.

Humphries, T., & Bone, J. (1993). Use of IQ criteria for evaluating the uniqueness of the learning disability profiles. *Journal of Learning Disabilities, 26*(5), 348-361.

Lovett, M. W., & Steinbach , K. A., & Frijters, J. C.(2000). Remediating the core deficits of developmental reading disability : A double-deficit perspective. *Journal of Learning Disabilities, 33,* 334-358.

Lundberg, I., Olofsson, A., & Wall, S. (1980). Reading and spelling skills in the first school years, predicted from phonemic awareness skills in kindergarten. *Scandinavian Journal of Psychology, 21,* 159-173.

PikulskiJ. J., (1994). Preventing reading failure: A review of five effective program. *The Reading Teacher,48*(1), 30-39.

Rudel, R. (1985). Definition of dyslexia: Language and motor deficits. In F. Duffy & N. Geschwind (Eds.), *Dyslexia: A neuroscientific approach to clinical evaluation.* Boston: Little, Brown.

Siok, W. T., Perfetti, C. A., Jin, Z., & Tan, L. H. (2004). Biological abnormality of impaired reading is constrained by culture. *Nature, 431*(2), 71-76.

Torgesen , J. K., Wanger, R. K., & Rashotte C. A. (1994). Longitudinal studies of phonological Processing and reading. *Journal of Learning Disabilities. 27*(5), 276-286.

Wimmer, H. (1993). Characteristics of developmental dyslexia in a regular writing system. *Applied Psycholinguistics, 14*, 1-33.

Wolf, M. (1997). A provisional, integrative account of phonological and naming-speed deficits in dyslexia: Implications for diagnosis and intervention. In B. A. Blachman (Ed.), *Foundations of reading acquisition and dyslexia: Implications for early intervention.* Mahwah, NJ: Erlbaum.

Wolf, M. (1999). What time may tell: Towards a new conceptualization of developmental dyslexia. *Annals of Dyslexia, 49*, 3-28.

Wolf, M., & Bowers, P. G. (2000).Naming-speed processes and developmental reading disabilities: An introduction to the special issue on the double-deficit hypothesis. *Journal of Learning Disabilities, 33,* 322-324.

作者小語

陳淑麗

邱上真老師擔任學位論文的口試委員

邱老師是我碩士及博士學位論文的口試委員，我真心感激她，也見識到她治學嚴謹。因為她不善於拒絕別人而日理萬機，每次有事相求，我都心懷愧疚，可是她總給我超乎所求。她講話從不教訓，每次她道說個人趣事，讓人自然放鬆，但隨之卻有很多感動湧出。邱老師像個聚寶盆，從不吝惜與人分享她的智慧，卻愈分享，自己愈豐富。她要退休了，對她有一萬個祝福，也希望她有一個新的開始。

作者小語

曾世杰

邱上真老師在台南師院特教系同事，與邱老師合作研究、指導學生

邱老師總說別人好。她態度是那麼誠懇，以致於被說的人會從不相信到半信半疑，到信以為真，於是胸懷江河，力圖振作。這點，我學習最多。

我家裡有張二○○○年八月的相片，那天我們一起在太平洋上，二百五十頭海豚穿風破浪包圍著我們，日暮的海面一片金黃，邱老師穿著救生衣，開心又放鬆微笑著，整個人泡在金光裡，好有福氣啊。福氣哪兒來？我覺得她多努力，不抱怨，在一個領域浸呀浸，浸了幾十年，就看到她「左右逢源」的福氣了。

她老愛講自己的糊塗笑話。大家都記得她在台大太晚起床只好去修太極拳的故事，也記得她買東西買貴了還被老闆虧說「這真是個智慧的決定」。是啊，她不完美，可我怎麼這麼喜歡她呢？

情境式數學教學在學習障礙學生
數學學習之應用

詹士宜　李鴻亮

摘要

學習障礙學生在數學學習上經常遭遇困難，其問題除了學習學習障礙學生本身在數學學習的潛能發展上比一般孩童緩慢外，同時也明顯的受到語文因素的影響。學習障礙學生因為不易看懂數學語文的敘述或是應用問題，而無法學習數學概念或正確解題，因此本文主要介紹情境式數學教學對學習障礙學生的助益。情境式數學教學是提供多元的感官訊息，以降低學生在學習數學時所遇到的語文障礙，本文首先說明近年來數學教育的發展趨勢，逐漸由過去重視計算與應用問題練習的取向，轉而為以建構取向的數學教學，強調連結學生日常生活數學經驗與學校數學概念學習的重要性。第二部份則探討現今數學教育的一些問題。第三部分說明學習障礙學生在數學學習方面的問題。最後則探討情境式數學教學的相關理論與源起與特徵，同時介紹具有多媒體特徵的情境式數學教學——錨式教學，及其在學習障礙教育上的發展與應用。

壹 前言

　　二十一世紀的社會是知識競爭的世紀，教育的本質是開展學生潛能，培養學生適應與改善生活環境的歷程。教育部面對於世界教育改革的潮流，於八十七年九月三十日公布「國民教育階段九年一貫課程總綱綱要」，希望能學生能「拋掉背不動的書包與學習繁雜的知識教材，培養帶著走的基本能力」，期使師生在教與學的過程中充滿快樂與活潑的氣氛，使我國國民教育發展邁向新境界（單文經，2000）。

　　而數學教育更是當前世界教育改革的重心，我國當前的教育改革亦重視數學教育課程與內容的調整，期能協助學生適應未來學習與生涯發展。例如：在數學教育目標中，除強調學生解題能力的培養外，同時重視數學與生活、數學概念間的連結，並培養學生察覺、轉化、解題、溝通、與評析等能力（教育部，2001）。

　　身心障礙學生經常面臨數學學習困難的課題，他們的數學表現經常無法達到同年級學生的一般水準。許多身心障礙學生的數學學習困難的現象，並不會隨年齡的增加而消失，此現象不僅存在於中小學階段，亦持續到高中以後的就學、就業、與生涯的發展（邱上真，2001；陳美芳，2004）。

　　許多文獻指出學習障礙學生普遍存在閱讀困難的問題，Lerner（1997）指出約有80%的學習障礙學生有閱讀上的困難。由於語文閱讀是學習知識非常重要的來源，閱讀困難的問題經常阻礙學生去學習各項學科技能，特別是數學的學習。當今數學教學有一大部分的比重是放在應用問題的解題，當學生無法理解應用問題中語文與數字符號之間的關係時，就無法進一步的解題。雖然這些概念本身並不一定需要使用應用問題或語文形式來學習，但語文卻往往阻礙學習障礙學生學習數學有關的知識與概念。

　　當學習障礙學生面臨因語文閱讀理解能力受限，而影響學習障礙學生有效學習數學時，近年研究者即不斷地提出不同的教學模式或理論，

希望能提出更有效的方法來協助學習障礙者解決數學學習的問題。本文將就當前數學教育問題與數學教育改革以建構理論的趨勢來說明數學教育的發展，再分析情境式數學教學在學習障礙教育所扮演的角色及具體做法，以作為日後學習障礙學生數學教學的另一種思考方向。

貳 科技發展與數學教育改革趨勢

　　近年來一些數學教育的改革者提出許多與過去數學教育不同的觀點，特別是在強調以學生學習經驗為主軸的數學教育，以及運用科技於數學教育中。歐美一些國家（例如：荷蘭、比利時、美國）在當今數學教育改革中，強調數學不是一個封閉的系統，而是一種與真實世界連接的數學教育（real-world mathematics education），老師藉由「引導（guided）」的方式，讓學生去操作數學活動，進而「發現或發明（re-invent）」所學習的數學（Van den Heuvel-Panhuizen, 2001），並以真實世界的數學為橫軸，與數學不同的學科內容為縱軸相互交疊，以培養學生數學的能力。以這種方式的數學教學方式，使得荷蘭學生的數學表現高居歐美之首（Van den Heuvel-Panhuizen, 2001）.

　　美國數學教師協會（National Council of Teachers of Mathematics, NCTM, 1989, 2000）自一九八〇年代即倡導以數學題解作為數學教育的重心，學生透過解題的歷程，觀察日常生活數學問題與數學概念間的關係，同時整合數學與其它學科間的連結。以廣義的角度思考，數學與真實世界的聯結與溝通乃是透過「問題解決」之歷程達成，意即從學習者問題解決之歷程中，學習者運用數學觀念與真實世界來溝通，並促使學習者了解數學與生活及其他學科的關連性；另外從學生的解題歷程中去了解學習者是否掌握正確的概念，與是否習得必備的基本技能。因此新的數學教育並不是教導學生學習一堆無意義的符號操作，或是不斷進行公式的記憶，而是以更有效的方法來發展學生真實的數學能力。美國科學教教育議會（National Academy of Science, 1993）亦對目前的數學教育改革提出三點建言：1. 數學不再只是作為科學家或工程師的一種預備學

科，而應是二十一世紀國民的基本能力（fundamental aspect of literacy）。2. 數學對學生在學習、維持、使用應有意義性。3. 在科技的時代學生在數學上應學會更多與表現更好（p. 2）。

近年來由於科技發達，運用「多媒體」呈現方式的數位內容也愈來愈普遍，所謂「多媒體」是一種複合式的媒體類型，其中包括動態影像、靜態影像、聲音、動畫、文字等訊號。由於「多媒體」的呈現方式可以同時提供各種類型訊息，讓人們可以藉著這些訊息以獲得概念，進行學習或者制定決策，因此「多媒體」的呈現方式愈來愈為人們所接受。另外，對於相關科技的進步，更將與教學有關的多媒體等媒材以「學習物件（learning objects）」的方式，來串連知識概念並提供學生更多元的學習環境。

澳大利亞教師圖書館員 Braxton（2003）指出「學習物件」就好像是「小型的多媒體節目」。由於許多知識的內容與過程是不可能在課堂環境中再複製，藉由這種「精簡的多媒體」，特定的事物與其過程均得以重新用圖像進行說明、展示與模擬。Vandaele、Botteldoore與Lenaerts等學者（2003）從「學習物件」的角度來評量學生所習得的課程概念。他們發現曾經使用過這種教材的學生，其成績遠超過沒有使用過這種教材的學生之成績，這些受試學生不但在成績上的表現突出，而且對於課程概念理解的程度，也顯著高於沒有使用過這種學習物件的學生；研究也同時顯示，成績好的學生覺得這是一種更有趣的學習方式。在課堂的解說之外，這種可重複使用的學習物件對於了解學習的主題來講，還具有其他的附加價值，因為它同時可以當作很重要的補充教材與替代性的教學資料來使用。

Clyde（2004）認為「學習物件」不是單獨存在的，而是整個學習環境的一部分，這個環境一方面包括教學科技的理論與實務，另一方面也包括說明、檢索與組織學習物件的後設資料與教學策略。美國訓練發展暨精實人力協會（American Society for Training and Development & Smart Force, 2002）所編纂的《實務手冊》列舉各類型的「學習物件」，其中包括：課程單元（即文字、圖像、動畫、音訊、問題與練習的組

合）、文章、案例、指導練習、討論版、角色扮演模擬、軟體模擬、研究計畫、實作測驗。

面對當前數學的教育改革潮流，如何有效的設計出能協助與學生解決日常生活相關情境經驗的數學教學方案，對學生數學學習將有重大影響，而這種以真實經驗為主的數學學習對於數學學習困難學生而言，更有其重要的影響。幫助學生學習數學時，能具有整體性感覺，因此特別需要闡明數學概念與學生數學經驗的關係，利用學生的前置經驗或直觀經驗來進行數學的教學，以深化學生的數學思維，進而使其擺脫一般數學形式規則的束縛，並提昇學生在抽象層次上的想像力與觀察能力（教育部，2001）。

可喜的是，科技的發展使得許多新的技術得以應用至教學上，不但提高學生學習的成效，同時學習材料也由過去以文字圖片與印刷媒體為主體的學習內容、到提昇以投影媒體、放映性媒體的方式，再演進到當今教學輔以電腦多媒體、網際網路等電腦相關科技輔助學習工具來促進學生學習效能（吳清基，1990）。

參 當前數學教育的問題

不同的時代有不同的數學發展，由於科技的進步，如何幫助學生有效的學習數學，以提昇國民數學素養，同時發展國家競爭力，已成為當今世界各國教育的重要課題，許多國家莫不投入相當的人力與資源於數學教育研究上，以作為其日後數學教育改革的參考。雖然數學教育改革的步伐不斷向前，但當前數學教育的問題仍然很多，諸如課程理念與設計、教材內容編輯、教學方法等的問題都會影響學生數學的學習，以下就幾項重要的數學教育議題進行說明，包括：(1)視數學是一種靜態的知識系統，(2)視數學解題即解數學應用問題，(3)忽略學生正規與非正規數學連結的重要性，與(4)忽略數學問題的情境關係。茲說明如下：

一、視數學為一靜態的知識系統

在傳統的數學教育中,常認為數學是一種形式固定且靜態的系統知識,學生需要去學習操弄數字與代數符號,及進行幾何歸納等。老師的任務便是去教導學生進行大量的紙筆練習與精進這些概念與技巧,學生是否有興趣學習數學,並不是關心的重點。數學學習的目的就是訓練學生學會這些數學技能,這樣的結果常導致其忽略數學在日常生活、工作、與科技應用上的重要性(Romberg & Kaput, 1999),學生的數學興趣也經常受忽視。

事實上,實際的數學問題卻是經常發生在日常生活之中,有些只需要很簡單的解題步驟(如將糖果平分給幾個小孩),有些則需應用到很複雜的解題過程(如股票的分析與投資等),但要解決這些真實的問題,並不只是依靠熟練的計算(Resnick & Ford, 1984),也不只是單純的文字應用問題的解題而已(Ginsberg, 1998),更需要有效的運用數學思考與推理,才能去面對所經驗到的問題。像上述的問題有些是在還沒有入學之前就遇到的問題,有些則是在離開學校之後才可能面臨的數學問題。若學校的數學教育未能與過去的數學相連結和並和未來的數學相呼應的話,學生不可能有高度的學習動機,也不能將數學知識有效的應用到日常生活與就業發展之中。

二、視數學解題即解數學文字應用問題

一般認為語文形式的應用問題就是整合各類數學技能的最佳方式,Shoenfeld(1989)質疑這樣的看法,他認為這種應用問題經常只是結構化的形式,同時只需用簡單的數字來操弄即可求得正確的答案。這種歷程並不能反應學生在真實世界中所面臨的數學問題,真正的問題應是在一個有意義與真實的情境中出現(Goldman, Hasselbring, & the Cognition and Technology Group at Vanderbilt, 1998)。

就數學教育而言,文字應用問題是一般學生與數學障礙學生較感困難的領域。Rivera(1998)綜合文獻指出,數學解題困難主要原因常是

由於句子的結構、外在訊息的呈現、語意的複雜性、認知與後設認知缺陷、閱讀問題和不佳的計算能力等所造成。Rivera亦指出學生在中小學階段有數學的缺陷，並不一定會隨年齡的增長而消失，問題經常會延伸到高中之後，並影響日後的生活作息活動。

Resnick與Ford（1984）指出文字應用問題的解題過程中，學生有困難將文字或故事的部分，轉譯成數學計算的形式，因為涉及到語文的閱讀與解釋，同時需要決定運算方法，並進行解題，且學生需要找出哪些是已知及未知的部分。這種數學思維方式與日常生活情境中產生數學的問題並不相似，縱使學生能將數學應用問題做得很好，也不一定能有效的應用這些所學到的數學技能到日常生活與工作的情境中。

三、忽略連結正規與非正規數學的重要性

學校中所學的數學問題結構與解題步驟經常是正規（formal）或固定的，學生只需學習使用一種特定的數學解題策略或思維即能解決的問題；而學生在校外所面對的數學問題與解題形式則較為非正規（informal），亦即學生在解決日常生活中有關的數學問題，這種非正規的數學，會隨著年齡與所處的生活情境而發展。這種非正規的數學解題能力，需要個人同時考慮各種的相關因素，與不同的數學領域，才能進行數學問題推理與問題解決（Ginsburg, 1998; Goldman et al., 1998）。例如目前許多不同電話公司或超級市場，經常以不同的促銷方案來吸引顧客選購產品；春節期間在高速公路與替代交通路線的決定等，有些問題涉及到數字計算，但有些則與數學推理有關係。

然而學生所具有的非正規的數學解題能力，經常無法與學校的正規數學相結合，例如：在街上販賣東西的小孩，能發展出複雜與有效的方式來進行心算，以便能迅速地計算出賣出物品的總價、找錢、以及所得的利潤。但這些小孩卻無法用相同的能力來計算學校所學習的數學問題，其主要的差別可能就是學校的數學學習忽略了學習的情境脈絡與意圖（Ginsburg, 1998）。

Carpenter與Lehrer（1999）即指出如果學校的數學教學未能與學生

非正規的數學知識系統相結合，學生將會發展出二套不同的數學系統，一個用於校內的學習，另一個則用之於校外情境。這兩套不相連結關係所造成的結果，將使學生即使能在紙筆測驗上解決數學的問題，但並不意味學生能用相同的思考模式來解決日常生活中所遇到的數學問題。Ginsberg（1998）就認為非正規的數學知識應扮演著發展學生正規數學知識的基礎。而Goldman等人（1998）也建議，若要學生能解決日常生活中的複雜問題，就應讓學生有機會從實際的生活情境中去學習數學，亦即協助學生以日常生活所需的非正規數學知識為基礎，再結合學校所學的正規知識。Bottge等人即指出以日常生活數學情境來進行數學的教學，常能激發學生學習數學的興趣與成果（例如：Bottge, 1999；Bottge & Hasselbring, 1993；Bottge, Heinriches, Chan, & Serlin, 2001）。

四、忽略數學問題的情境關係

Brown、Collins與Duguid（1989）指出在過去傳統的技藝學習常採用師徒制的方式進行，學徒跟隨師傅直接參與該技藝的工作活動中，學徒從真實活動（authentic activities）直接去觀察與學習，這些學徒的學習方式並非依理論模組或學理法則來學習，但確能成為該方面的專家。Brown 等人指出，這些人之所以能如此成就，乃因為他們的學習活動與日常生活中的問題情境相結合，而從情境問題中去建構自己解決問題的知識。

美國數學教師協會（NCTM,1989）指出數學課程不應只是熟練一些蒐集來的概念與技能，而是應包含了解探查與推理的方法、溝通的方式、對情境的理解、以及促進個人的自信心等（p. 5）。NCTM（1989）即指出數學課程的內容應符合三項標準⑴學生要「理解」（knowing）數學，就是去「做」（doing）數學。⑵提供學生有機會去理解數學的模式、結構，並能去模擬應用到各種情境。⑶善用科技輔具，以促進數學的學習。而有效的教學環境，應是能引起學生的好奇心，同時挑戰學生的數學潛能與觀點，並結合真實生活經驗（NCTM, 2000）。

若學生只是記憶知識，只會套公式去解決機械式的問題，當問題有

變化或採用不同的陳述方式時，學生便不知如何解題，更惶論應用所學習到的數學知識去解決日常生活中的問題，如同Whitehead（1929）所說的這樣學生所獲得的知識只是會記憶，但不會使用的「僵化的知識」（inert knowledge）。基於上述的數學教育問題，一些歐美國家即呼籲教育改革應著重在真實數學教育的觀點，提供學生更優質的數學學習環境，讓學生學習真實的數學。

肆 數學學習障礙者的數學學習問題

我國對於學習障礙的發展比其它類型的障礙起步要晚，其主要原因在於我國特殊教育法雖於民國七十三年明訂學習障礙為身心障礙兒童之一類，但直到民國八十一年由教育部公布「語言障礙、身體病弱、性整異常、行為異常、學習障礙暨多重障礙學生鑑定標準及就學輔導原則要點」（教育部，1992），才使得國內對學習障礙之領域，有較廣泛之研究與發展。

至今，學習障礙學生已經躍居我國接受特殊教育的障礙類別中的第一位，這些學生占特殊學生的百分之40%（教育部特殊教育工作小組，2001），這些學生依我國對學習障礙的定義，具有正常的智力，但是在學業的表現上，與其智力或潛能之間有顯著的差異，這種障礙的產生，相信是由於神經心理的缺陷，同時排除感官與生理性缺陷，以及環境、文化、或教學不當等不利因素影響，才能被稱為學習障礙。周台傑與林秀柔（1991）即估計大約有6%的學生有嚴重的數學缺陷。

對於學習障礙的數學問題（特別在介入教學部分），比起語文閱讀的研究要少許多，直到最近，才有較多的研究者進行相關的研究（Mastropieri, Scruggs, & Shiah, 1991; Rivera, 1998）。而Lessen、Dudzinski、Karsh與Van Acker（1989）對一九七八到一九八七年間之學習障礙學生學業教學介入問題的文獻探討，其中發現在一百三十五篇文獻中，只有十六篇研究是有關數學教學，其中更只有二篇在探討應用問題解決教學。一般而言，數學學習困難學生在數學解題學習與教學常有下列問

題：

一、語文能力影響數學學習

　　一般而言，大部份的學習障礙有閱讀或語言上的問題，許多研究亦指出學習障礙學生其數學的表現上亦比一般學生差，其主要原因不僅在於數學基本的概念或計算上的問題，同時在數學學習或解應用問題時，需要使用語言文字來描述問題的情境，使得學習障礙學生因語文上的障礙，而無法表現出同年齡學生的相同數學水準。盧台華（1995）研究指出，學習障礙學生在數學應用能力表現均較在計算與概念上的表現為差。何東墀、蕭金土（1995）指出閱讀能力與數學學習障礙相關，閱讀能力能有效的預測數學學習障礙。另外該調查也指出影響數學學習障礙的因素有(1)缺乏正確的數學概念，(2)未看完題目即作答，(3)無法將文字敘述轉換成數學計算方式等。周台傑與蔡宗玫（1997）研究發現有較高國語文程度之學習障礙學生的數學解題能力優於較低國語文程度的數學學習障礙學生。這問題是否反應出一種現象，即語文的困難限制了學習障礙學生的數學學習表現，特別是在應用問題的解題上。

　　在傳統的數學補救教學中，經常使用紙筆測驗來評量學生的數學成就表現（周台傑，1998），對於有閱讀困難的數學學習障礙學生而言，可能因為閱讀困難，對題目中的用語似懂非懂，而阻礙學生做數學的學習與解題。即使學生具有相關的數學技能，但也因為無法閱讀或未能理解應用問題中文字敘述的意義，而使學生無法解題，甚至因此放棄了數學學習的機會。

　　另一方面，Montague（1998）研究卻指出不同數學表現的學生在解應用問題上所用的認知與後設認知策略上其實並沒有太大的差異，其主要的差異是在於在使用策略類型的質與量的差異。秦麗花（1999）比較學習障礙學生與一般學生在數學解題歷程的差異，發現在三種解題知識（陳述性知識、程序性知識、與基模知識），以及五種解題歷程（閱讀理解、探究問題、選擇策略、執行解題、與回顧驗證）上的特徵相類似，只是學習障礙學生較一般學生有學習遲緩的趨勢。

二、補救教學著重於計算與文字應用問題的解題

　　過去對數學學習障礙學生的教學介入中，早期常著重於計算技能的補救，希望藉由計算能力的補救教學，使學習障礙學生能習得基本的數學計算能力，因此在補救教學上，便著重於計算錯誤類型的分析（周台傑、陳麗玲，1995；陳麗玲，1992），計算技巧教學（張英鵬，1993），以及不斷的計算練習與回饋。近期則逐漸的重視學習障礙學生在應用問題上的解題能力研究與教學（如王瑋樺，2000；林淑玲，1998；邱佳寧，2000；周台傑、蔡宗玫，1997；楊淑芬，2001；蔡淑桂，1999）。

　　Yan與Jitendra（1999）對有關學習困難學生的數學應用問題解題教學效果進行後設分析（meta-analysis），針對二十五項教學特徵（如學生特徵、教學方法、研究設計、與習得技能維持、類化等），發現應用科技與策略教學無論在團體或個別的教學成效上都優於其它的教學設計方式。其中NCTM（2000）也指出對特殊學生應調整教學以適應其個別需求，例如：增加時間或改變作答形式、科技輔具、或是提供更充分的資源，如課後輔導、同儕教學及跨年級教學。

　　總之，雖然學習障礙學生在數學學習的組型上雖與一般學生相似，但由於可能受到語言因素的影響，阻礙其學習數學知識與概念的機會，這對日後其就業與生涯發展將有莫大的影響，因此如何能減少學習障礙學生在數學學習過程中語文所導致的困擾因素，乃為學習障礙教育應努力的重點之一。近年來數學教育的改革已更加注重學生學習經驗的重要性，強調應連結學生的數學經驗到數學技能的學習上；其中以情境來導入學生數學學習的情境式數學教學的方式已成為一股新的趨勢，亦是學習障礙學生數學教學的一種新思維。

伍　情境式數學教學的源起與理論

　　由於傳統數學教學經常以「灌輸」的方式來教導學生學習數學，雖

然學生記得所學的知識，但學生並未能自然的應用到學習活動，也不易類化到解決日常生活中的問題（CTGV,1997）。為改善當前的數學問題，一個強調以學生學習為主體的「建構主義」（constructivism）之主張即被提出，希望能從「個體主動建構知識」的理論中，重新詮釋學生學習的歷程。這種學習歷程並不只是注重以學生個別學習的認知歷程，更重視學生在學習歷程中相關的脈絡情境因素（趙金婷，2000）。建構主義論者強調認知的過程必須建諸於社會、文化、與歷史的情境當中。知識的獲得就如同工具，是學習者與環境互動的產物，且本質上受活動與文化脈絡的影響（Brown, Collins, & Dugid, 1989）。這種建構主義的觀點最早源自於維高斯基的社會心理建構理論（psychosocial constructivism），Bruner等人的鷹架教學，以及Brown、Collins與Duguid（1989）的情境認知（situated cognition）。

一、建構理論

維高斯基（Vygotsky,1978）提出「最近潛能發展區間（zone of proximal development, ZPD）」（圖7-1）的概念來說明教導兒童學習時，如何找出能建構兒童學習的區域加以協助才有效果。維高斯基指出每一個孩子在實際能力和潛在能力之間存在有一段待發展的距離，即「潛在發展區域」。每一個孩子的學習能力都在於「實際發展能力（actual developmental level）」與「潛在發展能力（potential developmental level）」之間，這二者之間存有一段待發展的距離，亦即最近潛能發展區間。

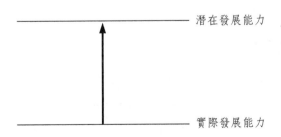

潛在發展能力

實際發展能力

圖 7-1　最近潛能發展區間

　　「實際發展能力」是指兒童目前已完成的心智功能或成就。在這個能力上，兒童可以獨立解決問題；另一種「潛在發展能力」是指兒童不久的將來可能達成的能力水準，兒童在這個能力水準上，兒童目前無法獨自的解決，但如果有成人協助或與能力較佳的同儕合作，就可以解決問題。換句話說，學習的產生必須發生於最近潛能發展區間的範圍之內。依據ZPD理念，學習環境可以包含不同專長的成人和兒童、書本、影帶、教室布置、科學設備及電腦等物品，以便在人與人及人與物品的互動中支援學習者（趙金婷，2000）。

　　維高斯基（1978）另外提出一個「心智性工具」（mental tool）的觀點，他指出「物理性工具」一詞是用來代表一個物體用一種非直接的方式來完成某項活動，這些工具（例如：車子、刀子、農作用具等）協助人類在肢體上不易達成的目標。維高斯基將物理性工具的概念運用心智性工具上，「以符號之於心理活動的工具，就好像工具之於勞動時的工具」。人類藉由心智性工具將所要解決問題的形式加以內化（internalized），進行更周延與複雜的問題解決。利用這些工具與符號在工作過程中形成的重要中介概念（mediation concept）。由於這些中介工具對學習產生重要的影響，學校的教育方式即需創造出各類的中介形式，將兒童所不易認知的成人社會文化知識與經驗加以調整處理，以兒童能熟悉的語言、形式、互動方式協助兒童發展較高的心智潛能。因此如何在兒童的最近潛能發展區間上，透過有效中介工具（心理性的與物理性的）的使用，結合兒童過去的知識與經驗去學習新的知識，創造一個學生熟悉的數學情境，以協助啟迪學生發展真正的數學技能，將是數學教學上的一大課題。

二、鷹架理論

　　Wood、Bruner與Ross（1976）提出「鷹架（scaffolding）」的教學觀點，所謂「鷹架」是指提供符合學習者認知層次的支持、導引和協助，以幫助學習者由需要協助而逐漸能夠獨立完成某一任務，進而使其由低階的能力水準發展到高階的能力水準，亦即對於學生的教學，應提

供學生適時適性的協助，就像在建築大樓時，必須先架起鷹架，提供樓層必要的支撐，等大樓本身結構完成時，就將鷹架撤除。藉由鷹架作用而得到學習協助，再到逐漸發展出獨立解決問題的能力。老師所擔任的任務只是提供暫時性的教學協助，在教學協助的過程中，老師須逐漸地減少協助的次數，以讓學生的解題能力能發展出來。

三、情境認知

Brown、Collins與Duguid（1989）提出情境認知的教學模式，強調知識的產生是學習者與情境之間互動的結果。情境認知的學者從一些工作人員（例如修車工人、木匠、雜貨店老板等）身上找出解決問題能力的來源，他們發現這些人並未像受過專家一般的專業訓練，但卻能像專家一樣的解決工作上的疑難問題。從調查中發現這些人是從日常的工作經驗中與工作情境互動中自我產生問題解決能力。這些熟練的工作人員有許多是在真實情境中進行學習，並以認知學徒制（cognitive apprenticeship）的方式習得技能，他們在學徒期間與專家師傅學習，並在實際的情境中學習，了解到知識在情境中的脈絡關係，藉以發展出自己的問題解決策略，應用於日後工作之上（徐新逸，1998）。

Brown、Collins與Dugid（1989）指出知識與工具本身並不代表任何意義，重要的是個人會應用在有意義的情境上。例如一個學生雖然擁有能力進行抽象的算則與計算，並得到很高的紙筆測驗成績或熟記人工吸呼的方法，但當這個學生在遇到真實情境，卻可能束手無策，這樣的例子在日常生活中比比皆是。縱使是使用相同的知識與工具，但由於個體所處的社會文化環境經驗不同，亦將使知識與工具的意義產生改變，例如工程師與物理學家使用的數學公式不同，木匠與家俱商使用的工具與方式也不一。這樣的知識學習方式與當今數學教師將數學的抽象概念視為絕對客觀的態度有所差異，傳統的數學教學忽略了協助學生去察覺知識、文化與真實活動三者之間的關係（陳慧娟，1998；Brown, Collins, & Dugid, 1989）。

陸 不同數學教學取向之比較

情境式數學教學與其他數學教學取向究竟有何差異？詹士宜（2003）從近來數學教學發展分為三種取向：㈠以計算問題練習取向，㈡應用問題建構取向，㈢情境問題建構取向（如表7-1）。表7-1說明了傳統計算問題練習取向的數學教學主張以熟練計算與運用公式來增進解題速度與解題能力，學生經由大量的計算練習來獲致正確而快速的解題能力，不過學生雖擁有熟練的計算能力，但當他們面對不同型式或不規則的應用問題時，便不知使用何種解題策略進行解題，另外這種方式也容易減低學習數學的興趣。

應用問題建構取向的教學則強調以解文字應用問題為導向的數學教學，老師引導學生探索數學應用問題的文字的關係，並發展可能的解題策略，因此教學重點在將問題中的文字敘述與數學符號轉換成數學算式或表徵來進行解題。由於學生在解決數學應用問題之前，就必須先處理文字閱讀理解的問題，對於語文能力較弱的學生，在解題的表現上就會受到很大的影響，至於學生能否順利的將解決應用問題所學到的技能遷移到日常生活的數學問題情境中，則有待進一步研究。

情境建構取向的數學教學主張數學教育應與學生生活的數學經驗相結合，學校數學教學應如何將真實情境中的數學問題帶到學校的數學教學上，使學生從真實問題情境中，發展數學的思考與解題的策略。此一教學的特徵是協助學生察覺數學問題與情境的關係，以學習到數學的相關概念與技能。換言之，學生不但可以了解數學的意義與重要性，同時提高學生的數學學習動機。

表 7-1　三種不同數學教學取向的特性

	計算問題練習取向	應用問題建構取向	情境問題建構取向
特徵	• 熟練計算 • 應用公式解題 • 重視結果	• 強調問題思考 • 強調個別化的解題歷程 • 重視過程呈現	• 強調探討數學問題所存在的情境關係 • 強調解題的合理性 • 重視過程與結果
教學重點	• 強調描述性知識（declarative knowledge）	• 強調程序性知識（procedural knowledge）	• 強調概念性知識（conceptual knowledge）
老師	• 老師呈現計算練習題 • 教師教導解題技巧 • 單向的教學	• 老師呈現應用問題 • 教師引導學生進行解題思考 • 雙向的教學	• 老師布置或呈現問題情境 • 老師引導學生思考情境中的數學關係 • 教師、學生、問題情境三向的教學
學生	• 熟練計算 • 立即解題反應 • 相同的解題步驟	• 較能理解問題，並進行解題 • 依學生的認知能力，有不同的解題步驟 • 較多的討論 • 多層次的解題呈現	• 強調學生合作學習 • 學生須從情境中找出隱藏的相關數學資訊
優點	• 計算速度熟練 • 計算正確率高 • 可將思考放在高層次思維上	• 對問題進行歷程分析，對問題理解詳細。 • 發展問題思考解題能力	• 理解學校數學與日常生活數學關係。 • 激發對數學學習的動機與興趣
問題	• 死板的套用公式，而不加思索 • 教學內容不一定符合學生的學習程度 • 會計算，但不一定會解應用問題	• 當學生語文理解有困難時，便不會解題 • 計算練習的時間相對減少	• 學生的數學能力不一定能遷移到應用問題的解題 • 計算練習的時間相對減少

（修改自詹士宜，2003）

柒 情境式數學教學模式與實例

　　情境式數學教學模式依設計方式可分為三種主要不同的模式，亦即文字圖片形式或閱讀形式的情境模式、參與者式數學情境模式，與觀察者式數學情境模式（詹士宜，2003）。

一、閱讀形式的情境模式

　　有別於目前使用的文字應用問題，在問題中只呈現與數學解題有關的資料，及文字故事形式的情境，即將數學的概念學習以一個完整的數學故事方式呈現，內容則包含一些資料表、圖片等，學生在閱讀文字故事內容與相關資料後，從已經設計好的問題來進行解題，例如由美國威斯康辛大學Thomas A. Romberg教授所主導的Mathematics in Context系列（MiC, 1997-1998）就是屬於這種設計方式。例如在情境問題中學生要學習如何在一條道路舖設地磚，學生必須計算所需要舖設地磚的面積，選擇不同顏色地磚與尺寸地磚時所需要的數量等，學生可以從中找出其數學的規則性，並運用相關的知識到其它生活數學經驗上。

二、參與者式的數學情境模式

　　參與者式的數學情境模式係由教師事前設計一個有關要發展某些特定的數學概念，並布置一個相關的數學生活情境，然後依此一數學情境，引導學生數學的學習，因此學生是從直接參與數學情境中進行數學的解題，因此，老師可依自己的教學目標或是學生的學習需求，進行不同的情境布置，及引導學生學習。秦麗花（1999）曾以生日禮物為單元主題，設計相關的數學情境，將與生日有關的主題加以串連，例如「為好友選生日禮物」、「我最想要的兩樣禮物」、「猜猜看，我買的是什麼？」、「請客花多少錢？」、與「生日宴會開始了」學生從一系列的數學情境活動，分別學習進行三位數的加減法活動、估計、倍數問題、時間問題等數學概念。在此一教學活動中，教師先布置一個買賣禮物的

攤子，販售各種兒童的玩具或文具，例如在「為好友選生日禮物」的數學情境布置中，洋娃娃、小熊、鉛筆盒、尺……，每一物品並標上不同的價格，而學生每一個人則發給數目不等的錢數。在學習的過程中，老師不斷地進行布題，而學生依據布題進行解題。例如老師問同學：「如果星期日就是你的生日，你最想要的兩樣禮物是什麼？要花多少錢才能買到？」

三、觀察式的數學情境模式

觀察式的數學情境模式係將數學問題情境以真實或擬真方式拍成影片，再儲存於影碟內，因此在情境內容具有非常明顯的故事性。相關的數學概念題也隱含在故事中，學生必須從中找出有關的數學線索進行數學解題。老師或學生可以利用電腦或影碟機進行播放，學生可以觀察影片中的劇情所呈現的數學資料與問題進行解題。此一方式中又以美國范德堡大學的認知與科技群（The Cognition & Technology Group at Vanderbilt University；CTGV）所研發的錨式教學法（Anchored Instruction）最受推崇，此一系列又稱為傑士伯計畫（The Jasper Project）（CTGV, 1997）。徐新逸（1995、1998）與詹士宜（2003）亦曾經做過相關的研究。這種利用觀察式的數學情境教學模式最大的優點是提供教師與學生一個視聽影音的多媒體訊息，讓學生可以直接觀察到一些真實的數學問題情境，同時可以反覆來回瀏覽觀看影片，藉以找出各項相關的解題線索。以下就針對錨式教學做進一步說明。

四、實例說明──以錨式教學為例

1.內涵簡介

在成人社會的生活與工作領域，有許多工作所需要的數學技能遠超語文閱讀能力，例如這些學生可能可以做很好的計算、閱讀與繪製圖表、觀察與比較、測量與分析等，但不會解與上述數學概念有關的應用問題；精熟的工人需要能預估工作時所需的材料，才不會浪費或不足；熟練的裁縫師需要能計算適量的布料，以便完成一件作業圖上的衣服，

這些數學問題的解決都不像是目前學校所教導的應用問題形式。

　　為解決上述學生無法有效應用數學知識來解決真實情境中的問題，錨式教學即被發展出來。錨式教學企圖提昇學生學習數學的動機，同時將學生帶入一個有意義的問題情境之中，學生必須運用其所學習的數學知識與技能，才能解決真實情境中的數學問題（CTGV, 1997）。錨式教學法將過去傳統正規數學與非正規數學二套不同的系統，藉由多媒體的影音情境，將二者合而為一（如圖7-2），幫助學生統整數學知識，發展出真實的數學技能。

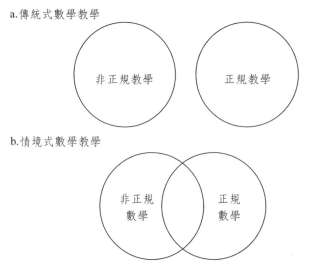

　　a.傳統式數學教學

　　非正規教學　　　正規教學

　　b.情境式數學教學

　　非正規數學　　正規數學

圖7-2　傳統式數學教學與情境式數學教學之比較

　　錨式教學最早是由范德堡大學的學習科技中心（Learning Technology Center at Vanderbilt University）所研發，其所研製的一系列多媒體光碟（如 Laserdiscs or CD ROMs）稱 為「The New Adventures of Jasper Woodbury」的影集（Learning Technology Center at Vanderbilt University，1996）。此教學理論是以建構主義為理論主軸，兼容情境學習、認知學徒制及合作學習的精神。

　　錨式教學以影像情境設計來呈現日常生活中的數學問題情境，學生必須解決影片中各種情境所出現的問題，影片內容呈現與數學解題相關的資訊與線索，學習者可透過小組討論、分析、探索等方式，來找出及驗證各種可能解決問題的方案，進而培養問題解決的技能（CTGV,1997）。其最早的點子是將「偵探福爾摩斯（The Young Sherlock Holmes）」、「孤雛淚（Oliver Twist）」、與「法櫃奇兵（Raiders of the Lost Ark）」等影片的部份內容與劇情作為題材，啟發學生對劇情的合理性質疑與推理，來提昇學生學習的興趣，但這些提材並不完全符合教育上的學習需求，因此CTGV在得到James S. McDonnell Foundation的贊助後，發展出錨式數學教學的教材系列：The Adventures of Jasper Woodbury，簡稱 The Jasper Series（徐新逸，1998；CTGV, 1997），CTGV所研發的錨式數學內容包含十二集影片，主要提供給五年級以上的學生進行數學的學習。我國學者徐新逸（1988）以及詹士宜與李鴻亮等人（詹士宜、李鴻亮、李宜學，2004；詹士宜、李鴻亮、李貞慧，2004；詹士宜、李鴻亮、吳惠如，2004；詹士宜、李鴻亮、陳柏如，2004）亦已發展出本土化的錨式教學之數學光碟。

　　簡言之，錨式教學包含七項設計原則：(1)以影音形式呈現；(2)呈現真實情境的問題；(3)自行建構問題的形式（generative format）；(4)嵌入式訊息設計（embedded data design）；(5)複雜性的問題；(6)相配對的冒險故事情境；與(7)相連結的課程統整設計（CGTV, 1997）。藉由這七種的教材設計理念，提供學生有效的學習形式，以鷹架學生的學習。另外，錨式教學法以一種真實情境模擬方式，提供學生一個多元的知識學習空間，讓學生有機會去整合陳述性（declarative）、程序性（procedural）與概念性（conceptual）三方面的知識（Bottge, Heinrichs, Chan, & Watson, 2000）。相較於目前數學教學中常用應用問題的單一文字形式，錨式教學以多媒體作為中介的教學，利用視覺媒體，幫助一般學生學習數學概念，同時解決有閱讀困難的學生在數學學習上的問題，如此數學學習困難學生就能發展較佳的數學理解模式與動機去解決問題（Roblyer, Edwards, & Havriluk, 1997）。

　　錨式教學強調學習任何一種知識，如果要將之融會貫通，就必須置身於此專業情境中，且實際操作，藉著生活化的故事，呈現多元化的資訊，並採用鑲嵌式資料設計，讓學生從豐富的資源中，以多元化的方式思考並解決問題。另外，藉「產出式學習」要求學習者自己找出問題和定義問題，並利用相關資料解決也許一時無一特定答案之問題（徐新逸，1995）。教學時需要同時考量教師（如教學方法）、學生（如合作學習）、與學習物件（如多媒體）三者之間緊密的結合（如圖7-3），才能創造出有利於學生學習的情境。

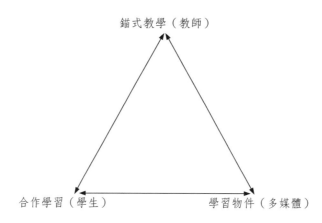

圖 7-3　錨式教學概念圖

　　錨式教學亦即創造一個有意義的數學情境問題，引導學生在模擬情境中去解決真實的數學問題，這一系列的影片中每一集包含一個主要的主題，學生在觀看影片後，須協助影片中的主角解決所面臨的數學問題。因為在情境問題中，並未提供學生明確的解題方法，因此學生要去分析與尋找影片中有關解題的方法，並應用相關的數學概念進行解題。學生需從多媒體視聽系統或電腦影片中來回找尋所需解決問題的數學資料。影片的數學問題設計方式所呈現的問題，並沒有提供學生特定的解題步驟，且問題包含許多不同的數學領域，所以學生需要去運用多元的數學知識與技能才能解決問題，這些技能包括溝通、解題、合作等，茲舉Kim's Komet影集來介紹。

Kim's Komet影集即描述一位女孩Kim在參加模型車競賽中，必須在五項不同的競賽項目（如長跳、短跳、繞環、轉彎與雙峰等）中勝過其他競賽者，這些競賽項目需要競賽者將模型車放在不同高度的斜坡軌道上，讓車子向下滑行產生不同的速度來完成不同的競賽項目，為了達到最佳的表現，Kim與她的朋友發展出聰明的工具，即繪製圖表以決定模型車在不同斜坡高度所產生的不同的速度，來預測將模型車所應放置的最佳地點，終於Kim贏得最後的比賽。

2.錨式教學在特殊學生之應用研究

Bottge、Heinrichs、Mehta、Rueda、Hung與Danneker（2004）比較國中十七位特殊學生與七十六位一般學生在接受錨式教學與傳統文字解題教學之實驗，研究結果顯示，二種教學方法均能對學生的學習有所助益。但增強錨式教學組的學生在幾週後的保留與遷移的測驗上之表現較佳，甚至有部分的特殊學生在接受特殊教育的小組教學後，其數學成就達到一般學生的水準。

這個研究發現學習錨式教學的學習障礙學生，在一般文字的表現情形與傳統應用問題教學的學生都有進步，但錨式教學組的學生在有關錨式數學教學後測問題上，比接受傳統教學的學生優異。換句話說，學生在學習錨式教學後，不僅能將其所學的數學技能應用到測驗中，也能遷移到一般傳統的應用問題測驗上（Goldman et al., 1998）。

五、小結

歸納以上之討論，可知情境式數學教學強調的重點，包括：

1.脈絡化的數學問題情境：數學的內容是與情境相結合，學生可以從此情境中，去了解各種數學技能與概念的需要性與應用性。

2.隱藏的數學資訊：在情境式數學教學中並不直接告訴學生使用何種數學資訊來進行解題，而是學生必須主動的探索與分析，找出相關的數學訊息以解決問題。

3.視覺化的訊息：情境式數學教學，乃是透過影像、圖卡、或資料表等形式，呈現相關的數學問題，提供學生更多相關的數學資訊，使學

生更能了解情境中的數學問題脈絡。

4.多元的數學概念結合：在情境式數學教學中，許多不同的數學概念可以在同一單元中呈現，因此學生必須要能找出相關的數學概念，以及應用相關的數學技巧，並排除不相關的數學資料來進行解題，這對學生在數學思考與推理有極大的幫助。

5.強調合作學習：由於情境式數學教學所涉及的活動，經常是以小組討論的方式進行解題，這樣的方式有助於同學之間在數學概念的發展與溝通，數學程度較佳的同學能夠以較高層次的數學推理與概念與同學分享，而程度較差同學則能從分組討論中獲得較佳的概念發展。有些平常在數學文字應用問題不佳的同學，在情境式數學教學中提出不同的解題構思，而得到不同的期望。

6.強調問題的思考與推理：在情境式數學教學中並沒有直接的呈現解決問題所需要的相對數字關係，學生必須要從問題情境中，找出有關的數學資訊，同時排除不相關的數學訊息才能進行解題。這樣的解題過程，需要應用高等心理功能或是後設認知的能力才能有效的解題。

7.多重的問題解決：在情境式數學教學中可以呈現不同的問題需求，要學生解不同的問題，或是要學生對同一個問題提出不同的解題方法，學習過程不只是強調數學學習的過程，亦重視結果。

8.彈性的布題與解題：在情境式數學教學中，老師可針對學生的程度或課程需求，提出不同難度的問題，或者依據劇情內容進行學習內容的延伸，例如老師可以提出一些限制、假定、或改變數字，以符合或提昇學生學習的挑戰。

捌 結論

數學知識的本質源自於人類生活問題的解決經驗，數學教育應以兒童認知發展為基礎，以真實生活情境為核心，讓學生能從日常生活事件經驗中，覺察數學知識在生活脈絡中的關係與定律，進而將數學概念內化。學校的真實數學教育應提供與學生生活經驗有關的數學學習，透過

社會文化脈絡的數學活動中，學習與應用數學知識，探索並解決數學問題，同時發展數學的思考（黃幸美，2001）。

數學幫助學生覺知他們所處數與量的世界，但學生在學校所學習的數學技能往往不能應用到日常生活情境的解題上，其主要的原因之一乃是課本所提供的數學學習常是一種不連貫的片段。學校的數學教學常依據數學本身的邏輯結構模式設計，學生依序分別學習不同的數學概念，例如數數、加法、減法、乘法與除法；如果學生先前的數學學習有困難，後面的數學學習就受到影響。通常一個數學單元介紹一種數學概念，例如在加法的單元就全部是加法的應用問題與計算，故有時候學生即使不看問題的內容，就「能」盲目的進行解題，同時獲得不錯的成績表現，但不一定表示該學生真的學會到數學的概念。如此一來學生雖學會數學的計算技能，但未必能解決生活周遭相關的數學情境問題。Ginsberg（1998）就指出學校的數學教學常是去脈絡化（decontextulized），數學被從日常生活的情境中抽離，而成為一門單純的學科，導致學生不易將數學學習技能應用到日常生活的真實數學問題解題。

另一方面教育科技的進步更是當前教育改革的重點，有效的善用科技融入數學教學當中，不僅能提高學生對數學的學習興趣，同時亦增加了數學教學的品質。NCTM（2000）即指出科技提供教師採用適性的教學來符合特殊學生的不同需求，例如注意力異常的小孩就較能專注在螢幕前，或者能提供較結構性的教學方案。科技輔具提供教師更多元與更有效的方式選擇適當的教學方法來教導特殊學生；學生在善用科技的情形下，能學習更深入的數學知識。而特殊學生也能從科技輔具的協助得到更進一步數學潛能發展（NCTM, 2000）。科技也能促進教室的學習，使其達到學習的公平性，例如：電腦與計算機科技輔具能提供學生有機會去探索有關的數學問題與想法。

情境式的數學教學從建構主義的立場為出發點，注意學生先備經驗的重要性，運用有效的鷹架教學、與認知學徒制、合作學習，藉由數學問題情境的設計，以多元表徵的方式與實例呈現數學問題，在學生的最大潛能區間中，激發學生的數學學習動機與興趣。學習障礙學生在數學

學習表現一直不佳，許多學習障礙的孩子除了本身在數學學習的潛能發展上比一般孩童的學習要慢些外，同時也明顯的受到語文因素的影響。一些學習障礙學生可能學會的數學概念常會因為無法看懂數學語文的敘述，或是應用問題的設計，導致無法學習真正的數學概念或是解數學應用問題，錨式數學似乎創造了學習障礙學生學習數學的另一條途徑。錨式數學除了提供學習障礙學生更多元的訊息外，也讓更多的學生有機會與過去的生活經驗相結合，同時藉由同儕的合作學習去發展出更高層次的數學能力。多媒體的視覺與聽覺訊息設計也能引發學生學習的動機與興趣，再加上可以反覆地觀看，讓學習障礙學生有更多的機會去檢查在解題過程中所需要注意的訊息，進而發展出真正的數學解題技能。如同 Van den Heuvel-Panhuizen（2001）所說，教育改革的過程總是需要花上一段時間，對於學習障礙學生的數學教育而言，仍需要更多人的投入，從多元的角度去看問題，也從多元的角度去解決問題，相信學習障礙教育這個領域提供我們對學生的學習有更大與更豐富的省思，也對整個學習與教學的領域有更完整的貢獻。

參考文獻

一、中文部份

王瑋樺（2001）：**國小三年級數學學習障礙學生加法文字題解題歷程與補救教學之研究**。屏東師範學院數理教育研究所碩士論文（未出版）。屏東市。

何東墀、蕭金土（1995）：**國小數學學習障礙學生的鑑定、學習問題診斷及學習策略教學效果之研究**。國科會專案報告，NSC 84-2413-H-018-004。

邱上真（2001）：跨領域、多層次的數學學習障礙研究：從學習障礙的官方定義談起。載於**2001年數學學習障礙研討會手冊**（9～41頁）。台北：台灣師範大學特殊教育系。

邱佳寧（1990）：**國小數學學習障礙學生數學解題策略之研究**。彰化師範大學特殊教育研究所碩士論文（未出版）。

林淑玲（1998）：**國小數學學習障礙學生對比較類加減法應用題解題表徵之研究**。國立臺灣師範大學特殊教育研究所碩士論文（未出版）。

吳清基（1998）：**新數學教室——影音光碟系列手冊**。台北：教育部台灣省國民學校教師研習會。

周台傑（1998）：身心障礙學生數學教學之研究。載於**身心障礙教育研討會：當前身心障礙教育問題與對策**（152-170頁）。台北：國立台灣師範大學特殊教育學系。

周台傑、陳麗玲（1995）：國小數學學習障礙學生計算錯誤類型分析之研究。**特殊教育學報**，10，125-172。

周台傑、蔡宗玫（1997）：國小數學學習障礙學生數學應用問題解題之研究。**特殊教育學報**，12，233-292。

秦麗花（1999）：情境導向學習在數學學習障礙兒童教材編輯與教法之應用。載於高雄市政府公教人力資源發展中心編印，**新典範數學**

（92-134頁）。高雄：作者。

徐新逸（1995）：「錨式情境教學法」教材設計、發展與應用。**視聽教育，37**(1)，14-24。

徐新逸（1998）：情境學習對教學革新之回應。**研習資訊，15**(1)，16-24。

陳美芳（2004）：低成就學生的數學學習：特教的觀點。**教育部九年一貫數學學習領域綱要諮詢意見小組**。於 2004/12/24，取自：http://www.math.ntnu.edu.tw/yc/_private/mathedu/me9/nineyear/。

陳慧娟（1998）：情境學習理論的理想與現實。**教育資料與研究雙月刊**，25，47-55。

陳麗玲（1992）：**國小數學學習障礙學生計算錯誤類型分析之研究**。國立彰化師範大學特殊教育研究所碩士論文（未出版）。

黃幸美（2001）：生活數學之教學理念與實務，**教育研究月刊，91**，63-73。

單文經（2000）：析論抗拒課程改革的原因及其對策——以國民中小學九年一貫課程為例。**教育研究集刊，45**，15-34。

教育部（1992）：**語言障礙、身體病弱、性格異常、行為異常、學習障礙暨多重障礙學生鑑定標準及就學輔導原則要點**。台北：教育部。

教育部（2001）。**國民中小學九年一貫課程暫行綱要**。台北：作者。

教育部特殊教育工作小組（2001）：**特殊教育統計年報**。台北：作者。

張英鵬（1993）：增強策略在電腦輔助教學方案中對國小學習障礙兒童加法學習之影響。**特殊教育與復健學報，3**，39-68。

楊淑芬（2001）：**國小資源班學生使用圖示策略解決比較類加減應用題之成效研究**。國立台北師範學院特殊教育學系碩士（未出版）。

趙金婷（2000）：學習社群理念在教學上的應用。**教育資料與研究，35**，60-66。

詹士宜（2003）：情境式數學教學面面觀。**國教之友，54**（2），3-10.

詹士宜、李鴻亮、李貞慧（2004）：**歡樂派對**〔國民小學數學學習領域教學光碟系列〕。台南：國立台南大學。

詹士宜、李鴻亮、李宜學（2004）：**開生日party**〔國民小學數學學習領域教學光碟系列〕。台南：國立台南大學。

詹士宜、李鴻亮、吳惠如（2004）：**園遊會策畫**〔國民小學數學學習領域教學光碟系列〕。台南：國立台南大學。

詹士宜、李鴻亮、陳柏如（2004）：**看電影**〔國民小學數學學習領域教學光碟系列〕。台南：國立台南大學。

蔡淑桂（1999）：建構教學模式對數學學習障礙兒童解題能力及數學信念之影響研究。**康寧學報，3**，5-51。

盧台華（1995）：身心障礙學生數學能力之比較研究。**特殊教育研究學刊**，12，25-50。

二、英文部份

American Society for Training and Development (ASTD), & SmartForce. (2002) A field guide to learning objects. *ASTD online booklet.* Retrieved November 7, 2003 from http://www.learningcircuits.org/2002/jul2002/smartforce. pdf.

Bottge, B. A. (1999). Effects of contextualized math instruction on problem solving of average and below-average achieving students. *The Journal of Special Education, 33,* 81-92.

Bottge, B. A., & Hasselbring, T. S. (1993). A comparison of two approaches for teaching complex, authentic mathematics problems to adolescents in remedial math classes. *Exceptional Children, 59,* 556-566.

Bottge, B. A., Heinriches, M., Chan, S., & Serlin, R. C. (2001). Anchoring adolescents' understanding of math concepts in rich problem-solving environments. *Remedial and Special Education, 22*(5), 299-314.

Bottge, B. A., Heinrichs, M., Chan, S. Y., & Watson, E. (2000). *Enhancing procedural and conceptual knowledge with contextualized math problems.* Madison: University of Wisconsin, Center for Education Research.

Bottge, B., Heinrichs, M., Mehta, Z. D., Rueda., E., Hung, Y., & Danneker, J.

(2004). Teaching mathematical problem solving to middle school students in math, technology education, and special education classrooms. *Research in Middle Level Education Online, 27,* 43-68.

Braxton, B. (2003, March 20). "Learning objects." *Message posted to the OZTL_ NET electronic discussion list.*

Brown, J. S., Collins, A., & Duguid, P. (1989). Situated cognition and the culture of learning. *Educational Researcher, 18,* 32-41.

The Cognition and Technology Group at Vanderbilt (1990). Anchored instruction and its relationship to situated cognition. *Educational Researcher, 19,* 2-10.

The Cognition and Technology Group at Vanderbilt (1997). *The Jasper Project: Lessons in curriculum, instruction, assessment and professional development.* Mahwah, NJ: LEA

Carpenter, T. P., & Lehrer, R. (1999). Teaching and learning mathematics with understanding. In E. Fennema, & T. A. Romberg (Eds.), *Mathematics classrooms that promote understanding* (pp. 19-32). Mahwah, NJ: Erlbaum.

Clyde, L. A. (2004), Digital learning objects. *Teacher Librarian, 31*(4), 55-58.

Ginsberg, H. P. (1998). Mathematics learning disabilities: A view from developmental psychology. In D. P. Rivera (Ed.), *Mathematics education for students with learning disabilities* (pp. 33-58). Austin, TX: PRO-ED.

Goldman,S. R., Hasselbring, T. S., & the Cognition and Technology Group at Vanderbilt (1998). Achieving meaningful mathematics literacy for students with learning disabilities. In D. P. Rivera (Ed.), *Mathematics education for students with learning disabilities* (pp. 237-254). Austin, TX: PRO-ED.

Learning Technology Center at Vanderbilt University (1996). *The new adventures of Jasper Woodbury* [Videodisk]. Mahwah, NJ: Erlbaum.

Lessen, E., Dudzinski, M., Karsh, K., & Van Acker, R. (1989). A survey of ten years of academic intervention research with learning disabled students: Implications for research and practice. *Learning Disabilities Focus, 4*(2), 106-122.

Lerner, J. (1997). *Learning disabilities: Theories, diagnosis, and teaching strategies* (7th ed.). Boston, MA: Houghton Mifflin.

Mastroperi, M. A., Scruggs, T. E., & Shiah, S. (1991). Mathematics instruction for learning disabled students: A review of research. *Learning Disabilities Research & Practice, 6,* 89-98.

Montague, M. (1998). Cognitive strategy instruction in mathematics for students with learning disabilities. In D. P. Rivera (Ed.), *Mathematics education for students with learning disabilities* (pp. 177-200). Austin, TX: PRO-ED.

National Academy of Science (1993). *Measuring what counts: A conceptual guide for mathematics assessment.* Washington, DC: National Academy Press.

National Council of Teachers of Mathematics (1989). *Curriculum and evaluation standards for school mathematics.* Reston, VA: Author.

National Council of Teachers of Mathematics (2000). *Principles for school mathematics.* Reston, VA: Author.

Resnick, L. B., & Ford, W. W. (1984). *The psychology of mathematics for instruction.* Mahwah, NJ: Lawrence Erlbaum Associates.

Rivera, D. P. (1998). Mathematics education and students with learning disabilities. In D. P. Rivera (Ed.), *Mathematics education for students with learning disabilities* (pp. 1-31). Austin, TX: PRO-ED.

Roblyer, M. D., Edwards, J., & Havriluk, M. A. (1997). *Integrating educational technology into teaching.* Upper Saddle River, NJ: Prentice Hall.

Romberg, T. A. (1997-1998). *Mathematics in contexts: A connected curriculum for grade 5-8.* Chicago, IL: Encyclopedia Britannica Educational Corporation.

Romberg, T. A., & Kaput, J. J. (1999). Mathematics worth teaching, mathematics worth understanding. In E. Fennema, & T. A. Romberg (Eds.), *Mathematics classrooms that promote understanding* (pp. 3-17). Mahwah, NJ: Erlbaum.

Shoenfeld, A. H. (1989). Teaching mathematical thinking and problem solving.

In L. B. Resnick & L. E. Klopfer (Eds.), *Toward the thinking curriculum: Current cognitive research* (pp. 83-103). Alexandria, VA:ASCD.

Vandaele, P., Botteldooren, D., & Lenaerts, J. (2003). Implementation and evaluation of a course concept based on reusable learning objects. *Journal of Educational Computing Research, 28*(4), 355-372.

Van den Heuvel-Panhuizen, M. (2001, November). *Realistic mathematics education as work in progress*. Paper presented at the meeting of The Netherlands and Taiwan Conference on Mathematics Education, Taipei, Taiwan.

Vygotsky, L. S. (1978). *Mind in Society: The development of higher psychological processes.* Cambridge, MA: Harvard University Press.

Whitehead, A. N. (1929). *The aims of education.* New York: MacMillan.

Wood, D., Bruner, J. S., & Ross, G. (1976). The role of tutoring in problem solving. *Journal of Child Psychology and Psychiatry, 17*, 89-100.

Yan, P. X., & Jitendra, A. K. (1999). The effects of instruction in solving mathematical word problems for students learning problems: A meta-analysis. *Journal of Special Education, 32*(4), 207-225.

作者小語

詹士宜

邱上真老師在彰化師大指導的學生以及在台南師院的同事

在彰化師大特殊教育研究所進行碩士論文承指導教師周台傑引薦認識邱上真老師並共同指導,確立以數學應用問題進行國中輕度智能障礙學生的解題歷程研究。一九九一年獲碩士學位,並前往台南師院(今台南大學)擔任助教一職,並與邱上真老師共同進行有關學習障礙學生的相關研究。除了感謝邱上真老師在學術上的指導之外,同時也受邱老師對於師生與朋友間所展現的熱忱感動。這種感覺非言語可以形容的,而我很幸運跟隨邱老師學習好多年。我相信我的一些東西都可以看得到邱上真老師的影子,我想這就是最好的報答。

8

結合閱讀與數學理念的文本調整──
以角度單元為例

✎秦麗花

摘要

Borasi 和 Siegel（2000）從結合閱讀與數學角度談數學文本編輯，他們認為數學文本不只扮演提供學生理解什麼是數學，更要提供學生如何從數學學習知識，因此數學文本的概念呈現方式與連結將是影響教師教學與學生學習的關鍵。本文以國小數學「角度」單元為例，從文本內容結構與詞彙概念分析著手，發現國內數學文本普遍呈現概念不清、連結弱化的現象。研究者進一步以心理學的角度探討兒童對「角」的概念發展，從數學的角度探討角的定義與種類，從實務教學的角度看教師與學生對「角」的認知，以這些文獻探討為基礎，對國內數學文本角度單元進行文本調整及效度考驗。

壹 前言

閱讀已成為國民教育的能力指標之一（教育部，2001），因為閱讀具有廣泛性的功能（Goodman,1996，引自洪月女，1996），它不應只是一般語文閱讀而已，尚包括其他學科閱讀（content-area reading）能力的提昇，而數學更是科學學習的工具與語言，數學文本的呈現方式不只影響到兒童數學概念的獲得，更影響到教師教學的進行，進而影響兒童數學閱讀的理解，因此數學文本的呈現方式是值得關注的議題。

一、從 Borasi 和 Siegel 的數學教育思考談起

後現代教育思潮對知識抱持多元、不確定的假設，這種假設影響當前我們對閱讀與數學指導的看法。Borasi和Siegel（2000）在思考數學教學時，提出整合閱讀與數學指導的四種思維，這四種思維用四個方格來表示，如表8-1所示：

表 8-1　Borasi 和 Siegel 結合閱讀與數學新思維

對數學文本觀點	將數學文本視為事實與專門知識的集合體	將數學文本視為學習知識的藍本
將閱讀視為一組獲得訊息的技能	1.從專業取向的數學文本中獲取訊息	3.充實數學文本是數學課程中獲取重要訊息的方式之一
將閱讀視為一種學習的方法	2.應用閱讀去獲取專業知識，同時也是數學課程的目標	4.以閱讀去學習知識形成的方法，將數學文本視為思考的媒介

改編自 *Expanding the Role of Reading in Mathematics Classrooms*. Borasi & Siegel, 2000, p34 .

秦麗花、邱上真（2003）從這四個方格中分析，認為Borasi和 Siegel（2000）基本上是採兩個向度來思考數學與閱讀的問題，在方格左邊，有兩個對閱讀的不同信念，一是將閱讀視為一組獲取訊息的技能，

一是將閱讀視為一種學習的方法。在方格上方，則是從數學的角度來看數學文本，一是將數學文本視為事實與專門知識的集合體，另一是將數學視為學習知識的方法。

從閱讀與數學文本兩向度所形成的四個方格中，事實上也代表四個數學教育的不同信念與不同研究取向：在方格1，主要將數學視為獲取數學專業知識的來源，因此研究的焦點放在數學文本中的語意、語法上的組織，研究不同組織如何影響兒童文字解題能力，所以解題策略指導是方格1的主要研究取向；方格2，應用閱讀去獲取專業知識是數學課程的目標，此種信念認為閱讀是透過個人與文本互動來建構意義的過程，因此閱讀者具有主動的能力，研究的焦點便是置於如何提昇閱讀的興趣，增加閱讀的主動性；方格3則認為充實數學文本，是協助學生多樣學習數學的的途徑，因而將焦點放在數學文本的改革上；方格4，則強調以閱讀去學習，而數學文本的呈現也應以協助閱讀者獲得知識形成的方法，因此研究焦點會同時置於閱讀與數學文本改革中。

從這四個方格中，方格1和3，數學教育基本上是將焦點放在學習what，而方格2和4則將焦點放在如何學習how，筆者希望從Borasi和Siegel（2000）整合閱讀與數學的思維中，作為重視數學閱讀理解的理論基礎，因為從學習典範的轉移中，閱讀已不再是吸收知識的技能，而是重要的學習方法，教科書也不再是專門知識的事實呈現，而是思維的引導，學習方法的習得。筆者立足於Borasi和Siegel（2000）所建構的四種閱讀與數學思維方格4的角度，透過數學文本改編調整的不同思維，來探討數學文本對兒童概念獲得與閱讀理解的影響。

至於為何選擇以角度單元為主題，是因為它涉及圖形空間概念，和量的實測操作能力，因而成為數學幾何領域中一個很核心的概念，幾乎所有的幾何知識都必須涉及角的概念理解與測量。角度單元在三、四年級是第一次從靜態的圖形角到動態的旋轉角認識（朱建正，2002；劉好，1999；Close, 1982），這初始概念學習不清，會影響其後續的學習，加上角的概念涉及生活詞彙（柯慶輝，2000；Magina, 1994）。兒童從自發性的概念到科學性的概念（Vygotsky, 1962，引自谷瑞勉，

2001），除了需教師有效的引導外，文本的概念呈現方式是一個重要關鍵。因為數學文本的內容設計與呈現方式，不只影響教師的教學，也會影響學生對文本閱讀的理解。

二、學科閱讀指導的必要性

Guillaume（1998）從學科文本並不是為有能力閱讀者設計的角度，進而提出重視學科閱讀的必要性，其理由包括：

㈠文本閱讀指導是學科指導的內涵之一

Jacobson（1998）主張四至十二年級教師，必須具有學科內容領域知識，和了解如何協助學生從文本閱讀中，獲得有效學習的能力。因為數學文本是學校數學教育中的唯一資源（Cloer, 1981），而學生購買教科書，更期待以它來學習，因此教師有責任做學科閱讀指導（Clarkson & Williams, 1994; Deborah & Beth, 1994）。

㈡學生對文本內容沒有選擇權

學生對所用的文本，沒有選擇性，且文本上的主題，也不一定是學生感興趣的（Jacobson, 1998），因此學生易從文本閱讀中受挫，Dole（2000）從四個向度討論教師要用文本協助受挫閱讀者的理由：首先，受挫閱讀者是沒有動機去閱讀文本的；其次，文本中的學習材料對他們來說是難的；第三，學生沒有動機與策略去思考和處理訊息；第四，受挫的閱讀者通常沒有後設認知的覺察，無法覺察其理解上的問題。最重要的，早期閱讀文本的困難，如果無法有效的克服，會使學生隨著年齡的增長而加大與同儕的距離，並加大他們「能讀」與「必讀」的差距。因而產生興趣、注意力、自尊低落等問題，甚至產生Stanvoich（1986）所說的馬太效應（Matthew effect）產生，閱讀能力強者愈強，弱者愈弱。

㈢學科文本中包含專門術語與新的概念

學科文本中包含很多專門術語和新的概念，Jacobson（1998）將文本中的術語分成四大類：

1.專門性詞彙（technical vocabulary）：指在某一學科領域中獨有的，且是重要的概念，如數學領域中的「半徑」、「直徑」等。

2.特殊性詞彙（special vocabulary）：指一種不同領域共用的詞彙，在不同的領域中有不同的概念，例如：數學平面立體圖中的「頂點」界定，與生活中詞彙：「山的頂點」、「企業發展的頂點」互用，但他們具有不同的概念。

3.不熟悉詞彙（unfamiliar words）：指生活中或一般學科學習中會應用到的詞彙，但這些詞彙對兒童來說，可能不是很熟悉的，如「疊合」、「描邊」等。

4.替代性詞彙（anaphora）：指的是某些名詞的代名詞，如「它們」、「這個」等，這樣的詞彙要透過上下文脈絡，才可理解詞彙的替代性意義，對一些閱讀能力弱的兒童是一種挑戰。

這些專門術語包含新的概念學習，兒童若沒有相對應的先備知識，和具有彈性思考的能力，對這些詞彙就無法理解。

㈣文本閱讀是一種溝通歷程

McKenna 和Robinson（2002）認為文本的讀和寫是一種溝通歷程，在這歷程中，教科書撰寫者要以有限的文字編碼，來傳達所要溝通的概念，而閱讀者則以其先備經驗來解讀文本的內涵，進而重整其意義，其關係如圖8-1所示。在這歷程中，學生學習概念的轉變與否，與學生先備經驗，文本呈現方式與教師的教學都有密切的關係（Vacca & Vacca, 2002）。

㈤文本閱讀包含三種技能

McKenna和Robinson（2002）歸納所有學科閱讀包含三種主要的技

圖 8-1　從讀到寫的意義轉換（改編自 Mckenna & Robinson, 2002, p. 19）

能，一是一般讀寫技能；二是學科的先備知識；三是學科特殊的閱讀技巧，三者關係如圖8-2所示。從圖8-2可看出學科閱讀確實有不同於一般語文閱讀的地方，學生不只需要一般的讀寫技巧，也要具備學科的先備知識，更要具備某一特定學科的閱讀技巧，如閱讀地圖，便是地理學科特殊的閱讀技巧（張新仁、邱上真，1992）。秦麗花、邱上真（2004）認為數學閱讀的特殊技能包括該單元的先備知識、數學圖示理解、數學詞彙理解、和數學作圖程序性知識理解。因此數學文本中這些重要概念透過文字、符號與圖示傳遞的過程更顯的重要。

　　根據上述討論，學科閱讀指導有其一定的理論基礎，因為學科文本提供兒童學習思考的媒介，是兒童邁向獨立學習的工具，但因為學生對文本內容並沒有選擇性，文本又包含太多新的術語與概念，加上閱讀文

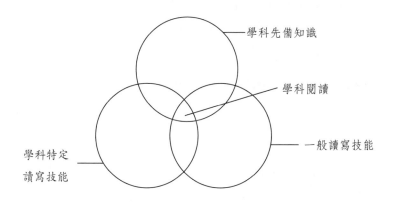

圖 8-2　學科閱讀的認知技巧（取自 Mckenna & Robinson, 2002, p. 9）

本的歷程，就是學習者與文本作者的溝通歷程，它需學生展現三方面的技能。因此教師應將文本閱讀指導，視為學科閱讀指導的重要內涵，也應重視數學文本概念的呈現與傳遞方式，才能知其限制而持彈性調整，來促進教學目標的達成。

貳 國內數學文本「角度」單元的內容分析

教科書的內容撰寫，基本上是由一群專家組成編輯群，根據其哲學思想、課程理念和教學主張編輯而成（鐘靜，2000）。因此其編輯的邏輯，是建立在其對學生及學科內容的理解基礎上，因而想法不同，所編輯出來的內容也會有很大的差異，以下分別以國內市場占有率最高三家出版社八十五年版和九年一貫版四年級數學教材為核心，來分析各版本對「角度」單元的內容假設、設計及呈現方式。

以角度單元進行分析是因為「角」概念在幾何領域中扮演一個關鍵性的角色，所有幾何學的知識都離不開角的理解與測量，而生活中處處存有不同類型「角」的概念與語詞（柯慶輝，2000），如「桌『角』尖尖的」、「這個『角度』風景不錯」、「一個一元可換十個一『角』」，這些生活上的詞彙，更顯示出「角」具有多義性。Vygotsky稱之為自發性的概念（spontaneous concepts），這種概念要轉入到科學性概念（scientific concepts）是需要相當用心引導和釐清，否則對兒童的概念學習會產生誤導（引自谷瑞勉，2001），因此本文擬從各版本角度單元的課程組織，來分析其核心概念的教學。

一、各版本「角度」單元的課程組織

因九年一貫版自九十一年九月四年級開始使用，但因為以第二階段能力指標為內涵，所以各家版本角度單元並未同時出現，以康軒版而言，九年一貫版本四上並未有角度單元，所以並列八十五年版與九年一貫版數學文本角度的單元概念，可以清晰呈現各家出版社，對角度單元的課程組織、設計及其呈現方式，表8-2是不同版本「角度」單元的概

表 8-2　不同版本角度單元概念分析一覽表

	八十五年版三年級（2001）	八十五年版四年級（2001）	九年一貫版（2002）
南一版	1. 認識角的概念和構成要素 2. 直接和間接比較角張開程度的大小 3. 認識直角，並做出直角，找出直角	1. 張開角的比較 2. 用量角器量張開角 3. 用不同方法比較三角板三個角的大小 4. 用量角器量三角板三個角的大小 5. 用量角器畫出指定度數的角，及用量角器測量未知度數的角	1. 張開角的認識和大小比較 2. 旋轉角的認識和大小比較 3. 認識量角器和度的意義 4. 使用量角器做角 5. 使用量角器量角度
康軒版	1. 做一個張開角 2. 角的命名與生活中的應用 3. 三角板上三個角的直接比較 4. 以直角為中心，做大小比較 5. 認識量角器 6. 認識直角是90度 7. 用量角器測量三角板三個角的大小 8. 角的度數與角大小關係	1. 三角形組成三邊關係 2. 正三角形、等腰三角形的命名及構成要素 3. 用量角器量三角板的角 4. 角度命名 5. 用量角器量角 6. 畫直角三角形、.正三角形、等腰三角形 7. 從張開角到旋轉角 8 角的記錄與角數的命名 9 角的大小比較 10 二角的合成，角的大小與邊長關係 11 角的大小與度數關係	1. 張開角的認識 2. 角的大小比較 3. 角的大小與邊長的關係 4. 角度的命名 5. 平角的認識 6. 沒有水平邊的角度測量 7. 畫角的步驟 8. 角的合併與分解 9. 三角形的內角和
翰林版	1.從圖形角、張開角談角的構成 2.張開角愈大，度數愈大 3.角度與邊長的關係 4.摺直角，並和其他角做比較 5.直角和直角三角形的命名 6.量角器的認識 7.量角器的使用 8.二個角的比較方法	1.方向與距離 2.方向命名 3.方向的記錄 4.方向改變的記錄與旋轉記錄 5.角的疊合直接比較 6.角的合成 7.角度的估測與實測 8.畫角的方法	1.旋轉的命名及不同方向旋轉 2.旋轉在生活中的應用 3.旋轉角的構成要素 4.旋轉的方向與記錄 5.平角與周角的認識 6.畫角的步驟

念分析。

從表8-2可看出，角度單元各家版本都強調角的構成要素、角的比較、用量角器、三角板、量角、畫角等重點，但各版本仍有些不同，康軒版把角度單元與三角形做聯結，翰林版強調方向，因此談到旋轉角的不同方向旋轉命名、記錄，南一版強調直角的認識。

根據教育部（1993）課程標準，角的概念在數學領域「圖形與空間」中設計實施，因此兒童會先經歷三角形、四邊形的特性而認識圖形角，從靜態圖形到動態的旋轉角（Close, 1982），但從各版本的角度概念分析中，除翰林版有做一些引導與聯結外，南一和康軒版大都只從張開角馬上切入旋轉角。但對旋轉角的定義、與角的構成要素又未能清楚界定，只畫個如圖8-3所示，這樣的圖很難把旋轉角的概念講清楚，因為旋轉角是以圖形角和張開角為基礎，需更進一步比對物件的移動，和繞著支點轉動二種不同現象做引導，開始將此轉動現象與鐘面指針走動做連結，引出旋轉角的意義，但從表8-2的基本概念分析一覽表中，看到這種整體性的聯結是弱的，包括對張開角、旋轉角的定義不明，對於其與圖形角的差異為何，也未做適時的區辨或聯結。

二、各版本「角度」單元詞彙概念分析

詞彙和概念是學科閱讀的基本特質，透過新的術語學習到新的概念（Jacobson, 1998），因此，概念可說是學習的基本單位，也是了解和思考的基本工具，它可用來了解許多獨立事物及其間的關係，並供做垂

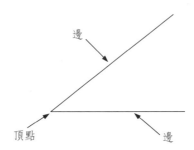

圖 8-3　角的構成要素

直、水平及側向學習轉移的基礎（趙寧，1998），因此研究者根據角度
單元，分別分析三家出版社在角度單元所呈現的詞彙概念，並做統計，

表 8-3　三家出版社角度單元所呈現的概念

版本		課程重點	詞彙概念
康軒版	三下二〇〇一年	1. 認識角的大小 2. 比較角的大小 3. 認識量角器	專門詞彙：直角、量角器、90 度 特殊詞彙：角、邊、頂點、中心點 不熟詞彙：打開、移動、張開、刻度、從左到右、從右到左、對齊、標 0 的線 代詞：甲角、ㄅ角、哪些角、另一個邊、各是
	四上二〇〇一年	1. 用量角器量角度 2. 畫角 3. 認識等腰三角形、正三角形 4. 度的意義 5. 角的實測與估測 6. 垂直的介紹	專門詞彙：正三角形、等邊三角形、等腰三角形 不熟詞彙：摺摺看、仿照、小格刻度、鄰座、角的位置、疊在直線上 代詞：做角記號、畫直角記號
	四下二〇〇一年	1. 建立旋轉概念 2. 以圖形角記錄旋轉角 3. 旋轉角量和直接與間接比較 4. 認識大於 180 度的角	專門詞彙：度、0 度線、始邊 特殊詞彙：角度 不熟詞彙：轉動的程度、轉半圈的角、重疊 代詞：畫角轉動箭頭
南一版	三上二〇〇一年	1. 從圖形角認識角的概念和構成要素 2. 直接和間接比較角張開程度的大小 3. 認識直角並能做出直角，找出直角 4. 利用直角認識直角三角形、正方形、長方形的特性	專門詞彙：直角、直角三角形 特殊詞彙：角、張開、邊、頂點 不熟詞彙：描、疊合、摺角 代詞：用三角板的「這個角」
	四上二〇〇二年	1. 張開角的認識與比較 2. 三角板的三個角的比較 3. 用量角器測量三角板的三個角 4. 角的估測與實測 5. 用量角器畫出指定角度	專門詞彙：量角器、刻度 0 特殊詞彙：角度 不熟詞彙：疊合比較 代詞：各是

（續表）

翰林版	三下二〇〇一年	1.透過複習三角形、四邊形的角認識角 2.角度張開的直接比較 3.透過折直角、辨識直角 4.認識直角三角形，並利用直角瞭解長方形、正方形、直角三角形的特性 5.使用量角器，以度為刻度單位 6.能間接比較角的張開程度	專門詞彙：角邊、直角、直角三角形、零度線、度 特殊詞彙：角、頂點、邊、張開、角度、中心點 不熟詞彙：內側、描下、疊
	四上二〇〇二年	1.建立旋轉的概念，及以圖形角記錄旋轉程度 2.做旋轉角量的間接比較 3.透過個別單位描述角量，並比較大小 4.進行角度的估測及實測活動 5.以量角器畫出指定度數的角	特殊詞彙：方向、旋轉、角度 不熟詞彙：各自向前走、記法、面向、重疊、估估看

以Jacobson（1998）所提到的四種詞彙做分析基礎，其結果如表8-3所示：

　　從表8-3可看出三家出版社角度單元，都從三年級開始教起，有的分布在三個學期（康軒版），有的分布在二個學期（南一版和翰林版），對於角度單元、專門詞彙與特殊詞彙三家出版社都呈現十四個詞彙概念，共同的專門詞彙是直角、量角器、零度線（康軒版稱「刻度0」），特殊詞彙是：角、邊、頂點、張開、角度等，從這些共有的詞彙來看，透過角度單元，課程目標係希望小朋友能認識旋轉角，會運用量角器來測量角、畫角、並以「度」為單位做比較與命名，因此，量角器的認識與使用、角的構成要素、旋轉方向便是課程的核心。

　　從Close（1982）整理各學者對角的定義來看，在數學領域中，角的界定不外乎下列三者：㈠角是一雙定出二個方向間的差量之射線；㈡角是自同一端點射出的兩射線圍成的一個平面區域；㈢角是一射線繞其端點旋轉一個程度的量。換言之，從角的定義來看，角是有方向問題，二個方向變換的機轉就是旋轉，旋轉應該有始邊、終邊的觀念，但從三家

出版社的專門詞彙中，只有康軒版（2001）有出現「始邊」這個詞彙，但其說明是：「對齊開始的位置（始邊），轉動白色的圖形板，做出「10度角」（康軒四下數學課本，2000，頁72），此敘述很難對「角」的構成要素做個明確的界定。

而南一版的教學指引（三上，2000，頁210）更明確告知教師，角的界定只要說明「由二個邊和一個頂點所合成」，沒有談角的構成要素，這種界定是以圖形角的概念來教旋轉角，可能會導致學生理解上的困難。在研究者的實務教學中，發現學生在此單元中有下列明顯的學習困難：㈠不認為這是角；㈡沒有水平方向的角不是角；㈢不會測量角；㈣無法理解大於180度以上的角，且這種的事實不僅存在於中等程度的孩子身上，連中上程度的孩子都有概念理解上的困難，因為沒有建立旋轉的概念，所以會說「180度也等於0度」（秦麗花，2003）。

其次，量角器的認識與運用，除了在翰林版有一頁專門討論，並界定「零度線」、「中心點」和「度」外，其餘二家（南一和康軒）都忽略帶過，甚至只說：「從左到右，從右到左，都有0到180的數字」（康軒三下數學課本，2000，頁16）

使兒童誤以為 $180 = 0$ 度、$170 = 10$ 度 的混淆觀念（秦麗花，2003），因為它們在同一個位置上，角度若大於180度，不只無法測量，也沒有這樣的觀念和認知。

Wilson和Adams（1992）建議教師教角時，一定要先教角的四個構成要素（properties），包括旋轉的支點，起始邊（initial side）、旋轉方向（direction）與終止邊（terminating side），同時以箭頭或弧線表示角旋轉的方向與旋轉量，並利用非標準的單位（nonstandard unit），如30度的扇形角，透過累積旋轉量，來發現30度和150度雖然在量角器同一位置上，但角的大小與開口方向是不同。

數學專門性詞彙與特殊性詞彙對數學來說，都是一個很重要的概念教學，概念的界定要清楚，Rupley、Logan和Nichols（1999）從閱讀的角度來看，概念的教學至少要包含下列幾個重點：首先強調類別應用（use of categories）：說明是什麼？其次，點出特性（properties）：它

像什麼？再其次提供例題（illustrations）：有一些什麼例子？最後加強比較（comparisons）：這些例題有何異同？

王嘉陵（2002）整理Jantz（1988）的概念教學，認為概念教學一定要清楚界定概念，列出其主要屬性與非主要屬性，分析概念並與以前所學先備知識做聯結，提出正例與反例做討論，教學後還要從學生的作業中，分析學生是否有過度推論（overgeneralization），推論不足（under-generalization）和迷思概念（misconception）的現象，以進行補救教學。

綜合上述，從數學文本的文體結構與內容分析中，可看出國內數學文本雖然在教科書開放中，呈現多樣化的特徵，在角度內容上，焦點集中在角的構成要素、角的大小比較、和使用量角器測量角等內涵，但在呈現方式上，仍有概念不清、弱連貫性等特質，因而仍有很多改進的空間。

參 兒童對「角」的概念發展與相關研究

角概念在九年一貫課程將它分置在二個領域，在「量與實測」中，分別應用四條能力指標（N-1-9，N-1-10，N-2-9，N-2-11），在「圖形與空間」也有相關的四條能力指標（S-1-5，S-2-1，S-2-6，S-3-6）（教育部，2001），可見角度概念是幾何教材的基礎，其在數學課程中具有相當的重要性。以下筆者將從三方面來討論：一就心理學的眼光來談兒童角概念；二是就數學家的論點談角的教學內涵；三是就教學的實務談兒童角的學習。

一、從心理學觀點談兒童「角」的概念

在心理學中，談到角概念的發展，大多從建構論的觀點切入，代表人物首推Piaget（1960）所提出的發展階段論、Vygotsky（1962）社會文化互動論，和數學家Van Hiele（1986）所提的幾何思考階段論，以下分別敘述：

(一) Piaget 的角概念發展階段論

　　Piaget和Inhelder（1971）以三個有關角的測量設計來分析兒童角的概念，結果將兒童角的概念發展分成四個階段，研究者整理如表8-4所示：

表 8-4　Piaget 和 Inhelder（1971）角概念發展階段特徵

階段 I（4-5 歲） 階段 IIA（6 歲）	僅能藉由視覺估測來畫圖形，無法運用工具測量，沒有辦法覺察角的存在，所以畫的圖形是封閉的圖形，僅是拓樸（topological）關係。
階段 IIB（6-7 歲）	能做長度測量，但不會做角度測量，也只能以視覺判斷線段的斜度。
階段 IIIA（7-9 歲）	能做長度測量，並在複製角時，能以直尺維持線段的斜度，但無法覺察角的存在。
階段 IIIB（9 歲-9 歲 6 個月）	能利用直角當作參考角，以直線測量的方式，找出斜度和垂直底邊的高。
階段 IV（大於 9 歲 6 個月）	能擺脫圖形本身的影響，畫出補助線和高，能將角的概念普遍化。

　　Magina（1994）引用Piaget（1977）的看法，認為是兒童在成長過程中，其與環境互動的經驗，而形成不同階段的發展，因此，認知的發展與心智和生物結構有很大的關係，這關係脫離不了下列四個因素，成熟、物質的環境、社會環境和平衡，他雖然提到社會環境，但他看重孩子本身的成熟發展，勝於社會環境的影響。

　　從Piaget所認定兒童概念的學習來看，圖像式符號的獲得與運用，包含語言，都是僅次於兒童操作式知識（operative aspect of knowledge）之前，也就是Piaget認為兒童的發展順序：剛開始是兒童的圖像知識（figurative knowledge），起源於兒童的模仿和自我中心的行為（egocentric behavior），然後才是社會性語言（socialized speech），最後才能發展操作式知識（operative knowledge），此時兒童能以邏輯思考來工作。所以基本上，Piaget的角概念發展，教師是處在一個等待兒童發展

的角色，必須等待兒童擁有相對的成熟狀況，才有辦法學到新的概念，當然針對Piaget的實驗設計，Magina（1994）認為其實驗材料脫離兒童每天的生活文化，而且Piaget只在意兒童是否會運用幾何器具來表徵他們對角的念，而忽略其他的情境、脈絡、文化等因素，是個不當的實驗設計。

㈡ Vygotsky 社會文化互動論

Vygotsky是一位社會建構論的代表，他強調社會互動及語言在學習概念發展中，所扮演的關鍵性角色，所以語言的社會功能，也等於是Vygotsky的發展理論，他在語言與學習上有二個重要想法（引自谷瑞勉，2001）：1. 兒童如何使用符號系統，基本上是指使用語言，作為心理的工具來溝通或分享文化的意義；2. 使用這些文化符號和語言，會影響孩子的學習和認知發展。

事實上，Vygotsky並未真正對兒童角概念進行什麼研究，但他提出二個很重要的名詞，是在教角概念時必須要思考的問題，一個是自發性的概念（spontaneous concepts），這是一種由下而上，透過具體，每天的生活經驗所獲得的知識，像「桌角尖尖的，要小心」，便是對角概念所產生的自發性概念；另一個是科學性的概念（scientific concepts），指的是一種抽象，系統化的知識，這種知識，往往經由正式的學校教育來習得，它是一種由上而下的學習，必須藉由文字當中介，而不是直接看到或經驗到，例如數學中，角的構成要素是始邊、終邊、支點和旋轉的區域，這種科學性的概念，兒童無法直接看到，必須藉由文字或語言來學習，所以教師教學時，要能從兒童自發性概念，引導到科學性的概念，才能協助兒童對科學概念學習，發展出較高的知覺、抽象和控制的思考能力。

Chassapis（1999）根據Vygotsky（1987）的說法，認為自發性概念與科學性概念之別有二：自我覺知（self-awereness）和自願的控制（voluntary control）。自發性概念的學習，因為不是刻意的學習，所以自我的覺知與自願的控制上較弱，而科學性概念的學習在自我覺知與自

願的控制上都較強。Artigue和Robinet（1982）也提出這三種概念的區分
向度：1. 整體與部分；2. 靜態與動態；3. 明示與暗示（取自Chassapis, 1999）。一般而言，科學性的概念都是整體的、動態的和明示的。

從Vygotsky的論點中，強調兒童的認知發展是經由社會互動來改變心智的結構，所以強調用學習來引導兒童發展，不同於Piaget的等待發展觀。除了語言、社會互動對學生學習過程會造成影響外，Vygotsky（1978）還指出：技術和象徵性的工具和符號，在人類的行動和思考上扮演一個媒介的角色，因此，人類的智能活動，是需要使用一些象徵性的工具和符號，作為行動和思考的媒介物（取自Chassapis, 1999）。

㈢ Van Hiele 的幾何思考階段論

Van Hiele夫婦是荷蘭的一對數學教育家，他們提出兒童對於幾何學習是具有五個不同的思考發展階段，每個階段有其不同的特徵，若經由適當的教學，學生的經驗可從較低階段的幾何思考，到較高階段的嚴密性思考，其次序是無法超越的，以下介紹各發展階段特徵（朱建正，1997；Clements & Battista, 1992）：

1.階段零：視覺期（visualization）

即依圖形的外在特徵來判別，無法辨識圖形的部份或特質（property），在這個階段，學生可分辨、稱呼、比較及操弄幾何圖形，如三角形、角、相交等，其所關注的要素是外形輪廓。

2.階段一：分析期（analysis）

能從圖形的特質與特質間的關係來分析圖形，也可以從圖形的部份或整體來分析圖形的構成要素，兒童這階段可經由摺合、疊合，用尺量等操作方式，發現某一群圖形的共有特性與規則，如三角形有三個邊、三個角；四邊形二雙對邊平行，且對邊一樣長叫正方形；不一樣長叫長方形，但仍無法解釋正方形和長方形構成要素間的關係。此期以構成要素作為分類運作。

3.階段二：關係期（relation）或非形式演繹期（informal deduction）

此期兒童可以透過非正式的論證，把先前發現的性質做邏輯地聯

結，能進一步探索圖形內在特質關係，及各圖形間的包含關係，如三角形任二邊夾角愈大，對邊長度愈長，三角形任二邊相接，會大於第三邊，但兒童了解其現象，卻不了解推論的本質意義。

4.階段三：正式演繹期（formal deduction）

此階段兒童能以演繹邏輯技巧為思考，分析與證明數學中的一些公設系統，他們不只記憶圖形的性質也能證明，更了解證明方法不限於一種，如證明平行四邊形的面積求法，與長方形面積求法有些共通性，所以此期兒童可以理解一個定理的充分、或必要條件之內在關係，建立相關定理的網路結構。

5.階段四：精確期（rigor）或公理性（axiomatic）

達到此階段的人，可以在不同的公設系統中建立定理，並且分析和比較這些系統的特性，當然這不是一般人容易達到的境界。

雖然這五個發展階段也受到Clements和Battista（1990）質疑，但每個階段有各自獨特的語言符號，及連接這些符號的關係系統則是不可否認。根據Van Hiele（1986）的研究顯示，上述五個階段有其次序性，學習者須擁有前一階段的各項概念與策略，才能有效進行下一階段的教學活動。根據劉好（1999）的分析，低年級學童大都均在階段零的視覺期，中年級可達階段一分析期，高年級則介於分析期與非正式演繹期之間。林軍治（1992）分析花蓮地區三年級學童，大都在第一、二階段，沒有人在第三階段，五年級也只有29.70%，達到第三階段（引自劉好，1994）

譚寧君（1994）分析Van Hiele幾何思考模式的特性，這些特性對教師教學決定提供了一些引導的方向，值得教師注意，這些特性包括：1. 次序性（sequential）─每個人發展階段均是循序漸進，不能跳躍；2. 促進性（advancement）─從一階段進入下一階段，是靠學習，而非依年齡的成長而發展；3. 內因性與外因性（intrinsic & extrinsic）─在某一階段應有的目標，即為下一階段的目標，例如在階段零呈現長方形，只有一個圖形的外在形式可被接受，其內在的構成要素，四個邊，對邊平行，四個角，都是直角，這種內在關係要到階段一才能被分析出來；4. 語言

性的（linguistics）—每一階段均有自己的語言符號和這些符號的關聯系統，在某一層次是正確的，可能到另一層次必須修正。例如：一個圖形有多種命名，對階段零兒童是無法理解的，要到階段二才能明白其關係，例如：正方形，也可以叫長方形，又可以叫平行四邊形；5. 不適配性（mismatch）—指導某一階段兒童學習，一定要配合那一階段的語言、符號、教材、教法，否則就不會有教學效果。

綜合上述Piaget發展階段論、Vygotsky的社會互動論和Van Hiele的幾何思考階段論，可看出大多數學者都強調兒童在幾何方面的發展是具有階段性，雖然每個人所說的階段各有所不同，但順序性的發展則是共同的特質，為了協助兒童往下一階段能力發展，三位學者則有明顯差異，Piaget站在兒童成熟的角度來看，是持著「等待發展」的觀點，Vygotsky則重視社會互動與語言價值，並且強調大人應以鷹架（scaffold）協助兒童在近側發展區（zone of proximal development，ZPD）內成長，所持信念是以「學習促進發展」的觀點，而Van Hiele則強調「用教學促進發展」，強調教師應用教學策略，有效的教學活動，協助兒童由低階思考邁向高階思考。

二、從數學論點談「角」的教學內涵

「角」具有多重涵義（柯慶輝，2000），且涉及數學語言與生活語言，一般人對角的了解，指的是張開的程度，但從兒童自發性的概念中，角是尖尖的，頂點就是角。造成兒童角概念學習上的困難，可從譚寧君（1994）對數學幾何教材學習困難看到一些端倪。譚寧君分析造成兒童在幾何教材學習上有問題，除了上述數學語言與生活語言的互相干擾外，數學中個別物體屬性關係與集合包含關係的推衍也是一個關鍵，例如教師教學活動不能一味界定在個別物件屬性的辨識與了解，還要討論其與其他物件的相容包含關係，另外從平面思考邁向空間思考，一定要透過操作當媒介，才能培養形象思維與邏輯思維的能力，如此才能發展出兒童的空間能力。因此以下分別探討數位學者，對數學知識中「角」的概念內涵做分析，進而探討國內文本所呈現的課程設計，教師

對角概念的認識，才有助於理解兒童對「角」概念的獲得。

㈠數學學者對「角」的概念和定義

有學者認為角的定義向來就很分歧（Close, 1982），最早定義角的是Euclid（取自Magina, 1994），他將平面角界定於「交於一平面上二直線的傾斜度，但二直線不重疊」，從這個定義中，角是不包括0度角、平角或大於180度的優角，但國內外學者對角有不同的定義和概念，以下分別敘述：

1. Close 的定義

Close（1982）將角分為二個範疇，一是靜態角（static angle），將角視為一固定的維度，所以具有方向性，它是二直線交於一平面，所以角是包含在兩直線之間平面的一部份，而另一個是動態角（dynamic angle），是一直線繞一端點旋轉的量，所以角是包含於平面上一邊旋轉到另一邊的量。

2. Mitchelmore 的定義

Mitchelmore（1998）將角分為三類，分別為區域角，射線角以及旋轉角，其定義及圖示如表8-5。

表 8-5　Mitchelmore（1998）的三種不同的角定義

三種角	定義	圖示
區域角（region）	角是一雙定出二個方向間差異的射線，二直線相交於一點	
射線角（ray pair）	角是自同一端點射出的二射線所圍出的一個平面區域	
旋轉角（turn）	角是一射線繞其端點旋轉一個程度的量	

3. Krainer 的定義

Krainer（1993）從圖形表徵的觀點，看角有無弧線標示與方向來區分三種不同的角，包括⑴無弧線標示的角，此角從0至180度；⑵有弧線

標示的角，角度介於0至360度；(3)有方向的角，角度可大於360度，以箭頭標示出方向。Krainer主張不同角概念，要有不同的表徵方式，角的區域與張開程度以弧線加以標示，是種靜態角；角的旋轉量以方向性箭頭標示，是種動態角。

4.朱建正的定義

朱建正（2002a）分析國小數學課程中有關角的概念，區分為圖形角、張開角和旋轉角。所謂「圖形角」是由相交且止於一邊的二線段所構成，此夾角大於0，小於180度，此二線段稱為角的邊，交點稱為頂點，圖形角變大變小的機制不明，所以兒童不易覺察角的存在，也無法做角的分解與合成。「張開角」是透過摺扇的方式，可透過展開大小來表徵張開角的大小，透過將張開程度的紀錄和圖形角比較，來表徵角的大小與比較。「旋轉角」是固定一點，像秒針移動的方式叫旋轉，旋轉的中心點叫支點，旋轉具有方向性和大小，因此可做角的合成、分解和度量單位的命名。

從上述四位國內外學者對角的定義來看，基本上可分為二大類，一是靜態，泛指圖形角之類，二是動態角，指的是旋轉角，但在這二者之間，是需要有張開角做連結，否則兒童很難從圖形角轉換到旋轉角，也很難建立平角、優角、周角等延伸性的概念。

㈡國內數學文本中「角」概念的課程設計

1.數學課程現況

朱建正（2002b、2002c）分析八十二年部編本教材角度單元的設計，發現是以兒童已知三角形和四邊形的構成要素為基礎，其次再討論到扇子的旋轉，透過旋轉角的記錄，做角的直接與間接比較，來引出角是有大小的，接著再以量角器做刻度尺，報讀角的大小，並透過量角器認識度的意義。

從這樣的分析內容來看，基本上是由圖形角、張開角到旋轉角，而八十五年各出版社的「角度」課程編輯，基本上也不脫離這樣的順序，但在內容呈現上，卻有很大的差異，尤其是三種角在概念的銜接上，明

顯的比八十二年部編版要弱，Mitchelmore（1998）認為兒童無法順利自圖形角過度到旋轉角，便很難建立起測出度數的意義。另一方面，在量角器的認識與運用方面，八十二年部編版應用了六頁介紹量角器的度數命名，旋轉方向，但八十五年版的民間版本，大都只用一頁帶過，且偏向圖示，未有詳細的文字說明，這對兒童旋轉角概念的建立是一種挑戰。

2.理想的角度課程設計

劉好（1997、1999）認為理想的「角」課程設計理念應分成三階段來完成：

(1)從圖形角、張開角到旋轉角來建立各種角概念

在圖形角方面、需要透過感官的操作、視覺的觀察進行分類，造形、堆疊、描繪、著色等活動獲得概念。在張開角方面，為使理想化的角概念，和實物上的角產生聯結，應利用扇子的開合現象引入，從扇子的功能，及形成活動引出「張開角」、「角的內部與角共生現象」、「方向改變」、及「邊為射線的一部份（可延長）」的意義，使兒童觀察到張開的結果，可產生角形，進而引出角的構成要素，「邊」和「頂點」的概念與名稱。在旋轉角方面，因為涉及較抽象的位置轉換、雖然是一個動作，但動作停止，現象消失、所以要具體呈現其起始位置與終止位置，並以箭頭表示方向性。

(2)由角的大小比較、合成、度量單位引出畫特定角

經由角的直接比較、間接比較來判定二個，或二個以上角的大小，若要進入量角器的度量之前，應先由簡化的量角器經驗刻度的描述，到一般量角器引出「度」的意義，因為角度的二維特徵不同於長度的一維特徵，量角器對兒童來說，是個完全陌生的儀器，構造複雜而難以理解，Wilson（1998）建議從楔形（wedges）到角度（degrees）來理解角度的意義，也就是由非標準化的單位，進入到標準化單位，進入標準化單位後，要進行角的合成，和個別單位的累積，最重要是建立180度到360度以內旋轉角度的概念。

(3)由建立直角概念、察覺角的特徵，引出直線垂直與平行的關係

透過直角的形成，與角的分類、了解三角形、正方形、及長方形的特性，進而建立起垂直與平行的概念。柯慶輝、梁淑坤（2001）透過兒童對具體角情境的探討，也認為兒童角的教學，要透過多樣性角脈胳輔助教學，才可協助學生建立抽象的角概念。

三、就教學的實務談兒童「角」的學習

㈠實務教師對「角」的認知

柯慶輝（2000）曾對四位三年級老師進行訪談，探討他們眼中角的概念是什麼，結果四個人中，有三位呈現三角形和四邊形來讓小朋友指出角所在的位置，大多數兒童也都能指出角所在的位置，所以老師以為只要學生能夠指出角的位置，就認為學生已知道「角」了，所以四位中有三位在教角的概念時，並未提及角的構成要素，他們大都以幾何圖形中的圖形角切入，未經張開角的概念，即教旋轉角，他們所認知角的意義分別如下：

『兩直線開口的大小就是角』

『兩條線相交所張開來的範圍就是角』

『兩個邊夾起來的地方就是角』

『兩條線交於一個頂點，兩條線所展開來的兩條線之間的
那個弧度就是角』

從上述四位老師所認知角的概念來看，都只限於圖形角的外觀，既未進入張開角，更不用說旋轉角的概念，因此好的角的單元課程設計，不只文本扮演一個重要的角色，教師的教學知識與概念更是不容忽視的關鍵。

㈡學生對「角」的理解

1.國外的研究

Wilson和Adams（1992）曾問六年級和八年級的學生如何去界定長方形，結果在六年級中，只有1%的學生界定長方形時，有角的概念，八年級中，也只有2%的學生有提到角，這顯示出角在幾何學中具有相當關鍵性，但兒童對角的概念卻是薄弱的。

Mitchelmore（1997）歸納很多學者的研究，發現學生在學習角時有下列幾個明顯的錯誤：角的大小與邊長有關或弧線的半徑有關；角必須有一邊是水平的，且呈反時鐘方向；學生對不同方向的直角辨識有困難；應用量角器有困難。

只有11%四年級學生學過角度單元後，能為角做清楚的界定並提出旋轉角的例子（Mitchelmore, 1998）。因此，很多的研究主張用Logo的小烏龜去教旋轉的觀念（Clement & Battista, 1990; Magina, 1994），但也有人持反對的意見（Simmons & Cope, 1990），認為在烏龜幾何（turtle geometry）中，只能建立破碎的角概念知識（fragile knowledge of angle）而已，唯有靠有效的回饋，才能澄清角與旋轉的概念（Simmons & Cope, 1990），因為學生很難建立180度以上優角的概念。Close（1982）發現教七年級學生應用360度的量角器，比用180度量角器，更能體會360度旋轉的意義。所以，工具的選擇與應用也會影響兒童正確概念的建立。Chassapis（1999）以圓規、圓形連鎖器（circle tracers）和圓形模板（circle templates）指導學生畫圓，結果發現使用圓形連鎖器與模板，並不能馬上轉變兒童對圓形的自發性概念，反而是圓規具有圓心和半徑的特徵，更容易建立兒童對圓的動態觀念。

Mitchelmore和White（1998）的研究也表示，即使八年級學生仍有超過50%的人，無法辨識真實情境中的角與課程所學角的相關，可見角的概念對很多學生來說，要理解其科學性概念可能仍有些困難。

2.國內的研究

蔡明哲（1998）以個案研究方式研究一位四年級中上程度兒童對角

的概念，研究發現：兒童有些概念仍不清，如以為尖尖的形狀是角，雖然對旋轉、打開、張開等活動都能察覺角的存在，也對邊長不同、方位不同與弧線標示不同的角度具有保留概念，但對於優角覺察不易，需透過角的分解、堆積才能體會，而非旋轉的概念，因此建議教師應從動態角進行學習，藉以釐清靜態角的意義。

柯慶輝、梁淑坤（2001）透過具體角情境，探討三年級學童對角的概念，這些具體角包括旋轉的（turn）、交會的（meeting）、傾斜的（slope）、角落（corner）、彎曲（bend）、方向（direction）和開啟（opening）等不同的具體角，其運用六種具體角材料，包括凱蒂貓（無限制旋轉）、剪刀（交叉）、斜坡（傾斜面）、菱形板（平面角落）、軌道（彎曲物體）及撞球檯（彎曲路徑）。研究結果顯示：在具體角情境知識方面，兒童在0度角概念上有認知的困難；在角脈落知識上，兒童趨向用表面性特徵去界定角，在抽象角的模擬活動方面，彎曲物體具有「V」形的構造特徵，因而較易模擬，也較易做認知脈落對相似表徵，因此建議課程應安排多種化角脈絡的學習情境，在課程設計方面，圖形角的課程設計，有必要做修正，引入「兩個邊相交於一點」之整體角的認識，在教學設計方面，教師應發展學童對幾何相關語彙的了解，運用適當工具，讓學童建構抽象化的角概念。

黃金泉（2003）針對高雄屏東地區國小四年級學童角的概念進行研究，分別從角的意義、角的大小比較、角的辨識、角的保留概念、測量圖形角、畫圖形角、和找角情境等八個向度來理解兒童對角的概念發展，發現學生在答對的解題策略上，其角的概念發展大都達到Van Hiele的第一階段分析期、和第二階段關係期（或非形式演繹期），從答錯者的解題策略來看，則都停留在階段0的視覺期，只從外形特徵去判斷，因此顯現出兒童在角的概念上有下列幾個問題：(1)在角的意義上，兒童對角度意義不了解，也不了解角度測量的內涵；(2)在角的大小比較上，誤以為邊長比較長、比較粗、弧度標示比較大，角度就比較大，也無法指出旋轉角；(3)在角的辨識上，以為尖尖的頂點就是角；(4)在角的保留概念上，以為角度會因圖形方位改變而改變；(5)在直角概念方面，只會

271

用量角器測量，不會用三角板檢測，也不能接受歪斜的直角；(6)在畫圖形角方面，以為要從量角器的右邊看起；(7)在畫圖形角方面，因不會看量角器的內外圈數字而有錯誤，以為線段上的點都可當頂點來畫角；(8)在找出生活情境中的角時，語文程度低者不會書寫，而停留在視覺期兒童，誤以為物件的端點才是角，而不是指兩邊之內在區域。

這些研究基本上跟國外的研究趨於一致，從黃金泉的研究分析顯示，兒童對角衍生的概念錯誤顯然是兒童發展上的問題，但從Van Hiele的論點中，兒童幾何概念的發展層次，可經由教師有效的教學來提昇其概念發展，而從柯慶輝（2000）對老師的訪談中又顯示出教師數學學科知識的缺乏，很難產生有效的教學。

肆 閱讀困難與文本調整

一、影響文本閱讀理解的因素

Dole（2000）從認知心理學的角度來看，認為有三個向度會影響兒童從教科書中習得新訊息與概念的能力，現有的概念強度（strength of the existing conception），概念的一致性與聯結強度（coherence or interrelatedness and consistency of conceptions），和學習者對現有概念的評價（learner's commitment to their existing conceptions）。就個人因素而言，學生能否從文本中獲得概念改變的學習，涉及閱讀者的因素，即閱讀者的語文能力與先備概念會影響文本的閱讀理解（秦麗花、黃敏秀，2004）。在文本方面，造成理解困難的因素是文本設計不夠貼心（inconsiderate）和友善（not user-friendly）。Colfee 和 Chambliss（1988）認為文本假設讀者已擁有很多的先備知識，甚至介紹太多的概念而未充分討論，有的文本寫作方式是片斷，並未產生內在連結（引自 Dole, 2000），這些問題已嚴重影響到學生能否自文本學習中受益的問題（Beck & Dole, 1992）。

根據上述問題，有些學者嘗試做些實徵研究來改善這個問題，在讀

者方面，Dole 和Smith（1989）提出「監控與整合先備經驗的策略」
（Prior Knowledge Monitoring and Integrating，簡稱PKMI），其方法是：
要學生確認和編碼他們每天的概念學習，並與文本中的概念做比較，然
後決定二者之間的一致與不一致。實驗結果四十四位受試者，在科學概
念的理解上有顯著的進步，其效果值在1.62以上。另外，黃秀英
（1999）也曾針對國中學生閱讀生物文本困難的原因，如專有名詞太
多、圖片說明不足等困擾，來改寫文本內容、結構與組織，透過文本的
連貫性與一致性，改善閱讀者的理解和記憶的策略，實驗結果顯示，調
整後的文本確實有效協助學生概念的改善，增加閱讀理解的成效。

　　從上述研究，可看出閱讀者是帶著既有的概念與知識來從事閱讀與
學習，因此透過學習者與教材互動的三個主要變項（概念的強度、連結
與評價）的改善，可增加閱讀者與文本互動的機會，有了互動，學習者
才能得到深度思考的訊息。

二、國內數學文本概念分析與調整

　　筆者首先針對康軒、南一、翰林、光復和國立編譯館等出版社八十
五年版和九年一貫版數學教材進行「角度」單元的概念分析，找出「角
度」單元中，四年級學生應學習的八個重要概念，分別是「張開角在生
活中的應用」、「旋轉角和方向的定義與命名」、「量角器的認識」、
「度數的命名」、「用量角器測量角」、「平角與周角的命名」、「用
量角器畫角的步驟」、「360度旋轉的認識」，然後自五家出版社中現
有的這些文本組合成八個核心教學內容，詳細內容如表8-6所示。

　　這八個核心概念調整的共同特色是在首頁明定每頁的教學重點，並
在關鍵字做記號，提醒學生學習關鍵；在頁尾標示本頁重要詞彙，分別
用紅色代表專門詞彙，用藍色代表特殊詞彙和不熟悉詞彙；在每個文句
敘述上，應用顏色標示出關鍵字；在每頁閱讀完，有一段「給小朋友的
話」提示學生檢討自己的學習成效，希望學生透過本文閱讀具有後設學
習的能力。

　　筆者依據文獻探討結果與文本呈現缺失分析，作為文本調整的依

據，這兩者內容在教學目標是相同的，但是在概念呈現上有些不同，表
8-7至8-14是將原有數學文本呈現與研究者調整理念做對照說明。

表 8-6　現有數學文本角度單元內容及來源

頁次	文本重點	教材來源
1	張開角在生活中的應用	南一出版社二〇〇一 八十五年版 第七冊 p26
2	旋轉角的定義與命名 旋轉方向的命名	光復出版社二〇〇二 九年一貫版 第七冊 p55 翰林出版社二〇〇二 九年一貫版 第七冊 p31
3	量角器的認識	康軒出版社二〇〇二 八十五年版 第六冊 p16 國編出版社二〇〇二 八十五年版 第八冊 p35
4	度數的命名	國編出版社二〇〇二 八十五年版 第八冊 p35
5	用量角器測量角	康軒出版社二〇〇二 八十五年版 第六冊 p118
6	角的合併、平角與周角的命名	翰林出版社二〇〇二 九年一貫版 第七冊 p35
7	用量角器畫角的步驟	康軒出版社二〇〇二 八十五年版 第七冊 p110
8	360 度旋轉的認識	康軒出版社二〇〇二 八十五年版 第八冊 p73, 74.

第一個核心概念——「張開角在生活中的應用」
教學重點：認識張開角、比較兩個張開角的大小

表 8-7　現有數學文本單元內容呈現與調整(1)

現有數學文本設計	調整文本設計
	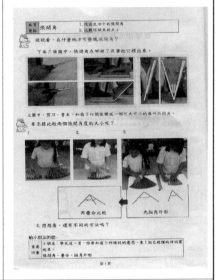
概念呈現 1. 由門、扇子、張開雙手呈現張開角。 2. 比較張開角的方式有三種：用眼睛看、疊合、先描出角再比較。 3. 比較方式是直接呈現兩個描出角的外形，並未疊合比較。	概念呈現 1. 用六個圖兩兩對照比較剪刀、書本和扇子的合併與張開，藉以彰顯張開角所在。 2. 正式命名張開角。 3. 用眼睛看、疊合、和描角方式比較兩個張開角，並依步驟先描出角的外形，再用疊合圖示比較兩角大小。

調整特色
1. 應用對比方式彰顯張開角的特徵。
2. 正式命名張開角。
3. 強調疊合比較的圖示。

第二個核心概念——「旋轉角的定義與命名」
教學重點：旋轉角的認識、命名與方向表示方式

表 8-8　現有數學文本單元內容呈現與調整(2)

現有數學文本設計	調整文本設計
	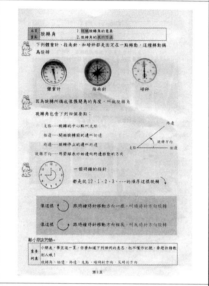
概念呈現 1. 以手臂、扇子、和時鐘等三種東西介紹其固定一點轉動稱為旋轉。 2. 呈現四個圖示以問句問何種圖示有表示旋轉前、後所在位置及方向。 3. 以文字命名始邊和終邊。 4. 用時鐘和文字命名旋轉方向。	概念呈現 1. 以體重計、指南針和磅秤等三種東西介紹其固定一點轉動稱為旋轉。 2. 並正式命名因旋轉所構成像張開角的角為旋轉角。 3. 以文字和圖示命名旋轉角的四個構成要素（始邊、終邊、支點和旋轉方向）。 4. 先呈現時鐘旋轉順序，再命名旋轉方向。
調整特色 1. 用單一指針物品來說明旋轉，以避免學生混淆。 2. 用四要素正式命名旋轉角。 3. 把旋轉角的四個構成要素用文字和圖示來說名。 4. 先將時鐘時針轉動方向做明示說明，再將旋轉的方向以符號單獨呈現，再命名旋轉方向。	

第三個核心概念——「量角器的認識」
教學重點：量角器的功能認識

表 8-9　現有數學文本單元內容呈現與調整(3)

現有數學文本設計	調整文本設計
	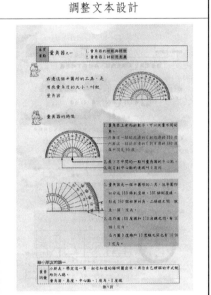
概念呈現 1. 介紹量角器的功能。 2. 應用對話方式介紹量角器外表特徵。 3. 以文字命名 1 度角。	1. 用不同顏色字介紹量角器的功能。 2. 應用文字與圖片說明量角器外表特徵。 3. 介紹量角器上有兩排數字，並命名中心點與 0 度線。 4. 說明量角器上刻度線的命名由來，並透過圖示說明十個 1 度角。
調整特色 1. 用不同顏色字標出關鍵字。 2. 對量角器上的特徵介紹，先由整體再到細部，並明示為何為 180 度原因。 3. 對量角器上內圈和外圈的刻度做對照說明。	

第四個核心概念——「度數的命名」
教學重點：量角器刻度的命名

表 8-10　現有數學文本單元內容呈現與調整(4)

現有數學文本設計	調整文本設計
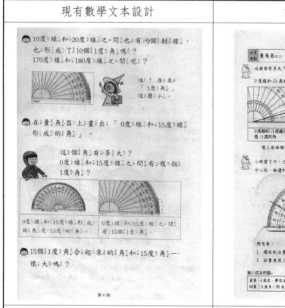	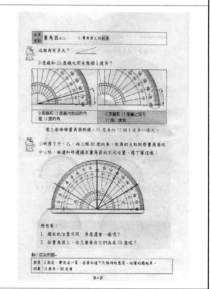
概念呈現	概念呈現
1. 介紹 10 度線與 20 度線有九個刻度，形成十個 1 度角。 2. 說明 1 度角有多小，但圖示未標出。 3. 介紹 0 度線與 15 度線之間有十五個 1 度角。	1. 用不同顏色標出 1 度的始邊與終邊，並置於量角器上來說明。 2. 0 度線與 15 度線之間有十五個 1 度角運用兩個圖示說明其在量角器上內外圈數字的表示方法。 3. 運用三個同樣 30 度角置於量角器不同位置，來彰顯量角器的測量不一定都要從 0 度線開始，也可以運用兩數相減的減法方式獲得。
調整特色 1. 將角直接置於量角器上測量，可協助學生理解量角器的運用。 2. 同時去討論量角器內外兩圈數字的意義及用法。 3. 同一角度不同方向的擺放，其度數不變。	

第五個核心概念——「用量角器測量角」
教學重點：會運用量角器測量角

表 8-11　現有數學文本單元內容呈現與調整(5)

現有數學文本設計	調整文本設計
	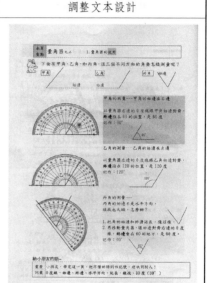
概念呈現 1. 用量角器量三角板上的三個角。 2. 介紹測量角時始邊要對齊 0 度線。 3. 示範用量角器量三角板兩個方向不同的角。	概念呈現 1. 先呈現三個不同方向大小的角，問如何應用量角器測量角。 2. 介紹 60 度的測量方法。 3. 介紹 120 度的測量方法。 4. 介紹沒有水平方向角的測量方法。
調整特色 1. 特別彰顯角有不同方向和大小。 2. 配合圖示應用不同顏色標出始邊、終邊、及其在量角器上的測量方法。	

第六個核心概念──「角的合併、平角與周角的命名」
教學重點：角的合併，平角與周角的命名

表 8-12　現有數學文本單元內容呈現與調整(6)

現有數學文本設計	調整文本設計
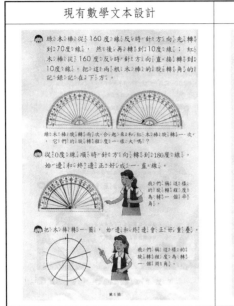	

概念呈現	概念呈現
1. 應用文字和圖示說明兩個角大小的比較，一個是一次旋轉而成，另一個是分兩次旋轉再合併。 2. 應用圖示和說明始邊和終邊成一直線叫平角。 3. 應用圖示說明木棒旋轉一周，始邊和終邊重疊是周角。	1. 應用兩個不同顏色的角合併，請小朋友先用量角器測量，若沒有量角器如何得知？ 2. 應用六個30度角合併的方式，介紹始邊和終邊成一直線叫平角，並應用圖示標示出來。 3. 應用十二個30度角合併的方式，介紹始邊和終邊重疊叫周角，並應用圖示標示出來。

調整特色
1. 應用不同顏色相加的視覺線索來說明角的合併。
2. 應用角堆疊累加的方式，協助理解角旋轉成平角，是180度，不是0度。
3. 應用角堆疊累加的方式，協助理解角旋轉成周角，是360度，不是0度。

第七個核心概念——「用量角器畫角的步驟」
教學重點：畫角的步驟

表 8-13　現有數學文本單元內容呈現與調整⑺

現有數學文本設計	調整文本設計
	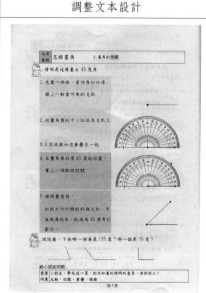
概念呈現	概念呈現
1. 畫45度角的步驟，用一個量角器依其位置排列畫角的五個步驟。	1. 畫45度角的步驟，但步驟說明由上而下1、2、3、4、5排列。
2. 在版面上的步驟由上而下分別是 1、4、3、2、5。	2. 版面分兩排，左邊為文字說明，但重要的關鍵字用紅色突顯，右邊搭配圖示。
3. 有兩題練習題，分別畫 80 度和 125 度。	3. 練習題有三個角，請小朋友判定哪一個是 125 度角？哪一個是 70 度角？

調整特色
1. 依版面由上而下呈現畫角的五個順序步驟。
2. 應用多個連環圖示輔助說明。
3. 不只強調會畫角，更強調對畫出來的角做判斷。

第八個核心概念──「360 度旋轉的認識」
教學重點：大於 180 度角的認識

表 8-14　現有數學文本單元內容呈現與調整(8)

現有數學文本設計	調整文本設計
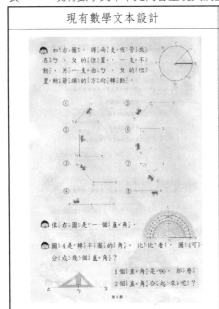	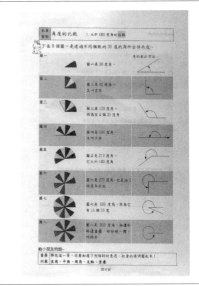

概念呈現

1. 用一個圓，在圓上點不同點，置一吸管朝逆時針方向旋轉，來說明 360 度以內的角。

2. 再應用八個角的圖示，表示上圖中不同角度的旋轉，這八個角分別是 45度、90 度、135 度、180 度、225 度、270 度、315 度和 360 度，並應用始邊、終邊不同顏色來區分，在始邊的地方應用一隻蜜蜂圖示來代表旋轉。

3. 用一個角置於量角器 90 度的位置，告知這是一個直角。

4. 要學生判定圖四是旋轉半圈的角，可分成幾個直角，企圖應用兩個直角的合併方式去說明平角的度數，但未明確說出來。

概念呈現

1. 應用八個圖、三個向度來表示 360 度以內的角，這三個向度分別是30 度角的堆疊、文字定義、和角的表徵方式。

2. 八個圖示的角分別是 30 度、90 度、120 度、180 度、210 度、270 度、330度和 360 度。

3. 應用文字搭配圖示的方式，清楚界定90 度為直角，180 度為平角，270 度為3 個直角所合成，360 度始邊和終邊重疊，剛好一周，叫做周角。

調整特色
1. 採用 Wilson（1998）建議，從楔形到角度來理解角的意義，應用堆疊的方式，透過累加策略，可看出八個圖示角度大小依序的變化，學生較易理解有大於 180 度以上的角。
2. 應用文字與圖示清楚界定角的命名與度數，如平角是 180 度，周角是 360 度。
3. 同時呈現角度、文字說明和旋轉角的表示方法。

三、文本調整之效度考驗

筆者將上述兩種文本分別針對同一社區內距離相近（300公尺）的兩所學校裡的八個班級，共二百七十位學生以隨機分配的方式分為兩組做調查，四班實驗組（137人）應用調整文本作為閱讀教材，四班控制組（133人）應用現有文本作為閱讀教材，以秦麗花、邱上真（2004）所編數學文本閱讀理解測驗進行比較，調查結果如表8-15所示。結果顯示文本調整改編對閱讀理解能力有顯著的成效，其效果值為0.42，屬於中等效果。

表 8-15　兩組學生在數學閱讀理解分數的變異數分析摘要表

變異來源	SS	df	MS	F	p
組間	138.75	1	138.75	10.53**	11.0.001
組內	3225.95	268	12.04	13.	
總和	3364.70	269			

伍　結語

本文從Borasi和Siegel（2000）在思考數學教育新觀念時，主張結合閱讀與數學的角度來談數學文本的呈現，應滿足兩大需求——不只教學生自文本學到什麼，也要達成教學生如何學習的目的出發，筆者認為數學文本呈現方式不只影響學生學習也影響教師教學，因此，從國內數學文本的內容結構與概念分析做起點，探討現有數學文本所呈現的問題。

結果發現國內數學文本在課程綱要的引導下，焦點內容都很集中，但在概念呈現上都出現界定不明、概念不清的弱連結現象。然而數學文本卻是教師教學與學生學習的重要資源，因此，若能針對數學文本所顯現的概念不清，概念之間弱連結的現象進行調整，應有效提昇兒童學習的成果，而且研究結果也發現確實可以提昇兒童數學閱讀理解的能力。

根據上述的研究發現，筆者對教科書編輯與審查提供幾個具體的建議。在教科書編輯方面包括：一、將學生閱讀上的問題納入思考，數學文本不只是呈現數學事實與專門知識，更是學生學習數學知識的藍本，因此，數學文本的編輯首先要將學習的重點明示，以提昇學生閱讀的成效；其次，數學詞彙是新概念學習的關鍵，定義一定要清楚，並提供多個正例以協助概念理解與澄清，最後要提供詞彙概念檢核的機會，促使兒童能發展後設學習的能力。二、在編輯文本時，能廣泛蒐集以往學生在學習此單元的錯誤類型，並加以研究造成其學習困難的原因，將學生可能造成的錯誤納入文本編輯的思考，可促使教師重視學生迷思概念的引導，設計相關的教學活動與以澄清。三、重視文本概念的呈現與連結，避免概念不清或跳躍式前進，導致概念之間連結弱化的現象。四、重視數學文本中文字、符號和圖示概念說明的聯結，因為這三者都是數學的重要語言，彼此之間有其關聯性，要統合並列陳述，如「直角」是「90度」，用圖示標示為「⊥」。

在教科書審查方面包括：一、首先應審查單元內概念連結的強度與前後的一致性，其次是對新概念學習的詞彙，審查其定義清晰否？符不符合兒童認知發展？符不符合數學的定義？甚至是否易造成師生解讀上的誤解？二、教科書審查不應單一冊進行，因為數學的連貫性比一般學科要強，在進行某一版本某一單元審查時，最好能將前、後冊相關單元一併檢視，以充分掌握其概念的聯結性。三、教科書審查的範圍應擴大到教學指引與習作，尤其是教學指引，因為它是編輯群與教師之間溝通的媒介，內容的概念偏差，會明顯影響教師的教學，另外教學指引中應羅列學生在學此單元的困難，並提出有效教學策略。

參考文獻

一、中文部份

王嘉陵（2002）：**概念教學法及其在數學科教學上的應用**。2002.10.29
取自康軒教育網站http://www.knsh.com.tw/epaper/vwepaper/m/m.asp

朱建正（1997）：造形活動在國小幾何教學中的地位。載於台灣省國民
學校教師研習會編，**國民小學數學科新課程概說（中年級）**；助兒
童認知發展的數學課程（193-201頁）。台北縣：台灣省國民學校
教師研習會。

朱建正（2002）：**國民小學數學教材分析──體積與角度**。台北縣：國
立教育研究院。

朱建正（2002a）：角度的教學與認知結構。輯於周筱亭、黃敏晃主
編，**國小數學教材分析──體積與角度**（35-40頁）。台北縣：台
灣省國民學校教師研習會。

朱建正（2002b）：82年版部編本角的課程設計。載於周筱亭、黃敏晃
主編，**國小數學教材分析──體積與角度**（41-44頁）。台北縣：
台灣省國民學校教師研習會。

朱建正（2002c）：角度的能力指標與活動分析。載於周筱亭、黃敏晃
主編，**國小數學教材分析──體積與角度**（45-78頁）。台北縣：
台灣省國民學校教師研習會。

光復書局（2002）：**數學四上課本**。台北市。

谷瑞勉譯（2001）：**教室裡中的維高斯基──仲介的讀寫教學與評量**。
台北：心理。

柯慶輝（2000）：**國小三年級學童具體角情境解題之研究**。嘉義大學國
民教育研究所碩士論文，未出版。

柯慶輝、梁淑坤（2001）：透過具體情境探討國小三年級學童之解題表
現。**科學教育研究與發展季刊**，25，49-80。

洪月女譯（1996）：**談閱讀**。台北：心理出版社。

南一書局（2000）：**數學三上課本**。台南市。

南一書局（2000）：**數學三下課本**。台南市。

南一書局（2000）：**數學四上課本**。台南市。

南一書局（2000）：**數學四下課本**。台南市。

南一書局（2000）：**數學三上數學教學指引**。台南市。

南一書局（2002）：**數學四上課本**。台南市。

張新仁、邱上真（1992）：**國中地理學習之後設認知研究**。行政院國家
　　科學委員會專題研究（NSC81-0301-H-017-02-L1），未出版。

國立編譯館（2002）：**數學四下課本**。台北市。

教育部（1993）：**國民中小學課程標準**。台北：教育部。

教育部（2001）：**國民中小學九年——貫課程綱要**。台北：教育部。

秦麗花（2003）：不同程度兒童數學文本閱讀理解困難原因之探究。載
　　於**中華民國特殊教育學會2003年刊——特殊教育的危機與轉機**
　　（411-431頁），高雄市。

秦麗花、黃敏秀（2004）：**影響兒童數學文本閱讀理解的因素探討**。發
　　表於台灣數學教育學會、國立台北師範學院主辦「學習教學＆教學
　　學習：數學教師教育研究之系列對話」學術研討會會議手冊（1-23
　　頁），台北市。

秦麗花、邱上真（2003）：整合閱讀與數學建立數學閱讀理解模式之研
　　究。高雄師範大學主辦，載於**第八屆課程與教學論壇「九年一貫課
　　程改革與教學實務的對話」**學術研討會會議手冊（199-207頁），
　　高雄市。

秦麗花、邱上真（2004）：數學文本閱讀理解相關因素探討及其模式建
　　立之研究—以角度單元為例。**特殊教育與復健學報**，12，99-121。

康軒文教事業（2000）：**數學三上課本**。台北縣。

康軒文教事業（2000）：**數學三下課本**。台北縣。

康軒文教事業（2001）：**數學四上課本**。台北縣。

康軒文教事業（2001）：**數學四下課本**。台北縣。

康軒文教事業（2002）：**數學四上課本**。台北縣。

康軒文教事業（2002）：**數學四下課本**。台北縣。

黃秀英（1999）：**國中生物科文本調整與學生閱讀理解之研究**。國立高
雄師範大學特殊教育研究所碩士論文，未出版。

黃金泉（2003）：**國小四年級學習角的概念之研究**。屏東數理教育研究
所碩士論文，未出版。

趙寧（1998）：**教學設計之呈現方式在概念學習上的應用**。台北：師大
書苑。

蔡明哲（1998）：**一個國小四年級兒童的角概念**。嘉義師範學院國民教
育研究所碩士論文，未出版。

劉好（1994）：國小數學科新課程中幾何教材設計。載於國立嘉義師範
學院主編，**國立嘉義師範學院八十二學年度數學教育研討會議手冊**
（69-79頁），嘉義市。

劉好（1997）：角的課程設計理念。載於台灣省國民學校教師研習會主
編，**國民小學數學科新課程概說（中年級）──協助兒童認知發展
的數學課程**（202-214頁），台北縣。

劉好（1999）：小學幾何概念之教學──以中年級教材為例。載於高雄
市公教人力資源發展中心主編，**新典範數學**（221-239頁），高雄
市。

翰林出版社（2000）：**數學三上課本**。台南市。

翰林出版社（2000）：**數學三下課本**。台南市。

翰林出版社（2001）：**數學四上課本**。台南市。

翰林出版社（2001）：**數學四下課本**。台南市。

翰林出版社（2002）：**數學四上課本**。台南市。

譚寧君（1994）：國民小學課程幾何教材分析研討。載於台灣省國民學
**教師研習會83學年度國民小學課程數學科研討會論文暨會議實錄專
輯**（47-58頁），台北縣。

鍾靜（2000）：以數學為例──談九年一貫教科書審定與選用。**教育研
究月刊**，86，16-20。

二、英文部份

Beck, I. L., & Dole , J. A.(1992). Reading and thinking with history and science text . In C. Collins, & J. N. Mangieri (Eds.), *Teaching thinking: An agenda for the 21st century* (pp. 3-21). Mahwah, NJ: Erlbaum.

Borasi, R., & Siegel, M. G. (2000). *Reading Counts: Expanding the role of reading in mathematics classrooms.* New York: Teachers College Press.

Chassapis, D. (1999).The mediation of tools in the developments of formal mathematical concepts: The compass and the circle as an example. *Educational Studies in Mathematics, 37,* 275-293.

Clarkson, S. P., & Williams, W. H. (1994). *Are you assessing reading or mathematics?* Paper presented at the Annual Meeting of the American Mathematics Association of Two-year Colleges.

Clements, D. H., & Battista, M. T.(1990). The effects of Logo on children's conceptualizations of angle and polygons. *Journal for Research in Mathematics Education, 21* (5), 356-371.

Clements, D. H., & Battista, M. T. (1992). Geometry and spatial reasoning. In D. A. Grouws (Ed.), *Handbook of research on mathematics teaching and learning* (pp. 420-464). New York: Macmillan.

Cloer, T. J. (1981, Decemeber). *Factors affecting comprehension of math word problems-A review of the research.* Paper presented at the Annual Meeting of the American Reading Forum. Sarasota, FL.

Close, G. S. (1982). *Students' understanding of angle at the primary/secondary transfer stage.* Unpublished master's thesis, Polytechnic of the South Bank, London.(ERIC Document Reproduction Service No.ED 221383)

Deborah, M., & Beth, D. (1994). Teachers' view of textbooks and text reading instruction. *Journal of Reading, 37*(6), 464-471.

Dole, J. A. (2000). Readers, texts and conceptual change learning. *Reading & Writing Quarterly, 16,* 99-118.

Dole, J. A., & Smith, E. L. (1989). Prior knowledge and leaning from science text: An instructional study . In S. McCormick, & J. Zutell (Eds.), *Cognitive and social perspectives for literacy research and instruction* (pp. 345-352). Chicago: National Reading Conference.

Guillaume, A. M. (1998). Learning with text in the primary grades. *The Reading Teacher, 51*(6), 476-485.

Jacobson, J. M.(1998). *Content area reading integration with the language arts.* Dlman Publishers.

Krainer, K.(1993). Powerful Tasks: A contribution to a high level of acting and reflecting in mathematics instruction. *Educational Studies in Mathematics, 24,* 65-93.

Magina, S. (1994). *The factors which influence children's conception of angle.* Unpublished doctoral dissertation , Institute of Education, University of London .

McKenna, M. C., & Robinson, R. D.(2002). *Teaching through text-reading and writing in the content area.* A Pearson Education Company.

Mitchelmore, M. C. (1997).Children's informal knowledge of physical angle situations. *Learning and Instruction, 7*(1), 1-19.

Mitchelmore, M. C. (1998). Young students' concepts of turning and angle. *Cognition and Instruction, 16*(3), 265-284.

Mitchelmore, M. C., & White, P. (1998). Development of angle concepts: A framework for research. *Mathematics Education Research Journal, 10*(3), 4-27.

Piaget, J. (1960).The general problems of the psychobiological development of the child. In J. M. Tanner & B. Inhelder (Eds.). *Discussions on child development: Proceedings of the World Health Organization study group on the psychobiological development of the child* (Vol. IV). New York: International Universities Press.

Piaget, J., & Inhelder, B. (1971). *The child's conception of space.* (F. J. Langdon & J. L. Lunzer, Trans.). London: Routledge and Kegan Paul Ltd. F723 .D7

P513 1971X.

Rupley, W. H., Logan, J. W., & Nichols, W. D. (1999). Vocabulary instruction in a balanced reading program. *The Reading Teacher, 53*(4), 336-346.

Simmons, M., & Cope, P. (1990). Fragile knowledge of angle in turtle geometry. *Educational Studies in Mathematics, 21*, 375-382.

Stanovich, K. E. (1986). Matthew effects in reading: Some consequences of individual differences in the acquisition of literacy. *Reading Research Quarterly, 21*, 360-407.

Vacca, R. T., & Vacca, A. L.(2002). *Content area reading-literacy and learning across the curriculum.* Boston: Allyn & Bacon.

Vygotsky, L. S. (1962). *Thought and language.* Cambridge, MA: MIT Press.

Van Hiele, P. M. (1986). *Structure and Insight.* New York: Academy Press.

Vygotsky, L. S. (1978). *Mind in Society: The development of higher psychological processes.* Cambridge, MA: Harvard University Press.

Wilson, P. S. (1998). Understanding Angles: Wedges to Degrees. *Mathematics Teacher, 83*,(4), 294-300.

Wilson, P. S., & Adams, V. M. (1992). A dynamic way to teach angle and angle measure. *Arithmetic Teacher, 39*(5), 6-13.

作者小語

秦麗花

邱上真老師在高雄師範大學指導的博士班學生

邱老師是我碩士論文的口試委員，也是我博士論文的指導教授，更是引領我走入特教專業領域的靈魂人物，我是她在特教系指導的唯一博士班學生，所以她對我的博士論文有很高的期待，她希望博士論文是經由一連串的實徵研究所合成，能建立屬於自己的理論模式，更能享受研究驚奇的喜悅，雖然她如此的高期待，但仍能站在尊重學生個別差異的角度，給與我很大的探索空間，我很感謝她十幾年來對我的用心栽培與給與機會成長，讓我理解學術殿堂的奧秘，也享受研究探險之旅的喜悅。

第三部份

基本理念

Vygotsky 之兒童觀初探

✎侯天麗

摘要

　　Vygotsky的社會文化論強調學習歷程中文化中介與認知的社會根源：幼兒透過文化分享，在該文化脈絡中，習得認知模式及心智工具。本研究目的在於嘗試勾畫Vygotsky之兒童觀。在人類歷史的回溯中，成人本位與兒童本位的兩難一直懸盪未決，但是，Vygotsky卻透過文化的觀點發現了成人與兒童的辯證關係。本文以「歷史的小孩」、「遊戲的小孩」與「建構文化的小孩」討論Vygotsky對兒童在社會文化脈絡下的發展、學習與創作，本文期待藉此提供一個討論以兒童與成人共同參與的教育觀之起點。

壹 兒童本位與成人本位的兩難

　　「兒童本位」與「成人本位」這兩個互斥的觀念一直是教育思潮上的「必要之惡」：若從發展的觀點來看，兒童是一個生物上的分類，它是人類發展的一個階段；心理學、發展學的觀點如Piaget、Freud、Erikson皆主張兒童期是一個過渡到成人的階段，兒童雖具有獨特的認知、道德與人格發展，但最終目的朝著成熟的目標邁進，其價值取向為「成人」。若從社會學的觀點，如 Postman（1982）、Berger 和 Berger（1983）、De Mause（1983）、Aries（1982）等人主張，兒童是一個社會文化的產物；從十七世紀以來，伴隨著學校的誕生、家庭的隱私化及中產階級對兒童教育的捍衛，乃至二十世紀Ellen Kay宣判「兒童的世紀」已經降臨（the century of children），「兒童本位」的概念於焉誕生！

　　近幾年來，在認知心理學、語言學、幼教與特教的領域，掀起一陣Vygotsky現象，德國心理學家Lompscher 於1996年在Postdam舉行的Vygotsky的一百歲生日及學術研討會上，提到「Wygotski Boom」來描述教育、藝術、文化、哲學及語言學界對Vygotsky的風靡與瘋狂（Lompscher, 1996）；但是，這個現象的背後我們除了驚豔於這位「心理學界的天才」（Toulmin, 1978）在發展心理學及認知心理學的創見外，我們也感謝Bruner、Wertsch等大師在社會學、人類學及哲學的領域，重新發現Vygotsky。

　　實際上，Vygotsky早在三十年代已像一個先知，看見人類的認知在文化中辯證地發展，及文化如何在一代代人類的建構中更新（Wertsch, 1997）。Vygotsky的社會文化論（the sociocultural approach）強調學習歷程中文化中介與認知的社會根源（the social embeddedness of cognition）：幼兒透過文化分享，在該文化脈絡中，習得認知模式及心智工具。Vygotsky試著去解放「成人本位」與「兒童本位」之囚禁幽靈，他提供的兒童觀透過「文化」的鑰匙把「成人本位」與「兒童本位」自由

地釋放了，在他的社會文化論中，兒童不再是個孤獨、放任的兒童；成人也不再是兒童成長之旅的獨裁者──兒童與成人在社會文化論中，辯證式地和解了，他們竟原是互相依存的！

貳 歷史的小孩／永恆的小孩

Vygotsky（1987）提到心理學的使命，不是在發現「永恆的小孩」而是探索「歷史的小孩」。Vygotsky 看到人類的心智如何在社會的實在中辯證的發展：

> 心理學的任務不在於發現永恆的小孩，而在於探究歷史的小孩。
>
> （Vygotsky, 1987：91）

所謂「歷史的小孩」就是強調兒童的發展史觀，如Marx所主張，人類的生活非由意識決定，而是意識被生活決定。兒童一開始就是在社會中思考與行動，並辯證式地產生新的行動模式，他不斷在歷史中創造歷史、超越現實。而依照Vygotsky，所謂的historical即是developmental and social，相對於「永恆」，「歷史」代表著辯證、行動與改變，當然它也有方向性、目的性。

一、歷史唯物論的發展觀

Vygotsky的發展心理學，一直無法逃過馬克思的思想幽靈，他自稱：

> 我想找出科學的方法，來研究馬克思。
>
> （Vygotsky, 1978：8）

Valsiner（1988）分析Marx與 Vygotsky思想淵源分析得很好：

㈠Marx主張人類的生產活動及經濟存在決定他們的意識；即人類的社會存在決定其人性的存在；同樣的，Vygotsky認為人類的心智活動受控於他們的社會存在。不是先有思考，而是先有living and action.

㈡Marx主張社會在不斷的辯證中發展；Vygotsky認為幼兒的發展亦是一連串辯證的（dialectic）衝突、調適，最後產生其行為模式。

㈢Marx認為社會的發展是一個有目的的演化過程；無獨有偶的，Vygotsky認為幼兒依他們歷史文化中的發展原則，決定他們的發展模式，這是文化社會論主要的訴求。

二、歷史的意涵

Vygotsky批評當代心理學的危機在於「生物化約主義」（biological reductionism）及「文化化約主義」（cultural reductionism）（引用Wertsch, 1997之定義），前者指的是行為學派只把人類的行為用生物的機制去解釋。Vygotsky亦反對單一的文化決定論，如以內化社會的符號、象徵來解釋人類的發展。他認為人類的發展是遵循自然與文化的雙線互動來運作（The natural and the cultural developments coincide and mingle with one anther.）

> 我們的使命在於追溯行為發展的三條基線：演進的、歷史的、個體發生學的基線；並闡示人類的文化行為是此三種發展的產物 ；人類行為的歷史在此三路徑中形成並據以理解與詮釋。
>
> （Vygotsky,1930：3；轉引 Wertsch,1997：27）

依照Wertsch（1997）的詮釋，Vygotsky主張人類的心智發展必須從以下四種領域來思考，而每一領域皆有其獨特的解釋原則：

㈠物種的發生學（phylogenesis）：意指人類物種的進化，依照Vygotsky，人獸之別不能只依Darwin生物進化原則，反而應依社會與心理的原則來解釋，如勞力與語言的出現。

㈡社會文化的歷史發展（sociocultural history）：人類的發展是遵循自然的與文化的演化雙線互動來運作，社會文化的領域主要在於符號中介。Vygotsky與Luria於三〇年代在蘇聯中亞所做的文盲與識字者的分類研究，證明符號中介對該社會族群之認知形式具有決定性的影響。

㈢個體的發生學（ontogenesis）：在個體內在的發展中，自然的發展是文化發展的必要條件，卻非充分條件。自然的發展以生物的原則為基礎；文化的發展以符號中介原則為基礎。

㈣微觀的角度（microgenesis）：兒童或成人在解決問題或事件中的能力發展。

由此可見，Vygotsky在描述、理解兒童行為的發展，兼顧了微觀與鉅觀的角度，他看到了心理的、社會的、文化的兒童圖像。因此，他的兒童發展觀，不只是心理學的典範，尚涵蓋了社會學、人類學、哲學的洞察。難怪，Wertsch要讚美Vygotsky是一個偉大時代的產物，他的見解呈現在他對歷史、社會與文化藩籬的超越（Wertsch, 1997：231）

三、歷史情境的挑戰

瑞士人Elrod認為，Vygotsky的社會文化論回答了「人何以為人」的問題：

> 人在與他人的互動過程中成為人；要了解他，必須了解他
> 與他人的歷史， 歷史包括賦予他的歷史及他自己所再創的
> 歷史。

這正證明了人類發展過程中，社會情境脈絡（social context）的重要性：人類在其歷史脈絡中成長；人類也在此互動歷程中創造歷史。

> 要對一件事情做歷史的了解，即研究其變化的歷程，那是
> 辯證方法的基本要求。

Vygotsky（1978：64）

因此，依照Vygotsky（1978），行為的歷史研究並不只是輔助的觀點，反而是它的基礎，他引用Blonsky的話：「*Behavior can be understood only as the history of behavior.*」（Vygotsky, 1978：65）。Vygotsky（1987）引用了一個五歲半小孩畫圖的例子來解釋歷史情境的挑戰：他在自然情境的觀察中，發現一個五歲半的孩子獨自畫一輛電車，在畫輪子時，不小心鉛筆斷掉了，孩子自語說「哇！斷了」，然後，孩子使用斷心的鉛筆，不得其功，只好把鉛筆放在一邊。這時，他忽然想到，用水彩筆來畫一個車禍過後修理好的車輪，孩子對這個新的想法很滿意，不斷地自言自語。Vygotsky認為，這個例子，解釋小孩子如何透過自語（private speech）當作思考工具，以利情境中的省思與反省。

Newman和Holzman（1993）採取這個例子來解釋Vygotsky對「歷史的小孩」的定義：孩子在「情境」中，即在「歷史的轉捩點」會主動去會意（make sense）、主動去改變現狀。透過自語，孩子融合了思考與行動，自語，並不像Piaget所解釋的，是一個個人中心的語言，它會過渡到成人的社會語言（social speech）；自語，有其獨特的意義：它是心智的工具，幫助孩子來思考、解決問題，在自語中，思考與行動的界線模糊了。

鉛筆斷掉的時刻，依照Piaget，孩子會停止嘗試；但依照Vygotsky的「歷史的小孩」，就會在此時此刻他開始嘗試錯誤，此時此刻不亞於存在主義的kairo，孩子充分利用這個歷史的轉捩點，繼續他的心智之旅。這也驗證了Marx所謂的「社會的存在決定了人類的思考」──社會的存在，提供思考的挑戰。因此，歷史的小孩是動態的（dynamic），不是「化石化」（fossilized）的定型。

參 遊戲的小孩／學習的小孩

Deway提到learning by doing；而Vygotsky卻強調learning by playing；至於中國人的學習概念裏，學習與遊戲卻是互相矛盾的，所以，我們常提到「業精於勤，荒於嬉」的概念，似乎遊戲對學習只有負面的影響。

但是，依照Vygotsky的想法，遊戲對學習卻有正向的意義！

一、Vygotsky 肯定遊戲對兒童的價值

(一)遊戲促進幼兒的社會發展

Vygotsky認為，想像的遊戲創造了一個想像的情境，此情境允許幼兒抓住實現的欲望。幼兒因此學習延遲原始的滿足及學習等待、自我調整及被社會接納的行為。

再者，想像的遊戲包含行為規則的遵守，幼兒習得社會生活的規則。

> 只要有想像的情境，就會出現規則──不是事先約定的規則，再在遊戲中改變，而是直接起源於想像的情境。……
> 例如幼兒扮演母親的角色，他就習得母親行為的規則。
>
> （Vygotsky, 1978：95）

(二)遊戲促進幼兒的認知發展

扮演遊戲時，幼兒學習分開實物與動作，這是一個認知發展的跳躍。Vygotsky認為，幼兒期的感覺（perception）與動作（action）本是分不開的，每一個感覺都是來自一個動作的刺激，但在遊戲時，幼兒的認知，卻產生極大的突破：

> 在遊戲時，事物對幼兒喪失其主導力量；幼兒看到一個東西，卻未必受控於此一視覺刺激，反而產生不相關的行為。此表示幼兒已開始不受眼前的物品限制而行動。
>
> （Vygotsky, 1978：96-97）

比如，幼兒用一根棍子代替一匹馬，用一條毯子當做Baby，這對幼

兒的認知發展是一大突破，因為，一根棍子不等於真正的馬，一條毯子不等於真正的Baby，但孩子會做這樣的想像，此一賦予意義的過程，乃幼兒抽象思考的萌芽，因幼兒必須找出實物與替代物之共同點，此即幼兒遊戲理論所說的「物品取替」（object substitution）；Wertsch（1997）稱為「中介媒介的去脈絡化」（decontextualization of mediational means）．

㈢遊戲創造了幼兒的近側發展區（the zone of proximal development）

所謂的近側發展區（以下簡稱ZPD）指的是幼兒實際發展的層次及透過成人或有能力的同儕之幫助，所能完成的潛能層次，其二者之差距稱為近側發展區（Vygotsky, 1978：86）。筆者以為，ZPD是Vygotsky社會文化論的精華：

1. ZPD點出學習歷程中，教學者介入的最佳層次。

2. ZPD的觀念，提供我們對幼兒發展前瞻性的角度，而不是回溯的角度。

3. ZPD肯定支持「社群學習」或合作學習（the collaboration）的重要。

4. ZPD再度支持Vygotsky「先有社會，再有個人」的學習哲學。

5. ZPD提供動態的、互動的、有彈性的學習模式，更肯定成人或同儕在幼兒學習的角色，幼兒絕不可能「獨學而無友」。

遊戲開創了幼兒的近側發展區，在遊戲的時候，孩子的表現超越他的年齡及日常生活情境。在遊戲的時候，孩子好像高了一個頭，他超越自己，遊戲像一個放大鏡一樣，可以展現、包含幼兒的發展層次。（Vygotsky, 1978：102）

Vygotsky看到遊戲的小孩如何得到成長的喜悅，以及其遊戲的內容、環境與幼兒發展的關係，更看到遊戲的情境如何挑戰幼兒即將萌發的能力，遊戲不只是幼兒老生常談的練習動作，反而是開創幼兒學習的「美麗新世界」（the brave new world）！

二、成人鷹架兒童的遊戲

鷹架（scaffolding）的概念最原始並不是來自Vygotsky，而是認知心理學的學者，從Vygotsky的ZPD概念出發，使用「鷹架」這個隱喻來描述成人在遊戲與學習歷程中的介入與退出（Berk & Winsler, 1995）。

㈠鷹架的意義

「鷹架」的觀念來自於認知心理學（Greenfield, 1984；Wood, Bruner & Ross, 1976）。

1.Bruner（1986）的鷹架定義偏重意識的工具性：老師對學習者具有一種意識替代形式的功能（vicarious form of a consciousness），直到學習者可以自我控制意識。當學習者可以獨立控制意識時，他即可駕輕就熟地把此一學習變成自己的工具，這時，老師即完成鷹架的功能，如Vygotsky所說，學習者已內化外在的知識，轉化成自己意識控制的工具（Bruner, 1986：72）。

2.Wood等人（1976）提出六個特色來描述鷹架：⑴補充學習者對工作的興趣；⑵簡化工作的難度；⑶達到學習目標，找出學習者實然與應然層次的差別；⑷控制解決問題的挫折；⑸點出、示範理想的層次。

3.Rogoff（1990）用鷹架這個隱喻來代表專家對新手的主動支持，並依新手的能力與反應來調整支持的架構。

4.Wertsch（1997）從內化的角度出發，認為鷹架是一種對話式的人際互動，透過此一互動，新手可以在共享的活動中，與專家共同建構、內化要傳遞給新手的知識。此絕非單向傳遞與指導，而是一個互動的過程。

㈡鷹架學習的評價

Stone（1993）提出，早期的鷹架理論過度強調指導的重要，忽略幼兒的主動學習，因此，鷹架應強調成人與幼兒的社會互動，成人的指導品質、學習者與指導者的默契、該情境對幼兒的意義，都決定鷹架的成

功與否。而Rogoff提出跨文化的研究，證明鷹架法僅適用於兒童本位、認知取向的西方社會，未必放諸四海皆準。例如：瓜地馬拉的成人，對幼兒的學習有不一樣的價值觀，他們較不重視口頭上與幼兒的互動，反而重視實際的操作；他們期待幼兒自己負起學習的責任（Rogoff, 1993）。筆者以為，雖然Stone（1993）提及鷹架的隱喻被誤用，但是，鷹架的概念確實點出幼兒的學習與遊戲不能獨學而無友，在遊戲或引導幼兒的學習過程中，成人試著把他們希望幼兒洞察的部分，用幼兒可以理解的方式呈現出來（Rogoff, 1990）。因此成人在幼兒遊戲中，提供適當的鷹架，透過鷹架引導幼兒發展潛能。Vygotsky的洞察已經預知鷹架歷程中，成人如何進入兒童的近側發展區，甚至成人與幼兒形成了互為主體性（the intersubjectivity）（Goencue, 1998）。在鷹架歷程中挑戰幼兒、提昇幼兒，乃至於幼兒最後能獨立學習，成人功成身退的撤離，正如莊子所謂「得魚忘筌」！

三、親子或同儕的遊戲互動提供了近側發展區

德國學者Oerter（1996）的遊戲研究，包括觀察親子共讀以及一起打電話的遊戲情境。Oerter以一歲六個月至二歲九個月的幼兒之親子共同閱讀為例，發現了親子共同遊戲，如何提供幼兒「近側發展區」之效益。他發現，透過共讀的遊戲情境，幼兒被成人挑戰與支持，超越了自己發展的限制。茲將幼兒的認知歷程說明如下：

㈠去脈絡化（dekonstextalisiering）

幼兒在親子共同閱讀圖畫書時，指認一些生活中常見的物品，練習脫離具體的事物來思考。這是建立「語意記憶」（das semantische Gedaechtniss），具體的物品漸形成「概念」。

㈡重建脈絡（rekontextualisierung）：

幼兒學習把一些概念組成有意義的事件，根據自己的生活經驗述說出來：如「狗」和「房子」的出現，幼兒不再指認單一概念，而能口

述：狗跑到屋子去玩。此乃事件及語意記憶之開始。

(三)敘述性的統合（Integration in ein narratives Ganz）：

幼兒在親子共讀圖畫書的歷程中，透過父母的重複講述，幼兒習得利用不同概念組成一個有意義的故事，其實在此歷程中形成Middleton（1996），Cranach等（1996）所謂的幼兒與成人擁有的「集體記憶」。此一集體記憶幫助幼兒有意義與有方向的思考，而不是漫無目的空想瞎說，透過上述互動過程，幼兒學習如何統整描述所有事件。

Oerter（1996）尚提及幼兒與同儕之共同遊戲，亦提供了一個「近側發展區」：

1. 在與同儕遊戲時，可提昇幼兒遊戲的內容與形式，因此牽引幼兒到一個更高的發展層次。

2. 透過同儕的「集體記憶」可以分享創造力，牽引幼兒更佳的表徵發展層次。

3. 透過同儕的遊戲互動，學習處理衝突，練習協商、輪流等待之社會溝通能力。

4. 從有能力同儕處習得新奇的遊戲腳本及新的行為模式，牽引至一個更高的認知發展層次。

因此，Vygotsky的心目中，遊戲的小孩不是「獨樂樂」而是「眾樂樂」，遊戲的小孩在社會情境中的遊戲，透過成人或同儕的鷹架，才是最快樂而有助益的。當然，更值得一提的是，遊戲的文化意義即在於任何族群的成人，透過鷹架把文化傳遞給下一代，甚至與兒童共同創新文化，成人與幼兒共同分享閱讀、遊戲就是很好的實例；自有人類以來，多少成人與兒童一起遊戲的歡樂時光，創造了瑰麗的文化遺產，Vygotsky真正看到遊戲對人類的古老魅力。

四、遊戲引導發展

Vygotsky慧眼獨見遊戲如何超越生物成熟的限制，像一盞燈塔一樣，引領著發展的方向。而遊戲中具有所謂引導活動（leading activ-

ity），即根據不同發展階段提供不同品質的學習互動，此一互動的目的
在於提昇、刺激學習者的發展成就（developmental accomplishment）。

> 雖然遊戲與發展的關係，常與教學與發展的關係相比，遊
> 戲卻提供幼兒一個更寬廣的基礎來改變其意識與需求。如
> 想像情境的行動、意圖的創造、真實生活的動機與計畫
> 等，這些皆出現在幼兒的遊戲中，而且，將它們帶入更高
> 層次。幼兒透過遊戲向前超越，遊戲也因此被認為是決定
> 幼兒發展的領導活動。

> （Vygotsky, 1978：102）

　　依照Vygotsky的大弟子Leontiev（1977、1978）分析活動具有引導
的功能之條件：⑴該學習互動必須能產生、促進主要的發展成就；⑵它
必須提供其他互動活動的基礎；⑶它既需要重建舊經驗，又需要產生、
蘊釀新的心智過程。

　　引導發展的活動條件也應依據幼兒不同的發展階段而異，Bodrova
和Leong（1996）將兒童分四個階段說明各階段所需的引導活動（如表
9-1）。因此，學習在學前的階段，其與遊戲是重疊的，透過遊戲，幼
兒語文、認知、情意、身體與審美的能力發展得以完成。

表9-1　不同的發展階段所需要之不同的引導活動（資料來源：Bodrova & Leong, 1996）

階段	引導活動	發展成就
嬰兒期	情感的溝通	依附關係、物品操弄、簡單的感覺動作。
學步兒	操弄物體	感覺動作的思考、自我概念的產生。
學前幼兒	遊戲	想像、象徵功能、情感與思考的統整。
小學一年級	學習活動	理性思考的開始，高等心智活動的萌發、學習動機的提高。

肆 建構文化的小孩／社會化的小孩

Winch（1998）批評成熟論的發展觀，徒然強調人類的學習有其生物的限制。例如：從邏輯上來說，先有哺乳類的概念，才會知道鯨魚屬於哺乳類；從認識論的立場，必須有記憶的能力，才能學習語言；從生理的成熟來說，三呎的小孩無法跳到六呎高；從神經結構來看，我們對母語的學習亦需要成熟的神經系統；因此「成熟」變成學習很重要的條件，但是，發展只是學習的一個可能的條件，卻不是必要條件。Winch駁斥這種發展的觀點，犯了二種錯誤，一為忽略文化的參數（cultural parameters）；一為忽略情境脈絡（context-free, value-free）。

若從認知主義（cognitivism）來看學習，則學習似乎流於閉門造車、寂寞的個人內化、思考的活動，並不需要教學的互動與練習的過程。這個認知傳統始於Descartes「我思故我在」，經過Lock、Hume的經驗主義發揚光大，再在現代的表徵主義（representation）死灰復燃。Winch（1998）批評認知主義學習觀點的偏執，在於忽略了社會的因素，因為概念的形成本來自於社會建構。概念如：假設、預期、測試及證明等，皆來自於每日的社會實在情境，他們皆須受到社會的認可，因其本身具有社會規範（normative）的性質。

至於Vygotsky的學習觀，卻涵蓋了社會學、人類學、哲學的洞察，他發現了「文化的小孩」，強調小孩在社會化的發展歷程：

一、學習是一個共享的活動（shared activity）

> 人類的學習預設著一個特別的社會特質；而且，是由幼兒成長的心智環境所決定的，兒童能夠模仿許多超過他們能力的行為。透過模仿，兒童能夠在成人的引導下進行更多團體的活動。

（Vygotsky , 1978:88）

　　依照Bruner（1995），Vygotsky打破了西方認知的傳統：成就取向的西方社會中，個人獨自追求卓越的悲哀，每個人都是踽踽於學習之路的「獨行者」（Bruner, 1995：25）。甚至連Piaget的認知論，也呈現了一個孤軍奮戰的小孩，被外在世界的同化與自我的內化之爭搞得焦頭爛額；然而，Vygotsky跳脫了這個藩籬，看見社會文化對學習的決定性與輔助性。

　　也因此，記憶（memory）在西方的心理學中，它只具有個人內在的功能；而蘇俄心理學派，卻認為記憶是可以共享的心智活動。例如：一個四歲的孩子不一定能記得他的嬰兒時期，但透過父母的口述，或者和父母共享嬰兒期的照相簿，他照樣可以建立他童年的紀錄！

　　又例如：一個四歲的孩子（A）和七歲的孩子（B）在聊天

　　B：你的腳打叉叉，會看到內褲，很沒有「教養」！

　　A：什麼是「教養」？我只聽過「腳養」？

　　B：「教養」就是守規矩、有學問，人家都很喜歡你。

　　A：「教養」很重要嗎？

　　B：有「教養」的小孩，人家才會帶你去飛機場接朋友，爸媽會帶你去吃喜酒，大人小孩都喜歡你！

　　A：好吧！以後，我也要有「教養」！

　　七歲的孩子用四歲孩子能懂的語言，為他上了一堂「文化課」——七歲的孩子進入了四歲孩子的近側發展區，挑戰了他的「文化」概念。因此，依照Vygotsky，學習，是主動參與社會生活，賦予意義的過程（Haste, 1999）；學習，乃眾人之事，它是一個共享的活動，它誕生於社會，並反芻給社會。

二、文化的學習旨在獲得心智的工具（the acquiring of the tool of mind）

　　Vygotsky舉了一個幼兒與母親的例子，來解釋幼兒一個無意識的伸手動作，如何被母親會意成社會溝通的工具；而幼兒再「內化」此一概

念，習得此一溝通工具（Vygotsky, 1991：39）。本例子解釋了高等的心智功能如何具有社會的起源。Vygotsky認為任何高等的心智功能皆來自於人際互動的層次，而且它依循的原則是外化到內化。我們人格的形成，亦來自於人際互動（Vygotsky, 1991）。

> 幼兒文化發展的功能皆發生兩次，首先，在社會的層次；其次，才是個人的層次。首先，在人際心理的層次（the interpsychological）；其次才是個人內在心理基礎（the intrapsychological），所有人類高層次的功能及關係皆依此次序發展。
>
> （Vygotsky, 1978:57）

依照Berk（1997），肯亞的男孩因為參與很多照顧弟妹的保育活動，他們對性別的認知，表現較少的性別刻板印象；秘魯的小女孩，在很小的年紀即可熟練織出美麗的地毯。這些跨文化的比較都在Vygotsky的社會文化論內，找到了解釋：學習本身即是一文化的情境，學習既為「分享的認知」（shared cognition），在學習者與同儕、成人共同建構的過程中，學習提供一個活潑的文化情境脈絡（cultural context），又因為學習承載文化的意義，也因此不同族群文化，亦產生不同的心智工具（the tool of mind）。

依据Bodrova和Leong（1996）分析人類高等的心智功能具有以下特色：

㈠它們依據基礎性的心智功能來發展——例如：幼兒在學習語言的階段，開始記得單字，但仍出現使用印象和感官。

㈡它們由文化的情境脈絡來決定——例如：Luria與Vygotsky在三十年代於中亞所做的文盲與識字者的分類研究發現，關於蘋果、梨、西瓜及盤子的分類，文盲會把它們全放在一個集合裏，而識字者已有分類的抽象能力，會把水果與盤子分二類。又如使用數字的抽象思考，亦因文化情境而改變：非洲的孩子用手指謠（rhythm）幫助他們數數；某些亞

洲的國家，小朋友使用算盤來計算。

　　㈢它們從人際分享的層次轉移到個人的內化──例如：兒童尚需要與老師共同來排課表，制訂學習計畫；而高中的孩子自己已可獨立規畫學習。

　　㈣它們涉及心智工具的內化──例如：語言、符號的使用、數數的能力。

　　而「文化」，依照Vygotsky乃人類社會生活及社會活動的產物，在文化體系內習得的心智工具，影響了我們思考的方式。Vygotsky看到，文化並未決定學習的內容，卻決定了學習的工具！因為，高等的心智活動本是社會的、文化的。

> 所有高等的心智功能皆是社會關係的內化。……甚至在人
> 類的隱私層次，人類皆保持社會互動的功能。
>
> （Vygotsky, 1991:401）

三、由社會化到建構文化

　　Vygotsky雖強調文化中介的首要性及人類認知的社會起源，但不容誤解的是，Vygotsky更重視文化發展的歷程是辯證性的（dialectical）。

> 此一辯證的取向，允許自然對人類的影響，但也賦予人類
> 影響自然及透過改變自然的保證，去創造人嶄新的存在契
> 機。這是我們解釋人類高等心智功能的主要基石及我們所
> 主張實論與分析的基本方法。
>
> （Vygotsky, 1978:601）

　　Vygotsky反對一般智力測驗所測出的能力，他稱那些能力為靜態的（static）、化石化的（fossilized ability），因為那些是幼兒已經成熟、已熟練的能力，但他發現幼兒還有一些能力在發展中，而且這些能力是

可以預期的，尤其在成人或專家的幫助下，這些正在萌芽、萌發的能力會被喚醒、挑戰出來。

Vygotsky認為學習先於發展，他不贊同成熟論的觀點，所謂個體發展成熟後才能學習。

> 學習喚醒了內在的發展，尤其透過幼兒與成人或同儕的互動。一旦這些歷程內化之後，則變成幼兒獨立發展的成就。
>
> （Vygotsky, 1978：90）

Vygotsky所謂的內化（internalization），並不是機械性的複製（Wertsch & Stone, 1995），如Durkheim所謂的「社會化」，是一種上一代傳遞給下一代的社會期待。Vygotsky的大弟子Leontiev解釋的很好：

> 內化的歷程不是把一個外在的活動轉化成內在意識的水平；它其實是一個形成水平的過程。
>
> （Leontiev, 1981；57）

依照Vygotsky（1978），人類是文化的產物，具有創造及超越的能力；哺乳類動物無法達到人類的「學習」，它們最多能被機械式的訓練，因為他們不具有ZPD，無法產生心智的產物，即「外化」的模仿到「內化」之後的獨立活動。幼兒與哺乳類動物皆是用模仿當作發展的工具，但是，幼兒可以模仿超越他們發展能力的事物，並產生獨立自主的活動；哺乳類動物卻只能被機械式的訓練，而無法變得更聰明。Vygotsky對文化與學習的創見，讓我們看到學習的歷程亦是文化創造的過程！

Cole（1995）主張在ZPD的概念裡，文化與認知是重疊在一起，他解釋ZPD為一個共享的活動架構，在這個架構中，參與者依照他們專業的程度擔任不同的學習責任。Cole特別舉出人類學家Fortes對非洲Tale社

會的研究：在該社會中，成人的世界無所遁逃於孩子的眼目；教育，因此變成成人與孩子的共同事業，他們共同擔任該文化中的經濟、宗教及意識的責任。

　　Cole的解釋，讓我們更確信，Vygotsky的學習觀，從ZPD的概念出發，無論專家與新手、學習者與教學者，都在這個互動的過程中，對整個學習文化情境有所貢獻。依照Cole（1995），認知與文化在ZPD內所以會合一，乃因為：⑴文化與個人的認知發展有絕對的關係；⑵學習本身即是一事件（event）、一個工作使命（task）、一個活動（activity）；⑶在這個學習活動中，人的因素很重要；⑷在學習歷程中，文化合宜的行為，皆被學習過程中的專家與新手、學習者與教學者共同內化。

　　至於「專用」（appropriation）的概念，由Rogoff（1990）提出，來補充Vygotsky「內化」的概念，旨在強調兒童在知識轉換的主動性與創意；更精彩的詮釋了幼兒在學習文化的歷程中，如何轉化文化的知識。Rogoff（1993）認為，所謂引導式的參與（guided participation）即兒童在有能力的同儕或專家之陪伴下所參與的文化活動；兒童是主動的參與者，透過與有能力的同儕互動，他們內化了外在世界的知識。這個過程不是成人知識的灌輸或外在世界的機械性複製，而是基於兒童的主動參與，吸收為個人的文化資產，知識由社會化的層次轉為個人主導的文化活動。

> 學習，是一個轉化的參與，參與共享的社會文化活動。
>
> （Rogoff, 1994:210）

　　由於學習過程幼兒心智與角色的轉化，「專用」是文化創新的契機，幼兒並不是文化的接受者，他亦創新文化。為Vygotsky作傳的專家Valsiner等（1994）用心智的相賴性（intellectual interdependency）來解釋Vygotsky這個思想豪傑的誕生：一者倚賴他的文化歷史；一者倚賴他個人對該文化歷史的超越與創見。Valsiner等人強調，文化的嶄新建構

（the novelty construction）主因個人超越了社會文化的限制，個人並不是消極的承接文化的傳遞，反而是以新穎的方式重組、創新。

近年來，發展心理學在幼兒語文（Daiute, et al., 1993）、科學概念（Edwards, et al., 1994）及幼兒社會化的研究（Cosaro & Miller, 1992）；社會學對幼兒性別研究（MacNaughton, 1995; Whiting & Edwards, 1988）等，皆支持 Vygotsky 社會文化論的觀點。Seefeldt 等（1998）及 Briggs（1992）皆主張，幼兒的文化學習不只是文化遺產的繼承，幼兒亦創造新的文化（children as source and recipients of cultural activity）。筆者以為，幼兒的知識、價值觀、認知模式、藝術活動及消費取向，亦儼然自成一格，所謂兒童的次文化（the subculture of children）於焉誕生！幼兒不只是社會化的產物，甚至扮演文化的推手，轉動文化的潮流與趨勢；為社會文化注入嶄新的生命。

伍 Vygotsky 兒童觀的實踐── 以 Reggio-Approach 為例

義大利 Reggio-Emilia 的教育哲學家 Malaguzzi 以一教育實務工作者，實踐了 Vygotsky 的兒童觀，研展出他們 Reggio 的教育哲學：幼兒不是一顆人類的小種子，他一開始就是一個已發展完全的人！雖然，他還不會表達，那是因為成人不了解他的內在語言。幼兒有權利也有能力和這個世界溝通、互動，並主動對外界的人、事、物會意（make sense）。幼兒從文化的經驗出發，與成人共同建構對他們有意義的知識，因此，教育的使命改變了！教與學是一個互動的過程，教師絕不再提供包裝好，有系統的知識，亦不設定賞罰與制約，相反的，他面對一個有「童權」的孩子，隨時準備與當時情境互動，因此，教育的新挑戰除了是尋找、等待、認識、尊敬、傳導幼兒的需要；成人的角色尚包括：

1.幼兒學習的鷹架者（scaffolding children's learning）

2.幼兒「集體記憶」的記錄者、呈現者

3.幼兒認知歷程的詮釋者、研究者

4.幼兒的共學者（co-learner）

5.幼兒權利的維護者

6.幼兒需要的觀察者、翻譯者

7.幼兒文化的參與者與見證人

8.教師是兒童次文化的「民族誌學者」（teacher as ethnographer in children's culture）。

德國的幼教學者Krieg（1993）提醒我們思考，Reggio的教育家為我們提供一個新的幼兒圖像：

一、幼兒是知識的共創者

在傳統的觀念裡，我們習於傳遞包裝好的知識給孩子。但在Reggio，老師願意提供孩子探索知識的自由，更重要的，他們尊重、欣賞幼兒建構知識的方法及觀點。在這趟心智之旅，成人與幼兒共同分享其中的驚喜。

二、幼兒是一個「社會人」

Reggio的教育家相信，幼兒有能力與他人溝通，也有意願與他人建立關係。教師要儘量豐富、鼓勵促成這樣的邂逅，孩子與孩子、孩子與成人、成人與成人的邂逅，因此，幼稚園沒有心靈的圍牆，這是一個「邂逅的文化」。

三、幼兒教育是社會政治的一環

「教育不是小眾的私事！它不只是學校或家庭的事，也是政治的一環！政治的決定也本是一群受過教育的人所做的決定，而教育的目的，應在造就有創造力、民主、合群的人類！」（Bertaini, 1990；轉引自Krieg, 1993：26）

因此，幼稚園的童權、父母權、教師權皆是政治的範疇。而從另外一個角度來看，幼兒也主動關心政治的發展如：和平問題、經濟策略、環保的課題等。

四、孩子擁有一百種語言

Malaguzzi（1994）說得好：「幼兒有一百種語言，但是九十九種已經被偷走了！」其實，孩子有許多種方法表達他們對這個世界的想法，但是學校及社會的文化把他們僵化了，因為成人的世界只要求一個標準答案。

五、孩子擁有另外一種時間觀念

孩子對時間的感覺與成人不同：成人永遠沒有時間；孩子永遠都有時間的籌碼！孩子需要時間從容地去探索、實驗、感覺，也需要時間等候他們的成長，因此，成人世界的壓力與預期的成就對孩子是全然陌生的！

六、教育是一個成人與兒童共同參與的過程

幼兒的國度裡，沒有一條路是白走的遠路；在教育的恆河裡，成人無法事先設定目標和達到目標的期限，但卻是幼兒發展的支持者，及共同的成長者。

Reggio的幼教最值得一提的是，成人竟是幼兒文化世界的民族誌學者（Moran, 1997）！就像人類學家Malinowski在Trobriand Island，幼教師面對不一樣的「他人世界」（the other）（Denzin & Lincoln, 1998）：前者面對的是Trobriand的文化；幼教師面對的是幼兒的文化。二者共同的關懷是，如何或是否「他人世界」的文化可以被了解、透過參與的觀察、試著學習使用該文化團體的語言，甚至，因為生活在它的裡面，我們獲得了內部的觀點（emic view）。一言以蔽之，我們都是幼兒文化的參與者與見證人！在呈現、記錄與保留這個「集體記憶」的歷程中，成人與幼兒真正的重逢，人類的文化也得以創新。

陸 結語

「兒童本位」的童權不再獨大;「成人本位」的主流價值不再犧牲
幼兒;在Vygotsky的社會文化論裡,將這個兩難溫柔的和解了。

Reggio的哲學家Malaguzzi對Vygotsky的兒童觀做了最好的註腳:

> 我們正在尋找一個情境,在這個情境中,孩子能看到我們
> 成人已經看到的東西,其間的落差其實並不大,要填補這
> 個差距也是可行的;孩子的習性與技巧也可創造盼望及突
> 破的可能性;在這種情況下,成人能夠也必須暫時把知識
> 與判斷「借」給孩子,但是,這個債,孩子遲早會償還。

> (Malaguzzi, 1994:80)

參考文獻

Aries, Phi. (1982). *Geschichte der Kindheit.* Muenchen.

Berger, B. & Berger, P.L. (1983).*The war over the family.* Anchor press.

Berk, L. E., (1997) *Child Development.* 4th Ed. Boston, Allyn and Bacon.

Berk, L. E., & Winsler, A. (1995). *Scaffolding children's learning and early childhood education.* Washington DC: NAEYC.

Bodrova, E., & Leong, D. J. (1996). *Tools of the mind. The Vygostkian approach to the early childhood education.* New Jersey:Prentice-Hall,Inc.

Briggs, J. (1992). Mazes of meaning: How a child and a culture create each other In W. A. Cosaro & P. J. Miller (Eds.), *Interpretive approach to children's socialization: new directions for child development(58).* San Francisco, CA: Jossey-Bass.

Bruner, J. (1986). *Actual Worlds Possible Minds.* Cambridge, Mass: Harvard University Press.

Bruner, J. (1995) Vygotsky: a Historical and Conceptual Perspective, in J.V. Wertsch, (Ed.) *Culture ,communication and cognition :Vygotskian perspectives.* (pp.146-161). New York:Cambridge university.

Cole, M. (1995). The zone of proximal development:Where culture and cognition create each other.In J.V.Wertsch(Ed.), *Culture,communication and cognition: Vygotskian perspectives.* (pp.146-161). New York: Cambridge University.

Corsaro, W. A., & Miller, P. J. (eds.) (1992), Interpretive approaches to children's socialization*: new directions for child development, 58.* San Francisco：Jossey-Bass.

Cranach, Von, M., Bangerter, A., & Arn, CH.（1996）. *Group remembering in the context of group action：Another fact of collective memory.* Paper presented at the 2nd Conference for social-culturalresearch, 1896-1996,

Vygotsky-Piaget, Geneva/ Schwitzeralnd.

Daiute, C., Campbell, C.H., Griffin, T.M., Reddy, M., Tivnan, T. (1993). Young authors' interactions with peers and a teacher: toward a developmentally sensitive socio-cultural literacy theory. In C. Daiute (Ed.) *The development of literacy through social interaction.* San Francisco: Jossey-Bass Publishers.

De Mause, L. (Hrsg.) (1982). *Hoert ihr die Kinder weinen. Eine psychologenetische Geschichte der Kindheit.* Frankfurt am Main.

Denzin, K.D. & Lincoln,Y.S. (Eds.). (1998). *Strategies of qualitative inquiry.* London: Sage publications.

Edwards, C., Gandini, L., & Forman, G. (Eds.). (1994). *The hundred languages of children.* Norwood, NJ: Ablex

Elrod, N. (1997). *Freud, Piaget, Wygotski und Loewald. Wie wird Mensch ein Mensch?* Zuerich: Althea Verlag.

Greenfield, P. M. (1984). A theory of the teacher in the learning activities of everyday life. In B. Rogoff and J. Lave (Eds.) *Everyday Cognition: Its Development in Social Context* (pp. 117-138). Cambridge, MA: Harvard University Press.

Goencue, A. (1998). Development of intersubjectivity in social pretend play .In M. Woodhead (Ed.), *Cultural worlds of early childhood.* (pp.117-132). New York.

Haste, H. (1999). Moral understanding in social – cultural context:Lay social theories and Vygotskian synthesis.In M.Woodhead, D. Faulkner and K. Littleton (Eds.) *Making sense of social development.* (pp.181-196). London: the Open Uiversity.

Krieg, E. (1993). *Hunderte Welten entdecken. Die Paedagogik der Kindertagesstaetten in Reggio Emilia.* Essen.

Leontiev, A. N. (1978). *Activity,consciousness, and personality.* Englewood Cliffs. NJ: Prentice Hall.

Leontiev, A. N. (1981). The Problem of Activity in Psychology. Wertsch, James V. *The Concept of Activity in Soviet Psychology.* Armonk, N.Y.: Sharpe.

Lompscher, J. (1996). Lew Wygotski-Nur eine Stimme aus der Vergangenheit? In J. Lompscher (Ed.), *Entwicklung und Lernen aus kulturhistorischem Sicht.* (pp.12-38.), Marburg, Germany :BdWi- Verlag.

Malaguzzi, L. (1994). History, ideas and basic philosophy.In C.Edwards,L.Gandini, G.Forman.(eds.), *The hundred languages of children.* New Jersey.

MacNaughton, G. (1995). *The power of Mum! Gender and power at play.* Canberra: AEAC Resource Book Series, Vol 2, No 2, June.

Middleton, D. (1996). Social remembering: Some socio-cultural issues. Paper presented at *the 2nd Conference for social-cultural research.* 1896-1996, Vygotsky-Piaget,. Geneva/Schwitzeralnd.

Moran, M. J. (1997). Reconceptualizing early childhood teacher education:Preservice teachers as ethnographers.In J.Hendric(Edt.), *First steps towards teaching the Reggio way.* New Jersey: Prentice-Hall.

Newman, F., & Holzman, L. (1993). *Revolutionary scientist.* London: Routeledge.

Postman, N. (1982). *The disappearance of childhood.* New York : Delacorte Press.

Oerter, R. (1996). Die Zone naechster Entwicklung-neu bestehen.In J.Lompscher (Hrsg.) *Entwicklung und Lernen aus kulturhistorischer Sicht. Was sagt Wygotski heute.* Marburg: Bdwi-Verl.

Rogoff, B. (1990). *Apprenticeship in thinking:cognitive development in social context.* New York:Oxford University press.

Rogoff, B. (1993). Social interaction as apprenticeship in thinking: Guided participation in spatial planning. In L.B.Resnick and J.M.Levine. (Eds.), *Perspectives on socially shared cognition.* (pp.349-364), Washington DC.: American Psychological Association.

Rogoff, B. (1994). Developing Understanding of the Idea of Communities of

Learners. *Mind, Culture, and Activity,* 1(4), 209-229.

Seefeldt, C., & Galper, A. (1998). *Continuing issues in early childhood education.* Upper Saddle River, NJ: Prentice Hall/Merrill.

Stone, C. A. (1993).What is missing in the metaphor of scaffolding? In A.E.Forman, /N.Minick,. /C.A.Stone (Eds.) *Contexts for learning. Socialcultural dynamics in children's development.*Oxford:Oxford university press.

Toulmin, S. (1978). The Mozart of Psychology. *The New York Review of Books,* X(x), 51-57.

Valsiner, J. (1988). *Developmental Psychology in the Soviet Union.* Bloomington: Indiana University Press.

Valsiner, J., & Veer, Rene van der (1994). *Understanding Vygostky. A quest for synthesis.* Oxford :Blackwell

Vygostky, L. S. (1978). *Mind in society. The development of higher psychological processes.* Cambridge Massachusetts.:Harvard University presss.

Vygotsky, L. S. (1987). Thinking and speech. In R. W. Rieber and A.S. Carton (Eds.). *The collected works of L. S. Vygotsky.* New York:Plenum.

Vygotsky, L. S. (1991). Genesis of the Higher Mental Functions in Child Development in P.Light, S. Sheldon and M. Woodhead (Eds.) *Social Context 2. Learning to Think.* (pp.32-41). London: the Open University.

Wertsch, J.V. (1997). *Vygotsky and the Social Formation of Mind.* Cambridge Mass: Harvard University Press.

Wertsch, J., & Stone, C.A. (1995). The concept of internalization in Vygotsky's account of the genesis of higher mental functions. In J.V.Wertsch (Ed.), *Culture,communication and cognition :Vygotskian perspectives.* (pp.146-161). New York: Cambridge University.

Whiting, B., & Edwards, C. P. (1988). A cross-cultural analysis of sex differences in the behavior of children aged 3 through 11. In G. Handel (Ed), *Childhood socialization* (pp.281-297). New York: Aldine de Gruyter.

Winch, C. (1998). *The Philosophy of Human Learning.* London: Routeledge.

Wood, D., Bruner, J. S., & Ross, G. (1976). The role of tutoring in problem solving. *Journal of child psychology and psychiatry. 17*, 89-100.

作者小語

侯天麗

邱上真老師在高師大指導的博士班學生

我喜歡聽邱老師講她小時候的故事，尤其是她和父親一起找星星的故事。

我喜歡和邱老師一起吃飯，因為不管吃什麼，她都好像在吃山珍海味，那麼滿足而愉悅；老是有說不完的笑話，氣氛好得無比。

我喜歡邱老師的辦公室，有滿山滿谷的書，有很多貓頭鷹，簡直是一個博物館，還有美夢連連⋯⋯

我喜歡邱老師對知識的尊重，更感動的，是她喜歡幫助別人美夢成真。

跋：一位特教長青樹的生命情事

✑秦麗花　訪問撰寫

✑李淑貞　協助訪問

楔子

　　如果依孔子所說：「三十而立，四十不惑，五十知天命」的生命軌跡來尋覓邱老師的生命歷程，會發現她的生命甬道，充滿太多神來之筆，沒有預設的特定目標，隨緣的走入特教領域，隨緣的揮灑生命亮彩，這些旅程中的驚奇，不只為她自己的生命添增無限的色彩，也為特教園地描繪出一幅幅動人的樂章。

　　原來，這個溫柔的小巨人，像隻翱翔天際的海鷗，自在徜徉的悠遊。

　　原來，無所欲求的小飛鳥，有著貓頭鷹般睿智的眼光，架構發展的方向。

　　這一段看似霧裡看花，曲折有趣的生命歷程，卻是一道道完美的弧線，且讓我們細細的欣賞這位伴隨台灣特教二十五年成長的特教長青樹的生命情事。

壹 充滿幻想與憧憬的青春歲月求學生涯的點滴

一、恣意奔放的陽光兒女

　　邱老師出生於苗栗通宵，小學在新竹東門國小就讀，初中就讀竹一女中（現在新竹光華國中），然後考上新竹女中，為了追求自己理想的大學科系，一年後轉學考到台北市北一女中，希望能在北一女好好修習大學甲組課程，她把目標放在建築系，沒想到當年北一女限制所有轉學生只能學習乙組的課程，讓邱老師感到很失望，所以大學聯考的志願是同學幫忙填寫，心想入學後隨即轉系，讀什麼都一樣，就這樣第一年考上台大商學系銀行組（現在的財務金融學系），一年後轉台大心理系，畢業後並就讀台大心理研究所，與前教育部長黃榮村、前台北市教育局長吳英璋是同班同學。

二、一個美麗錯誤的開端

　　結婚一個月，先生就先前往美國佛羅里達大學深造。師丈為了達到提早接眷到海外的目的，就先到心理系申請，佛羅里達的心理系是很有名的熱門科系，系裡組別包含發展心理學等十數種，當系主任問師丈要選哪一組時，師丈不了解心理系的內涵，又怕打長途電話費錢費時，便脫口而出「隨便」，讓系主任感到不夠慎重而拒絕，接著他又跑到教育學院申請輔導系，當時的輔導系主任認為輔導是一項與人溝通的專業，不僅涉及語言能力，更涉及文化深層內涵的理解，因而不招收外國留學生。於是，師丈只好再到學前教育系，但因系主任不在而作罷。最後走到特殊教育系，剛好系主任也是心理系出身，欣然允諾他的申請，就這樣在沒有生涯規畫，也不理解特殊教育內涵情況下走入特殊教育的領域，在選組時，本想選情緒障礙組，但導師認為外國留學生選此組不適切，建議改選智障組，主修學前特殊教育。

　　但是邱老師剛剛到美國時，並沒有立刻入學，先在家閒蕩，每天到

活動中心看小說，每週看幾場電影，日子過得很悠哉，師丈覺得她太混了，要她入學。

邱老師回顧這一段歷程，靦腆的說：

> 「我沒有什麼生涯規畫，也沒有什麼偉大的志願，就這樣
> 開始我的特教旅程。」

回顧這一段沒有規畫的規畫，沒有安排的安排，雖然是一個美麗的錯誤開端，卻也讓邱老師做了一連串正確的事情，她的投入，培育了一群群台灣特教界的尖兵，這些子弟兵目前均在全國各地的大專院校從事師資培育或國民中小學進行第一線教學的工作，共同開拓台灣二十五年特殊教育發展的新氣象。

貳 從如臨深淵到悠然自得：飛翔在工作的天空

本來人生就像張綿密纖細的網，在縱與橫的交錯下，很難精確切割每個交接點的剖面，但是在這交錯過程中，每個來去的人、事、物，都在進退之間牽引她的意念與思維，溫婉的生命旋律中，且讓我們駐足欣賞她生命中一連串美麗的漣漪。

一、篳路藍縷看當年

邱老師在民國六十二年出國讀書，當時台灣並沒有特殊教育系，一切特殊教育的開展，端賴民間團體戮力以赴，直到六〇年代末，政府才更有系統的加入特殊教育策畫與推展的行列，上下一心，才造就了今日蓬勃發展的景象。

㈠特教先驅—功不可沒的民間團體

邱老師說在民國六〇年代，事實上政府對特殊教育並不理解，也沒有具體的措施來協助特殊教育的發展，唯一展現特教活力的泉源完全是

來自四十個民間宗教團體，這些宗教團體最主要的是以天主教和基督教為主，如當時的瑞復益智中心、德蘭啟智中心等，這些國外傳教士，以一種人飢己飢、人溺己溺的精神，遍布全國各地，在花蓮、在宜蘭、在雲林、在苗栗……，在很多偏遠的地方，都有他們努力播種的軌跡，他們把障礙者當成「咱的兄妹」般，以服事上帝的精神在照顧他們，開啟了台灣特殊教育的視窗。佛教近幾年在慈濟證嚴法師將「活菩薩」替代「業障」的理念轉化下，加入特教推展的工作，包括目前推動修訂特教法的殘障聯盟，邱老師謙讓的說：

> 「我不是特教的先驅，真正對台灣特殊教育貢獻最大的是
> 民間團體，可惜卻很少有人對他們進行研究。」

㈡肯定上下一心拓展特教的康莊大道

邱老師認為今天台灣特殊教育的成果，事實上不是一個人的努力可以成就的，她肯定醫療、社政、行政、學術和基層教師的共同努力，才能使今日的特教園地蓬勃發展，她說：

> 「這二十五年來的特教成果，事實上，讓我們的成績已躍
> 居亞洲第一，贏過日本，也比美國一半以上的州要好！」

邱老師首先肯定醫療界的努力，像六○年代徐澄清醫生、臨床心理師柯永河教授最先投入智能障礙的研究、台大宋維村醫生研究自閉症，彰化基督教醫院的趙文崇醫生，從腦神經醫學的角度研究學習障礙，這些醫療系統的人關注孩子的努力，增進了我們對障礙兒童的理解與介入方法的調整。

其次是社政單位與行政部門的努力，尤其教育部每年對各縣市教育局做特教評鑑，各縣市教育局又每年對執行特教業務的學校單位進行評鑑，促進了特殊教育的發展，不只講求量的增加，也力求質的提昇。

學術界不只各地特教學者本身精益求精的努力，心理系學者對學習困難的關心，測驗界對各種鑑定工具的研發，心輔系的加入，腦科學的研究，都豐富了特教領域的多元化。

包括基層老師的辛苦耕耘，這些都交織成一個個的漣漪，引發邱老師心中的悸動與領悟，也編織成台灣特教園地多采多姿亮麗的色彩。

二、難忘生命中的重要牽引者

～就像電影刻畫「那人、那山、那狗」的樸實雋永，

生命中來來去去的過客，也會成就生命情事的意念歸人～

㈠感恩引領入門的師傅：許天威老師

邱老師認為能進入特教服務，第一個要感謝的是彰化師範大學特教系許天威老師無私的引入，記得當年剛回國，行政院依海外歸國學人條例，請邱老師填寫希望就業的服務單位，因為她當時對台灣特殊教育狀況不理解，因而只填社會服務機構，事實上，當時很少有政府公辦的機構，因而沒有分派出去，只好從九月回國便一直閒賦在家帶小孩。

隔年二月初的一天，在新竹科學園區工作的先生，突然接到省立台灣教育學院（今彰化師大）特教系系主任許天威老師的一通電話，因為許老師從青輔會的歸國學人中找到了邱老師的資料，希望邱老師有機會到彰化來跟學生見見面，談談美國特殊教育的概況，邱老師依約前往，沒想到在場的有校長、老師和學生，演講完，他們邀請邱老師加入特殊教育系的行列，就這樣在民國六十八年成了彰化師大第二屆特教系學生的導師。

在彰化師大服務四年多，也是許天威老師積極尋找出國進修的機會，才得以出國再到伊利諾大學取得特殊教育的博士學位，她說：

「您可能不知道會有這樣的主管，只要有出國進修的機

會，他都把相關的公文影印好，放到每位老師桌上，因此
彰化師大的老師像何華國、萬明美、曾淑容老師和我都在
他的任內，再到國外完成博士學位，所以我可以說，許天
威老師是引領我入特教領域的第一個人，也是我最要感謝
的一個人。」

㈡平易近人的主管：陳英豪校長

民國七十八年，也是南師成立特教系的第二年，邱老師因為先生已
經轉到中山大學服務，因而希望能就近到南師（現今台南大學）服務。
申請過程中，當時校長陳英豪主動向吳武典老師打聽邱老師，進而聘請
他到南師來，邱老師稱讚他是個高關懷高倡導的主管，也是一位體貼入
微的人，教職員工生日，他會主動去探視，若未遇上，女老師則桌上會
留有一封信和一朵玫瑰花，讓人感到很溫馨。

即使邱老師離開南師到高師大來，陳校長有機會到高師大開會，他
也會順道上樓來看她與陳小娟老師，就連他當教育廳廳長，邱老師到教
育廳開會，貴為廳長的他，仍堅持要請大家會後吃吃簡餐，聊聊近況，
是一位平易近人的好主管，令邱老師感佩在心。

㈢思考轉彎的渡人：洪儷瑜老師

提到什麼人是邱老師對從事特殊教育想法改變最大的一個人，邱老
師不加思索的馬上說是洪老師，邱老師認為在還沒認識洪老師之前，她
是個敬業樂群，謹守本分，只求把自己的事情做好，對於很多外在的事
情，她採取的是不計較、不忌妒、明哲保身的做法，直到跟洪老師交往
後，她產生很大的改變，因為洪老師告訴她：

「從事特殊教育服務，要走出校園，因為我們具有社會責
任，我們對一般人具有相當影響力，所以一定要將正面影
響力作最大的發揮。」

　　洪老師對邱老師的第一個影響，是讓她走出校園，積極的參與校外的工作，所以她才會在高師大這段期間，更積極的參與各縣市的特教推展工作。

　　其次，邱老師認為洪老師有健康的人格特質，她能把做人和做學問做區隔，懂得批判，也能接納批判，視批判為進步的動力，因此朋友之間，雖互有批判，但仍然是好朋友。

　　第三個洪老師帶給邱老師的影響是分享，分享資料，分享想法，分享訊息，彼此互通有無，這在學術界，是很難有的創舉，所以現在的邱老師，成為同事、學生之間，網路分享資源的核心，她笑著說：

> 「在我的電腦資料庫，有一千多位的朋友跟我一起分享資源，我把這些朋友依服務社群與研究主題，分成數個群組，透過網路上的一指神功，所有的資料分享出去，每天我分享資料給別人，別人也分享資料給我，這是件很愉快的經驗。」

　　邱老師認為copy left勝於copy right，透過資料的分享，產生更多的腦力激盪，也產生更多的連結。關於這件事，現在台南大學的王亦榮教授笑著說：

> 「她離開南師時，電腦一點都不會，現在她卻巧用電腦無遠弗屆的功能，積極進行國內、外資料的蒐集與分享，每天電腦內，幾乎都有她傳進來最新的特教訊息。」

　　可見，洪老師對邱老師的影響不能說不大。

㈣不同視角的激盪──談跨專業的天空

　　邱老師回顧多年來的特教生涯，發現在不同大專院校的特教研究夥伴，也是開啟她另一扇特教視野的關鍵人物，她首推醫療界的趙文崇醫

師，她說趙醫師本來是小兒神經科醫師，因為在臨床上看到很多不同類型的障礙孩子，但他只能診斷是什麼，卻苦於沒有治療方式，無法協助孩子，因而又到美國西北大學讀溝通障礙研究所，進而取得博士學位，這種想到孩子，而不是想到賺錢的醫生，怎不令人動容？

另外，邱老師也推崇心理學界柯華葳老師，她一生所做的研究都是學習，她關心學習有困難的孩子；特教界的曾世杰老師，也是邱老師認為值得佩服的特教夥伴，曾老師知道東部人才較少，所以選擇在東部生根，他不只關心特教，也關心原住民，關心學校發展，也關心整個台東地區的教育發展，自己更在台東成立牧心教養機構。

高師大特教系裡的林素貞老師是個坦率的特教人，她重視法律層面，所作所為，都是希望把學生教得更好，讓教育制度更合乎法治的精神，因而積極投入各項特教政策的擬定與執行成效的評鑑。

其他像心理系教授，研究腦科學的曾志朗、洪蘭夫婦，也給我們特教界很多鼓勵，邱老師認為，這群人的腦袋都不為自己，只想到讓孩子有所學習，他們的努力精神，深刻牽動著邱老師的思維。

參 小我與大我的交融：談教學與研究

二十五年的特教生涯，教學、研究、服務孰輕孰重？邱老師將其歷程劃分為四個階段，過去與現在交融的歲月，驀然回首，發現是欣然、是樂觀、是具有更多的憧憬……

一、初期：是務實本分的學習者與教學者

邱老師認為自己在投入特殊教育的初期，因為對當時台灣的特殊教育並不理解，因此固守教學本分，成了她首要的工作，她說剛開始他從很多師長那兒學習教學的工作，他推崇林寶貴老師是他的學習典範，一生完全無私無我，只做一件事，那就是特殊教育，我們說：

「邱老師您不也是一心做特教嗎？」

她謙稱回答：

　　「不！我還有看電視，林老師沒有。」

　　所以她回顧自己的初期，其實從頭到尾都在學習，是一個以教學為重心的階段。

二、中期：做個兢兢業業的研究尖兵

　　研究的工作是中期生活的最佳寫照，除了配合政策，如教育廳、教育部的研究專案外，其實，她說她的研究都是個人學位論文的延伸，雖然題目不同，但相當具有一致性和連貫性。

　　例如：她的碩士論文是研究早期記憶，博士論文做概念圖，因此從這兩個學位論文延展，副教授的升等論文，是做智能障礙短期記憶策略，升教授的升等論文，則是學習策略，所以從博士論文的概念圖，到學習策略，從數學解題到閱讀障礙、補救教學策略等，她的研究都建基在學習的基礎上，邱老師具有心理學碩士，與特殊教育雙碩士的學位，在修碩士學位時，正值一九七四年美國甫通過特教法規，美國特教正蓬勃發展階段，她主修智能障礙學前特殊教育，有機會在美國實習五個階段〈從學前到成人〉不同的啟智教育服務內涵，博士學位則在美國伊利諾大學取得，在那段期間，主修學習理論、閱讀與教學，並學習伊利諾大學最負盛名的資源服務方案，了解提供給輕度障礙學生的諮詢服務，所以從學習到研究是具有相當的連貫性。

三、後期：樂於分享服務的義工

　　後期教學與研究的壓力已不再那麼大，也響應洪老師走動式特殊教育服務觀，因而更積極參與社會服務及推廣工作，除了中南部幾個縣市有她積極投入的政策擬定，評鑑訪視的工作外，也扶持很多民間團體的工作規畫，舉凡高雄市過動兒家長協會、調色板協會、學習障礙家長協會等，都有她積極參與的軌跡，過動兒協會家長更尊稱邱老師像特教界

的神，有求必應。從學障鑑定到特教評鑑，從普通課程調整到全方位課程設計倡導，邱老師忙碌的身影，穿梭在不同的單位，不同的場所，從南到北，從西到東，從台灣到大陸，服務無遠弗屆。

四、未來：做個悠遊自在的研究整合與推廣者

做個學術工作者，在教學、研究和服務的多重壓力下，期間的辛苦是必然的，也曾因工作的繁重而抱怨，但朋友（台灣師大心輔系陳秉華教授）的一句話：

「政府花錢請妳讀書，妳還嫌累嗎？」

彷彿醍壺灌頂，一語驚醒夢中人，讓她更加珍惜挑戰。

二十五年來，邱老師不諱言的說她從沒請過一天假（除喪假外），只遲到一次（其實是未弄清楚八點上課或九點上課），總共教超過二十五種不同的科目，原因是在不同的學程中，有專科、大學，有碩士、博士，所以課程調整很多次，但面對課程的變化與不變，邱老師都甘之如飴，她認為都可帶動教師的專業成長，因為不去蒐集資料，整理資料，廣泛閱讀，如何成長？所以即使退休前一學期，她仍在研究所開了一門新的課程叫「學前特殊教育」，我們驚訝於她如此勇敢的面對新的挑戰，她則說：「我在為退休後的工作預做功課。」

因為退休後的邱老師要回到她的老本行，專心做學前特殊教育的工作，她已招募一群國中小退休老師，準備在高雄縣偏遠地區幼稚園推動閱讀，並指導教師及家長掌握閱讀指導的關鍵成分，讓閱讀的種子早日生根，也因早期的介入獲得更大的成效。

另外她認為到目前為止，學術界的研究和實務界的應用仍有一段很大的落差，在特殊教育的研究中，並沒有明顯的國界之分，差異也不大，只需略為轉化即可應用。但目前因為台灣研究人口少，又沒有機會推廣，而基層老師較不理解研究的語言，因而使研究與應用間產生很大的落差，邱老師退休後的另一個生涯規畫，是組織台灣學障協會，努力

整合國內外相關的零碎研究，把它變成有系統的實務應用，推廣給基層
老師。

肆 飛翔在無盡的藍天：寄語年輕的特教研究群

> 翔翔從生手到專家，從內海到外海，從自我到他人，不同
> 軌道都是一次次新的冒險旅程，「隨心所欲不逾矩」是此
> 刻的心情寫照，在人生的轉彎處，期許下一個航行者的幾
> 件事。

一、做個鍥而不捨的特教尖兵

　　邱老師二十五年的小我特教生涯，剛好與台灣二十五年大我的特教
發展同步並行，因此小我與大我交融歷程中，使邱老師有機會參與幾件
特教盛事：一是參與啟智課程修訂，二是建立國內的學障鑑定模式，三
是參與特殊教育法規的修訂。邱老師回顧這些事，認為到目前為止，台
灣特教的發展大方向已無誤，所有成果除了眾志成城外，唯一的秘方就
是鍥而不捨的奔走，溝通再溝通，努力再努力。

　　以當年的啟智教育課程為例，強調功能性、領域課程和社區生態，
並不為人所接受，但不斷溝通後，現在已成為啟智教育的主流課程設
計。再以學習障礙為例，以前剛開始主張運用團體智力測驗和差距標
準，但邱老師與她的研究團隊主張學障的定義應該擴大差距標準，強調
基本聽、說、讀、寫的技能問題，以及增加補救教學無效之特教需求等
標準。最近這幾年，美國已不勉強用差距標準來找學障學生，因為到目
前為止，學障定義已經很清楚，只是在鑑定上仍有些問題，這表示國內
特教學者的努力，可以與先進國家同步發展進行。

　　目前教育部正研擬修訂特殊教育法，邱老師也積極參與，蒐集世界
各國包括歐盟、澳洲、美洲及各國的特教趨勢，提供幾個具體明確的方

向，使台灣二十一世紀的特殊教育做得更符合人性。她認為未來的特教發展，除了繼續服務特教群體外，更要為所有兒童提供服務，也就是積極的「為每個孩子找到學習的出口」，她說在美國已編列百分之十五的經費，為班級中有學業和行為適應困難但未接受特殊教育的學生，做各項介入與補救教學的服務。

目前國內特教法修訂的方向，也應以全部學生都能受益為主要訴求，因此特殊教育和普通教育必須回歸單軌制，強化普通教育的課程調整和輔助性科技的功能，用調整和全方位設計課程的理念，來服務不同需求兒童，未來也要應用需求評估來替代障礙類別的劃分，特教工作的推展，不僅強調特教，也要對普通教育課程有更多的認識、理解與應用。

二、走出特教：談跨專業的特教研究

邱老師二十五年來的研究，除了個人研究外，也常是跟不同專業團體做合作，例如編製鑑定學障工具，則跟測驗學者洪碧霞老師合作專案；為研究科學教育，跟數學界的前輩寧自強教授合作；研究生物則跟彰化師大蔡長添和高雄師大黃台珠教授合作，也曾與高師大物理專長的江新合教授共同指導學生。她不只跟同是特教界的曾世杰、洪儷瑜、陳美芳、黃秀霜等人一起研究，也跟心理學界柯華葳老師、學前教育的莊麗娟、侯天麗老師等人一起做研究，也跟醫療系統的陳永成醫師等作跨領域的研究。邱老師認為特殊教育是一個應用性的領域，跟醫學、心理學和社會學關係密切，因此跨專業的研究對特教內涵理解有很大的幫助，也是很重要的研究取向，她鼓勵特教界的學者能跟更多不同領域的人做研究，以獲得相互效益，共謀效應的成果。雖然跨領域的研究在彼此會面的時間上很難，但她認為討論的本身就是很好的學習，跟不同領域的人做研究，可以開啟不同的視野，增廣見聞，功力倍增，最近她又從繪本教學中找到特殊教育與藝術結合的向度，在線條與色彩揮灑之間，捕捉特殊教育的藝術之美，她也很喜歡腦神經科學的研究，不排斥藥物治療，希望有機會繼續探索。

三、寄語後人：多做值得驚喜的研究

從多年的研究走過來，邱老師對年輕的特教學者建言是：「理論的背景要強，特殊教育雖然是實務工作，但不能只用別人的理論，要自己發展自己的理論模式。」另外在政策擬定時，需要更多以資料為基礎的調整，教學上也要有實徵性的研究。她認為國內國科會無法提供長期的研究，所以對縱貫性的研究較少，另一方面國內企業界對特教的關心仍不足，也許特教界可以試圖從企業界去募款做研究。

至於研究中的忌諱是什麼？她說不喜歡看到未做研究前，即可預知結果的研究，這樣的研究無法享受驚奇的喜悅，另外也要避免急功近利，速成式、未深入問題核心的研究，從特教實務上來看，更要避免對兒童無益的研究。

四、眉飛色舞談最喜歡的研究

邱老師回顧自己歷年來的研究，她說：

「到目前為止，我沒有最滿意的研究，但有最喜歡的研究，這個研究就是目前在凱旋國小附幼所做的研究。」

她採用繪本教學方式，指導六位幼兒，在這個研究中，邱老師說這是個「四樂」教學。家長高興，每天歡喜的接送孩子上下學；老師愛教，自發性的編輯教材；學生愛學，會在下課中模仿繪本中的句型做遊戲和對話，如「我的朋友，我的朋友小鳥會教我走路。」、「你看起來像牛奶，可是，你不是牛奶。」研究者樂於看到學生、教師和家長都有很大的成長。

當邱老師天真的模仿小朋友的口吻說這段四樂教學研究時，眉飛色舞，充滿喜悅，彷彿一個不落幕的劇本正在上演著，台上閃動著一個樂在去老還童，樂在學習，樂在研究的亮麗身影，退而不隱的律動規畫，一個生活與教學交融的研究，讓邱老師樂在其中，享受耕耘的喜悅。

對邱老師而言，也許初始的起點並非「擇我所愛」，但從她劃過天際的一道道完美弧線，從樸拙而紮實的步履之中，從那歲月痕跡封存印

記上，從那溫煦而不炙人的斜陽細影之下，我們確實感受在她身上「愛我所擇」之烙印圖騰，閃閃發光，直到永遠。

伍 以迴響代替結語

最後僅以邱老師指導的五位學生給邱老師的迴響作為對這位特教長青樹的見證。

一、開啟我研究的領航員

（莊麗娟　屏東師範學院幼兒教育系副教授）

很少人像我一樣的幸運，能在初次邁入學術的殿堂，就有這麼好的機會，與一位對真理持守、對人文關懷的學者，共同學習並共同研究，對於這一切，我非常感謝神的恩典！

我一直堅信每個人的「第一次」經驗，會深刻影響他未來的行事風格與品味。而我，幸運的在第一次的學術之旅，就鮮活的見識了一位學者的謙和、內斂與虛心，尤其是遭遇挑戰時的韌性與彈性，於是一次次的難題，均有令人喜悅的突破。在其中，我由躁進與煩亂，逐漸學習了沈穩與安定，這種人生嶄新的體驗，我非常感謝神的美意！

我對邱老師的喜愛，不容易用文辭來表達。我覺得她的珍貴，在於她對凡事的「理解」，似乎她永遠懂得生命中的脈動，並耐心等待！而我對她的感念，會用我的一生的風骨與品味，點點滴滴的來刻畫！

願神保守我的心懷意念！

二、我喜歡邱老師

（侯天麗　屏東師範學院幼兒教育系助理教授）

我不喜歡邱老師，因為她都喜歡穿咖啡色灰灰暗暗的衣服，很多人的時候，我都找不到她。

可是有時候,她都知道我最喜歡的顏色,她送我的押花或手工項鍊都有很漂亮的小花,她知道什麼是大自然最美的顏色。

我不喜歡邱老師,因為我如果覺得自己很聰明,她一下子就拆穿了,一點也沒得商量。

可是有時候,她對學習障礙的孩子卻那麼有耐心,她上次講故事給自閉症的孩子聽,說了很多遍,都不會生氣,還幫他擦鼻涕。

我不喜歡邱老師,因為她太喜歡上網了。

可是有時候,就是因為她愛上網,她的知識又新又快,一天到晚在和電腦比賽,誰都追不上她。

我不喜歡邱老師,因為她太大方了,從來不「暗坎」。

可是有時候,她卻說能給別人就是幸福。

我喜歡聽邱老師講她小時候的故事。尤其是她和父親一起找星星的故事。她小時候身體不好,很喜歡出去看星星,卻又不能出門,父親為了補償她,就在暗房用布包著一個手電筒,假裝是星星耍給她看。

我喜歡和邱老師一起吃飯,第一,因為不管吃什麼,她都好像在吃山珍海味,那麼滿足而愉悅;第二,因為邱老師有說不完的笑話,氣氛好的無比。

我喜歡邱老師的辦公室,有滿山滿谷的書,有很多貓頭鷹,簡直是一個博物館,還有美夢連連⋯⋯

我喜歡邱老師對知識的尊重,更感動的,是她喜歡幫助別人美夢成真。

三、把學生放心「上」,「真」心誠意過日子的上真老師

(方金雅　高雄師範大學師資培育中心助理教授)

老師人如其名,是個至上至真的人,身為教師,她最大的特色就是把學生放在心「上」,「真」心誠意過日子。

老師十分敬業,永遠把學生擺在第一位子,把人放在心「上」。在教學上,她重視上課,從來不曾請假;她準時上課,甚至應該說是提早

上課；她積極備課，補充的課堂講義與資料永遠是一大疊；在研究方面，她勇於開拓，帶領團隊建立學障鑑定模式；她見高識遠，常跟不同領域的人合作，開啟不同的視野；她陶醉其中，喜孜孜的享受研究的新發現。

除了教學與研究的熱誠外，老師「真」心誠意的過日子：她喜歡美食，到不同的餐廳品嚐美味；她喜歡創意，從她津津樂道電視節目超級變變變、電視冠軍可知；她喜歡收藏，典藏貓頭鷹是其最愛；她懂得分享，時時在網路上瀏覽新知並隨時分享給他人；她懂得欣賞，電子信件中常有美不勝收的景物；更重要的是，她懂得關懷，她真正發揮特教人的精神，個別化的對待每一個學生，真心誠意的把每一個學生帶上來。

四、多元化的邱老師

（陳郁仁　高雄縣旗山國中教師）

邱老師是我碩士論文的指導教授，在念研究所期間個人亦擔任其研究助理，與老師相處只有一種感覺——如沐春風，在學術上老師嚴謹而不嚴苛，總是能在我思緒困頓糾結時，如變魔術般頓時變得井井有條；在生活上更是殷殷垂詢，一如家人。個人覺得老師最有魅力之處就是好奇心與赤子之心，可從其寄來的電子郵件窺其對學術與人的熱情與無界線，她是我終生學習的榜樣。

五、難以超越的邱老師

（林彥同　高雄師大特教系博士班學生）

大學修老師的認知心理學，才覺得終於讀到了大學。

碩士論文請邱老師擔任指導教授，最愛test 邱老師的limit，但至今仍未飛越五指山。

進入博士班一年半載沈載浮，邱老師的退休，讓我覺得有點被老師丟棄的感覺。

　　心猿意馬的人，做選擇都比較難，尤其在高師選指導教授更是。但真的還是要這麼說：能跟在邱老師身邊做研究，是一種美、一種感動，更是一種祝福，因為她讓我看到生命裡的各種不同，人類在各種處境中，真的仍能選擇且喜樂！

國家圖書館出版品預行編目資料

突破學習困難：評量與因應之探討 / 洪儷瑜，
　王瓊珠，陳長益主編. -- 初版. -- 臺北市：
　心理，2005[民 94]
　　面；　　公分. --（障礙教育系列；63051）
　　ISBN 978-957-702-775-7（平裝）

　1. 學習障礙 - 教育 - 論文,講詞等
　2. 特殊教育 - 論文,講詞等

　　529.607　　　　　　　　　　　94003287

障礙教育系列 63051

突破學習困難──評量與因應之探討

主　編　者：洪儷瑜、王瓊珠、陳長益
總　編　輯：林敬堯
發　行　人：洪有義
出　版　者：心理出版社股份有限公司
地　　　址：台北市大安區和平東路一段 180 號 7 樓
電　　　話：(02) 23671490
傳　　　真：(02) 23671457
郵撥帳號：19293172　心理出版社股份有限公司
網　　　址：http://www.psy.com.tw
電子信箱：psychoco@ms15.hinet.net
駐美代表：Lisa Wu（Tel: 973 546-5845）
排　版　者：辰皓國際出版製作有限公司
印　刷　者：東緯彩色印刷有限公司
初版一刷：2005 年 3 月
初版三刷：2012 年 9 月
ＩＳＢＮ：978-957-702-775-7
定　　　價：新台幣 400 元

■有著作權·侵害必究■